欧洲治理体系中
欧盟理事会权力的嬗变

杨　娜　著

南开大学出版社

天　津

图书在版编目(CIP)数据

欧洲治理体系中欧盟理事会权力的嬗变 / 杨娜著.
—天津：南开大学出版社，2013.12
ISBN 978-7-310－04360－6

Ⅰ．①欧…　Ⅱ．①杨…　Ⅲ．①欧洲国家联盟－理
事会－权力－研究　Ⅳ．①D814.1

中国版本图书馆 CIP 数据核字(2013)第 283887 号

南开大学出版社出版发行

出版人:孙克强

地址:天津市南开区卫津路94号　　邮政编码:300071
营销部电话:(022)23508339　23500755
营销部传真:(022)23508542　　邮购部电话:(022)23502200

*

天津泰宇印务有限公司印刷
全国各地新华书店经销

*

2013 年 12 月第 1 版　　2013 年 12 月第 1 次印刷
210×148 毫米　32 开本　8.375 印张　2 插页　234 千字
定价:24.00 元

如遇图书印装质量问题,请与本社营销部联系调换,电话:(022)23507125

目　录

引　言

随着欧洲一体化不断向前推进,欧盟制度逐渐发展,作为主要决策机构之一的欧盟理事会日益受到关注。欧盟理事会又称部长理事会(Council of Ministers)或理事会,由来自欧盟各成员国的政府部长组成,是欧盟最重要的政府间决策机构,与欧盟委员会和欧洲议会等欧盟机构共同管理联盟事务。欧盟部长理事会与欧洲议会共享立法权,并与欧盟委员会共同履行行政职能,在一定程度上讲,欧盟成员国通过理事会制定并监督欧盟各项决策的执行,主导欧洲一体化的发展方向。各成员国虽然让渡部分主权给欧盟超国家机构,解决单个成员国无法解决的问题,以更好地实现和维护自身的国家利益,但超国家性质的欧盟机构建立之后(如欧盟委员会),随着制度的日渐完善,它们试图独立行使超国家权力,甚至与成员国争夺欧盟层面的决策权。呈现政府间特性的欧盟理事会与超国家机构欧盟委员会、欧洲议会,根据欧盟一系列的条约或协议的规定行使各自职责,共同制定与执行欧盟决策,在权力分配和职能划分问题上也不可避免地存在争夺与摩擦。

第一节　问题的提出与主要假设

本书选取欧盟理事会作为研究对象的原因在于它的特殊性。欧盟理事会既是设置在欧盟层面的政府间机构,又是成员国维护国家利益与其他国家讨价还价的场所。它与欧洲议会共享立法权和预算权的同时,还与欧盟委员会一起贯彻执行欧盟决策。从建立至今,它的权力变化呈曲线发展,增减不定,与欧洲一体化的制度背景息息相关。自建立

1

之日起,欧盟理事会的权力发生了哪些变化? 为什么会出现这些变化? 欧盟理事会权力发展的未来趋势如何? 需要进一步讨论的问题还包括:为了实现成员国追求自身目标与更好地推动欧洲一体化前进之间的平衡,欧盟理事会的权力在哪些方面发生转变,哪些方面继续维持,又有哪些方面需要放弃? 为什么这种权力变化在某个或某些时期(领域)而不是其他时期(领域)发生?

欧盟理事会权力变迁主要是政治、经济动力共同作用的结果。政治动力主要包括在美苏两极体系下生存、约束德国、东扩之后维持政治安全与社会稳定等;经济动力指的是共同应对经济危机、建立单一市场、跨国交易愈加频繁等。当政治目标鲜明、政治动力占据主导地位的时候,由于政治因素通常涉及各国的核心利益,成员国不得不参与决策的每个环节,因此成员国代表组成的理事会就垄断了决策权,主要表现在第一阶段卢森堡妥协、第四阶段欧盟东扩。而随着经济因素变得越来越重要,在决策过程中需要优先考虑多元化的经济因素时,由于经济因素具有复杂性,理事会内部的决策效率降低,欧盟委员会与欧洲议会等具有超国家性的机构抓住这一契机,寻找并提出大多数成员国都能接受的共同政策,趁机"抢夺"欧盟理事会的权力,这在第二阶段石油危机、第三阶段建立单一市场等过程中表现得较为突出。当然,除了政治和经济动因之外,机制自身的作用亦很重要。制度由成员国建立,但随着自我强化与完善,其日益独立发挥作用,甚至制约成员国的行为,对成员国在理事会决策产生反作用。此外,个人影响(欧盟超国家机构的领袖)、个别成员国的作用(如法国、德国与英国)等因素也不容忽视。

本书将欧盟理事会整体作为研究对象,着重考察欧盟理事会自建立以来权力变化的状况及原因。由于诸多国内外学者对欧盟理事会的机构设置、内部职能分配等问题已进行了详细介绍,故本书不再赘述。

欧盟理事会权力变迁的历史发展可以分为四个阶段,划分的依据是重大历史事件或条约改革。从第一阶段权力确立发展到第二阶段权力受到挑战,第三阶段权力遭遇前所未有的挫折,直到第四阶段借扩大时机收回部分权力。在每个阶段,用政治、经济动力以及个人、个别国家、机制结构等因素综合考量权力的变化。政治、经济动力导致权力的变化,主要体现为条约改革没票方式、决策程序(制度内方式)或欧盟扩大、经济危机(制度外手段)等。本书在考察每个阶段时都应用案例研究说明欧盟理事会权力的变化。欧盟共同农业政策作为关键案例用以保证案例研究的持续性与连贯性,并根据需要在各个阶段选取与之相似或相反的案例加以佐证。欧盟理事会权力的嬗变过程,实质上反映的是欧盟成员国放弃一部分主权却保留另一部分权力,与其他国家讨价还价通过各种途径实现自身目标。

第二节　文献回顾

学术界最初关于欧洲研究的著作与文章多是关注欧洲一体化进程及欧洲治理。近年来,欧盟治理研究取得显著进展,介绍欧盟机构的著作层出不穷。许多经济学家和政治学家都积极参与了讨论,主要关注欧盟多种机制之间、成员国之间以及机制与成员国之间的权力分配。一些学者专门从事欧盟理事会的研究。菲奥娜·任邵(Fiona Hayes-Renshaw)和海伦·华莱士(Helen S. Wallace)合著的《部长理事会》(*The Council of Ministers*)①介绍了欧盟理事会的内部机构设置以及欧盟理事会与欧盟委员会、欧洲议会之间的关系。菲力帕·谢灵顿(Philippa Sherrington)的著作《部长理事会:欧盟中的政治权威》②对欧盟最重要的机构中特定政策领域的结构、组织程序以及管理方式进行考察,探讨了欧盟理事会的属性与特征,并着重对共同决策程序进行了研究。科尔姆·欧努河蕾因(Colm O'Nuallain)的专著《欧盟理事会主席:对成员国政府的影响与含义》③和埃米尔·科西那(Emil Joseph

---

① Fiona Hayes-Renshaw and Helen S. Wallace, *The Council of Ministers*, NY: St. Martin's Press, 1997.

② Philippa Sherrington, *The Council of Ministers: Political Authority in the European Union*, NY: Pinter, 2000.

③ Colm O'Nuallain, *The Presidency of the European Council of Ministers: Impacts and Implications for National Governments*, London: Croom Helm, 1985.

Kirchner)的著作《欧共体中的决策：理事会主席和欧洲一体化》①都把理事会主席作为研究对象，认为成员国每六个月轮值一次的理事会主席在设置议程和制定政策过程中都发挥着重要作用。德里克·比持（Derek Beach）的著作《欧洲一体化的动力：欧盟制度何时以及为何重要》②探究了欧洲一体化发展以及欧盟制度变迁的动力及原因。

欧盟理事会权力如何变化？为什么会发生这种变化？欧盟理事会的权力变化与欧洲议会和欧盟委员会之间的关系如何？文献综述部分将根据以上三个问题对相关国内外文献进行整理与分析，旨在借鉴欧洲研究学者对欧盟理事会研究的视角与方法，并发现欧盟理事会研究的缺陷与不足。

一、欧盟理事会的权力如何变化？

马丁·韦斯特雷克的《欧盟理事会》③是首部关于欧盟理事会的专著，其贡献在于为理事会结构和程序研究提供了文献来源，但没有对理事会实际工作进行深入挖掘。菲奥娜·任邵和海伦·华莱士合著的《部长理事会》一书是理事会研究的代表作。海伦·华莱士将理事会作为统一的整体进行分析，并对理事会的属性作了界定，认为："理事会是委员会的合作伙伴；是成员国政府与其他政治行为体之间以及成员国政府之间竞争与讨价还价的场所；是发展政府间合作的联盟。"④《部长理事会》一书强调成员国国内政治对欧盟理事会决策的影响，认为这种影响是自下而上进行的。书中还以共同农业政策为例，指出法国总统希拉克竞选继任总统期间，为了获得广大农村选民的支持，在欧盟理事会极力推行保护本国农业利益的政策提案，而德国多党联合执政中的

① Emil Joseph Kirchner, *Decision-Making in the European Community: The Council Presidency and European Integration*, NY: St. Martin's Press, 1992.

② Derek Beach, *The Dynamics of European Integration: Why and When EU Institutions Matter*, Palgrave Macmillan, 2005.

③ Martin Westlake, *The Council of the European Union*, Landon: Cartermill International, 1995.

④ Helen Wallace, "The Council: An Institutional Chameleon", in *Governance: An International Journal of Policy, Administration, and Institutions*, Vol. 15, No. 3, July 2002, p. 325.

一些政党也与农业利益集团关系密切,英国驻欧洲议会代表有多个是农民出身或依赖农业选区的投票支持,因此他们在欧盟理事会中对共同农业政策的态度都深深打上国内政治的烙印。

菲力帕·谢灵顿的著作《部长理事会:欧盟中的政治权威》试图建立欧盟理事会的分析框架,并将几个重要的分理事会作为案例,最终总结出理事会的属性与特征。诸多专家都将关注的重点放在对欧盟理事会主席的研究上。爱德华和华莱士(1977)试图揭露理事会含糊并饱受非议的运作方式,探究共同体决策的现实与条约期望的"蓝图"为何存在巨大差异。① 两个作者对理事会主席的认识只停留在 1977 年之前,他们认为理事会主席是"全能"的。主席完全控制理事会决策的提法是错误的。科西那分析了主席的运作方式,然而,他的评价只关注理事会主席对欧盟政策制定的影响,并区分理事会主席作为管理者与作为提议者的作用差别,却对理事会实际工作分析甚少。② 单纯对理事会内部一个部门或机构进行研究是对理事会政策制定的描述,理事会内部各部门与机构只是理事会机制运作的一部分。③ 因此,对理事会权力变化的探讨绝不能仅仅局限于关注理事会内部一两个部门,而必须采用将理事会看作一个整体的宏观层面研究与详细剖析理事会内部各机构以及程序变化的微观层面研究相结合的方式。

欧盟理事会的权力变化是一个逐渐演变的过程,国内外学者对这一现象主要从历史视角进行考察。理查德·格里菲斯的文章《欧洲一

---

① Geoffrey Edwards and Helen Wallace, *The Council of Ministers of the European Community and the President-in-Office*, London: Federal Trust for Education and Research, 1977.

② Kirchner, E. J., *Decision Making in the European Community: The Council Presidency and European Integration*, NY: St. Martin's Press, 1992.

③ O'Nuallain, Colm and Hscheit, Jean-Marc (eds.), *The Presidency of the European Council of Ministers: Impacts and Implications for National Governments*, N. H.: Croom Helm, 1985.

体化的动力与阶段(1945~1995)》[①]将 1945~1995 年间的欧洲一体化进程分为几个阶段进行研究。作者以重大历史事件作为划分阶段的依据,并将委员会的权力变化作为线索贯穿整个一体化进程。乔治·泰伯利斯(George Tsebelis)和埃米·柯瑞波(Amie Kreppel)合写的《欧盟机制有条件的议程设置历史》[②],首先介绍了欧洲一体化的理论,并将新功能主义、新自由制度主义和政府间主义理论进行区分。作者提出,从《罗马条约》到《马斯特里赫特条约》,欧盟委员会的提案在理事会中通过比修改更容易。作者将欧盟理事会中特定多数表决机制产生和执行的历史分为三个阶段进行追溯。关于欧洲治理的转变,不可避免地要谈到行政机构在欧盟多级体系中的作用,议程设置、政策形成和执行都与次国家、国家、超国家和国际层面的公共行为体互动形式有关。欧盟行政机制之间的互动构成了今天欧盟多级治理的核心特征,欧洲行政机构之间的合作成为欧盟治理体系的支柱。荷维格·霍夫曼(Herwig C. H. Hofmann)和亚历山大·特克(Alexander H. Turk)合作的《欧盟的行政治理》[③],详细分析了欧洲治理的政策制定和执行过程,欧盟委员会的结构及其如何影响欧盟议程,并探讨了在超国家治理中民主合法性的问题。书中特别提出了欧盟理事会的工作小组及其面对的挑战,并思考为什么超国家治理在一些领域比其他领域更容易实现。斯蒂夫·弗露里希(Stefan Frohlich)的著作《欧盟治理的困难:欧盟机制的出路何在?》[④]指出,欧盟前所未有的扩大既带来了机遇也带来了挑战,并对欧盟制宪能否解决欧盟治理存在的问题提出质疑。书中选取欧盟理事会、欧盟委员会和欧洲议会作为切入点,详细阐述这三

① Richard T. Griffiths, "The Dynamics and Stages of European Integration", 1945—1995, http://www. maxwell. syr. edu/moynihan/programs/euc/tradeconf/DynamicsAndStages. pdf.

② George Tsebelis and Amie Kreppel, "The History of Conditional Agenda-Setting in European Institutions", *European Journal of Political Research* 33: 41-71, 1998.

③ Herwig C. H. Hofmann and Alexander H. Turk, *EU Administrative Governance*, MA: Edward Elgar Publishing, 2006.

④ Stefan Frohlich, The Difficulties of EU Governance: What Way forward for the EU Institutions?, *Frankfurt: Peter Lang*, 2004.

个主要的治理机构如何运作及其相互的关系,认为它们面临内外环境的变化,迫切需要进行改革,并设想出新的制度结构。

吴志成在《治理创新:欧洲治理的历史、理论与实践》①中指出,一致通过的表决方式虽然能够使各成员国在共同体问题上充分表达本国意愿,维护本国利益,但体现在部长理事会的工作上,则是效率降低,或者进行复杂的长时间协商或者干脆放弃,许多提案往往久拖不决。英国加入欧共体后否决频频,更是迫使欧盟改革游戏规则。《单一欧洲法案》推广了多数表决机制,避免因为个别成员国的阻碍而使共同体陷入停滞的局面。郭华榕、徐天新主编的《欧洲的分与合》②将整个欧洲的历史分为几个阶段进行阐述。其中,从《单一欧洲法案》到《马斯特里赫特条约》的欧洲决策机制与程序的变化,作为重点详细分析。作者认为,共同体委员会具有创议权,委员会主席德洛尔及其委员会的态度使得单一内部市场问题在共同体日程中的地位空前突出。共同体委员会利用对提案的垄断权将单一市场问题置于欧共体发展的优先地位,单一市场的建立是《单一欧洲法案》对理事会以及其他机构改革的经济基础。在欧洲一体化的发展历史上,英国一直扮演着消极角色,在理事会的决策过程中,英国通常否决或者威胁使用否决权,阻碍改革的进行。作者指出,欧盟东扩使欧盟内部建设与东西欧相结合的过程同时展开、互为条件、相互促进,但欧盟内部仍存在许多矛盾。

以上研究成果都是对欧盟理事会的历史沿革进行介绍,还有学者针对理事会内部决策程序的历史变化作了分析。杰弗里·加勒特(Geoffrey Garrett)的文章《从卢森堡妥协到共同决策:欧盟政策制定》③,以历史为主线,详细阐述了欧盟理事会决策过程的演变,从卢森堡妥协的全体一致表决机制到《单一欧洲法案》推广有效多数表决机制(QMV),在欧洲一体化进程中,"高级政治领域仍然是按照卢森堡妥协

① 吴志成:《治理创新:欧洲治理的历史、理论与实践》,天津:天津人民出版社,2003年。

② 郭华榕、徐天新主编:《欧洲的分与合》,北京:京华出版社,1999年。

③ Geoffrey Garrett, "From the Luxembourg Compromise to Codecision: Decision Making in the European Union", *Electoral Studies*, Vol. 14, No. 3, 1995.

的规定进行管理,在理事会中采用全体一致投票。其他政策领域采用QMV表决,但结果由于程序不同而产生差异"。[①] 丹·菲尔森塔(Dan S. Felsenthal)和莫舍·马克欧弗(Moshe Machover)的文章《欧盟理事会投票比重规定,1958～1995:意图与结果》[②]与杰弗里·加勒特的视角不同,他们将研究的重点放在欧盟理事会内部票数比重的分配而非投票机制与程序。作者采用"Banzhaf 指数"进行数量分析,检验理事会中成员国的投票权,将欧盟扩大过程分为几个阶段分析理事会成员国的票数分配状况。票数比重最早参照各国占欧盟总人口的比重进行分配,这种分配方式对人口相对较多的国家尤其有利,而对于对欧盟财政贡献巨大的法、德等老成员国则是不利因素。

从事欧盟理事会权力研究的学者都承认投票方式、票数分配以及投票程序的重要性。这三个方面的变化直接体现了欧盟理事会的权力变化。首先是投票方式。理事会内部主要采用全体一致表决机制与有效多数投票方式(QMV)将提案变成法律与法令。菲奥娜·任邵、维姆·尔肯(Wim Van Aken)和海伦·华莱士合作的文章《欧盟理事会何时以及为何明确投票》[③],莫德雷尼·霍思里(Modeleine O. Hosli)的文章《联合与权力:欧盟理事会有效多数投票机制的影响》[④],西尔维娅·费德利(Silvia Fedeli)和佛朗西斯科·福特(Francesco Forte)合

---

① Geoffrey Garrett, "From the Luxembourg Compromise to Codecision: Decision Making in the European Union", *Electoral Studies*, Vol. 14, No. 3, 1995, p. 289.

② Dan S. Felsenthal and Moshe Machover, "The Weighted Voting Rule in the EU's Council of Ministers, 1958—1995: Intentions and Outcomes", *Electoral Studies*, Vol. 16, No. 1, 1997.

③ Fiona Hayes-Renshaw, Wim Wan Aken and Helen Wallace, "When and Why the EU Council of Ministers Votes Explicitly", *Journal of Common Market Studies*, Vol. 44, No. 1, 2006.

④ Madeleine O. Hosli, "Coalitions and Power: Effects of Qualified Majority Voting in the Council of the European Union", *Journal of Common Market Studies*, Vol. 34, No. 2, 1996.

写的文章《欧盟理事会中决策制定过程的效率与投票权》[1]，约翰·斯通（R. J. Johnston）的文章《欧盟理事会中有效多数投票机制的冲突：用权力指数分析英国的谈判立场》[2]等关注欧盟理事会内部投票实践及其多年来的演变。近年来，有效多数投票机制（QMV）在欧盟各政策领域广泛推广，有些学者将有效多数表决机制与全体一致、简单多数机制相对比，提出欧盟理事会一直在寻求效率与公平并重的投票方式。莫德雷尼·霍思里指出，欧盟理事会 QMV 决策过程分为两个步骤，成员国根据自身的国家利益寻找与其政策偏好相近的国家，与这些国家结成"联盟"，争取在理事会 QMV 投票过程中达到有效多数以通过提案或者组成反对联盟阻止提案。[3] 当然，成员国中的大国对欧盟决策影响力强，且在欧盟理事会中占据的票数比重相对较大，它们更加热衷于通过寻找同盟的方式推动协议达成。

欧盟理事会内部成员国的投票比重是按照成员国人口占欧盟总人口的比例分配的，随着欧盟的扩大，尤其是东欧国家的加入，原有的票数比重分配越来越不能维持公平与效率，因此改革的呼声越来越高。丹·菲尔森塔的文章《欧盟理事会的投票比重，1958～1995：意图与结果》[4]，丹·菲尔森塔与莫舍·马克欧弗合写的文章《欧盟扩大与理事

①　Silvia Fedeli and Francesco Forte，"Voting Powers and the Efficiency of the Decision-Making Process in the European Council of Ministers"，*European Journal of Law and Economics*，Vol. 12，No. 1，2001.

②　R. J. Johnston，"The Conflict over Qualified Majority Voting in the European Union Council of Ministers：An Analysis of the UK Negotiating Stance Using Power Indices"，*British Journal of Political Science*，Vol. 25，No. 2，1995.

③　Madeleine O. Hosli，"Coalitions and Power：Effects of Qualified Majority Voting in the Council of the European Union"，*Journal of Common Market Studies*，Vol. 34，No. 2，1996，p. 258.

④　Dan S. Felsenthal and Moshe Machover，"The Weighted Voting Rule in the EU's Council of Ministers，1958—1995：Intentions and Outcomes"，*Electoral Studies*，Vol. 16，No. 1，1997.

会的投票比重》①，丹尼斯·里持（Dennis Leech）的文章《欧盟理事会投票比重重新公平分配以及在扩大期间有效多数投票机制的多数选择》②等，都对理事会内部投票比重分配进行了探讨。欧盟理事会内部关于投票分配比例的争论经常破坏协议的达成。《尼斯条约》之前的票数分配是倾向于小国的，《尼斯条约》之后则发生改变，小国的投票权相对下降，现在票数分配更好地反映了人口规模。

西蒙·希克斯（Simon Hix）的专著《欧盟政治体系》③以及汉努·纳米（Hannu Nurmi）和莫德雷尼·霍思里合作的《未来理事会采用哪种决策规则？》④等，对欧盟的决策程序进行了关注。在《罗马条约》规定的"协商程序"中，委员会垄断了议程设置权；在《单一欧洲法案》确定的合作程序中，它与欧洲议会分享议程设置权。然而，《马斯特里赫特条约》签署后新引入的共同决策程序中，议程设置权从委员会转向了理事会，委员会不再拥有垄断议程设置的权力，这极大地削弱了委员会的地位与影响力，理事会的权力得到加强。

二、为什么发生这种变化？

欧盟理事会自建立至今，权力发生了巨大变化，体现在多个政策领域以及内部投票机制的变化中。究其原因，主要可以分为理论和现实两个方面。研究欧盟理事会的专家学者致力于将国际关系理论应用于对欧盟理事会权力变迁的分析中，当然，政治经济等现实动力在解释理事会权力变化的过程中也同样发挥着不可或缺的作用。

---

① Dan S. Felsenthal and Moshe Machover, *Enlargement of the EU and Weighted Voting in its Council of Ministers*, London: LSE Research Online, http://eprints. lse. ac. uk/archive/00000407.

② Dennis Leech, "Fair Reweighting of the Votes in the EU Council of Ministers and the Choice of Majority Requirement for Qualified Majority Voting During Successive Enlargements", *Warwick Economic Research Paper* 587, *Apr.* 2001.

③ Simon Hix, *The Political System of the European Union*, NY: St. Martin's Press, 1999.

④ Hannu Nurmi and Madeleine O. Hosli, "Which Decision Rule for the Future Council", *European Union Politics*, Vol. 4, No. 1, 2003.

(一)理论分析

自欧共体建立以来,欧洲一体化进程取得了显著进展。国际关系理论家日益关注这一领域,新功能主义、新现实主义、制度主义、自由政府间主义等理论从不同视角对欧盟一体化进程作出了解释。

西蒙·希克斯的著作《欧盟政治体系》①对欧洲国际关系理论进行了分析。他认为,新功能主义是欧洲一体化最早且最持久的理论,"外溢"的推动力是非国家行为本而不是主权国家。② 然而,新功能主义没能解释 20 世纪 60 年代欧洲一体化进程放慢的现象,政府间主义理论应运而生。政府间主义者认为欧洲一体化受到成员国利益和行为的推动,政府的主要目标是保护其地缘政治利益,欧洲层面的决策是"零和游戏"。随着一体化的深入,现有理论难以解释新现象,因此"自由政府间主义"出现。与传统现实主义相比,自由政府间主义认为国家偏好受经济而非地缘政治推动,国家偏好是不确定的,政府间讨价还价产生"双赢结果"。③

政府间主义理论与超国家主义理论一直争论不断。斯通·斯维克(Alec Stone Sweet)和韦恩·桑德霍尔茨(Wayne Sandholtz)在其文章《欧洲一体化与超国家治理》④中试图构建超国家治理理论。他们一直希望能够超越传统的新功能主义与政府间主义对欧共体属性的讨论,设计出能够解释"一体化作为产生不同结果的动力过程"的理论框架。⑤ 安·布兰持(Ann P. Branch)和杰科博·欧赫盖德(Jakob C. Ohrgaard)在《陷入超国家与政府间的两分法:对斯通·斯维克和桑德

---

① Simon Hix, *The Political System of the European Union*, NY: St. Martin's Press, 1999.

② Ibid, p. 14.

③ Andrew Moravcsik, "European Community: A Liberal Intergovernmentalist Approach", *Journal of Common Market Studies*, Vol. 31, No. 4, 1993.

④ Stone Sweet, Alec and Sandholtz, Wayne, "European Integration and Supranational Governance", *Journal of European Public Policy*, Vol. 4, No. 3, 1997.

⑤ Ibid., p. 299.

霍尔茨的回应》①—文中对斯通·斯维克和桑德霍尔茨的观点进行反驳。他们从现实视角批判了斯通·斯维克和桑德霍尔茨的论点,指出超国家治理并没有解决超国家与政府间两分法主导理论界的问题。尽管斯通·斯维克和桑德霍尔茨将一体化定义为制度化的过程,但他们没有思考一体化在不同政策领域采用不同形式的可能性。20 世纪 80年代中期单一市场的建立使欧洲一体化的理论争论重新成为热点,超国家治理没能跳出新功能主义—政府间主义的两分法,其关于一体化行为体、方法以及结果的观点都与单一市场计划和功能主义的属性相吻合。1991 年《欧盟条约》签署后,共同外交与安全政策和社会政策的发展暴露出超国家治理的严重问题。1996 年政府间会议和 1997 年《阿姆斯特丹条约》进行了制度改革,为欧盟东扩作准备。安·布兰持和杰科博·欧赫盖德指出,制度特征随着领域不同而呈现出各异的形式,我们现在关注的重点是要抓住欧洲一体化的多种动力,从着重分析制度特征转向一体化进程(信任的作用、行为变化的动力以及适应决策的模式)。斯通·斯维克和桑德霍尔茨在同一期杂志上对安·布兰持和杰科博·欧赫盖德的批判作了回应。② 他们提出,在任何特定部门发展的具体政策和组织形式可以通过详细的案例研究进行解释。例如,安·布兰持和杰科博·欧赫盖德不认同他们对移民政策从国家层面到欧洲层面发展速度比其他领域更快的解释。安·布兰持和杰科博·欧赫盖德指出"不能仅从跨国活动、超国家组织和超国家规范三个变量考察移民政策的发展"③。当然,在特定部门特定时间存在其他因素塑造政策结果的可能,但现实通常比理论更复杂。乔治·特塞莱里

① Ann P. Branch and Jakob C. Ohrgaard, "Trapped in the Supranational-Intergovernmental Dichotomy: A Response to Stone Sweet and Sandholtz", *Journal of European Public Policy*, Vol. 6, No. 1, 1999.

② Wayne Sandholtz and Alec Stone Sweet, "European Integration and Supranational Governance Revisited: Rejoinder to Branch and Ohrgaard", *Journal of European Public Policy*, Vol. 6, No. 1, 1999.

③ Ann P. Branch and Jakob C. Ohrgaard, "Trapped in the Supranational-Intergovernmental Dichotomy: A Response to Stone Sweet and Sandholtz", *Journal of European Public Policy*, Vol. 6, No. 1, 1999, p. 147.

斯（George Tselelis）和杰弗里·加勒特在他们合作的文章《欧盟政府间主义与超国家主义的制度基础》[①]中提出，制度决定行为体的选择以及它们控制的信息，不同的制度结构影响行为体的战略并最终影响它们互动的结果。制度可以作为自变量影响结果，或者作为因变量考察如何选择特定制度。政府间主义者关注制度讨价还价，将欧盟制度结构视为因变量。他们将这种结构构想为莫劳弗奇克（Moravcsik）提出的将欧盟制度视为对一体化的可靠承诺，而不是分析欧盟四个主要机构以及它们对政策影响的互动。超国家主义者将欧盟制度视为行为体而非因变量：委员会、议会、法院的行为影响欧洲一体化的发展方向。政府间主义与超国家主义之间的差别不仅在于它们在一体化进程中如何看待成员国政府的重要性，而且还在于它们如何对待欧盟制度。政府间主义者关注条约产生的日常实践，而超国家主义重点研究这些实践需要的微观基础与结构。[②]

安特耶·维纳（Antje Wiener）与托马斯·迪兹（Thomas Diez）主编的《欧洲一体化理论》[③]，重点阐述了欧洲一体化理论中的新功能主义和自由政府间主义。新功能主义理论从功能角度界定了行为体是一体化的核心推动者，而政府间主义认可的一体化概念不如哈斯理论中一体化概念的范畴大。

国内也不乏对欧洲一体化进行理论研究的学者。其中，一些学者尝试用国际关系理论分析一体化进程以及机制变迁。李巍、王学玉主编的《欧洲一体化理论与历史文献选读》[④]讨论了政府间主义理论流派与超国家主义理论流派。金安的《欧洲一体化的政治分析》[⑤]将主流国

---

① George Tsebelis and Geoffrey Garrett, "The Institutional Foundations of Intergovernmentalism and Supranationalism in the European Union", *International Organization*, Vol. 55, No. 2, 2001.

② Ibid. , pp. 384-385.

③ 安特耶·维纳（Antje Wiener）、托马斯·迪兹（Thomas Diez）主编，朱立群等译：《欧洲一体化》，北京：世界知识出版社，2009年。

④ 李巍、王学玉主编：《欧洲一体化理论与历史文献选读》，济南：山东人民出版社，2001年。

⑤ 金安：《欧洲一体化的政治分析》，上海：学林出版社，2004年。

际关系理论对欧洲一体化的分析与观点进行了对比。吴志成在《治理创新：欧洲治理的历史、理论与实践》一书中对欧洲一体化的多维理论进行了解读，并指出，欧洲一体化理论的各个流派在专门研究一体化实践的同时，借鉴了国际关系理论分析的范式，从而发展了自身的理论解释力。

新功能主义在欧洲一体化理论中具有举足轻重的地位，哈斯是新功能主义最著名的代表人物。新功能主义者认为欧洲一体化的目标是建立一个超国家的管辖权威，强调精英在其中的重要性，在一体化过程中，各利益集团都能得到不同的利益满足，而且能够提供一体化发展的基础。哈斯认为，一体化进程取得成功的关键在于其中央机构要有足够的自决权。部门与领域之间拥有不同的潜力，有些领域的外溢潜力大，而另一些部门的潜力则较小，这就解释了为何一体化在某些领域发展顺利而在另一些领域则进展缓慢。但在欧洲一体化的背景下，一些文献资料中的证据对哈斯的观点提出了挑战。例如，主张欧洲联盟是政府间性质的学者倾向于部长理事会是以民族国家利益冲突为基础的政府间讨价还价的场所。自由政府间主义的代表安德鲁·莫拉夫斯克认为，与此前欧共体发展进程中每个关键转折点一样，20 世纪 80 年代中期的改革依赖于最重要的成员国（英国、德国、法国）之间的谈判与讨价还价。斯坦利·霍夫曼认为，民族国家仍将是控制一体化进程的主要行为体。尽管欧共体成员国在诸如农业和贸易等低政治领域愿意进行更密切的合作，但它们顽固地抓住至高无上的国家主权，也不情愿为换取某些物质利益而在一些重要的经济领域放松控制权。即使在农业这样的低政治领域，有时达成一致也非常困难。因此，各成员国积极参与欧盟理事会内部决策程序的改革，支持有利于自己的投票程序，绝不放弃对重要决策的影响力。

（二）现实分析

理事会作为欧盟最重要的治理机构之一，其发展与变革受到欧盟整体制度环境的影响和制约。政治和经济是引发欧盟理事会权力变化的最重要因素，当然制度本身的作用也不容忽视。近年来，分析欧盟理事会权力变化的政治、经济动力的著作与文章层出不穷，有些文章集中关注某个时期的某个事件或者某个政策领域理事会权力变化的情况。

首先是政治动力。欧共体建立之初，成员国为了实现政治目标而在经济方面进行妥协与让步。这一时期理事会刚刚成立，成员国之间的矛盾不可调和，法国爆发了"空椅子危机"，各国最终达成"卢森堡妥协"，理事会中全体一致表决机制的主导地位得以确立。珍·帕拉瑞特（Jean-Marie Palayret）、海伦·华莱士以及帕斯凯琳尼·温那德（Pascaline Winand）合编的《视角、投票和否决：空椅子危机和卢森堡妥协》①，皮尔斯·拉德罗（N. Piers Ludlow）的文章《挑战法国在欧洲的领导权：德国、意大利与荷兰以及 1965～1966 年空椅子危机的爆发》②都将"空椅子危机"和"卢森堡妥协"作为研究对象。在欧共体的前途问题上，法国与其他五个成员国一直有矛盾，约翰·纽豪斯（John Newhouse）强调戴高乐的主权概念与一体化关于共同体制度的原则之间一直存在深刻分歧。他指出，由于戴高乐主义与大西洋主义之间在防务领域的分歧与冲突，摊牌是不可避免的，法国激化了危机。③ 林德伯格指出，戴高乐长期以来盼望有机会"在共同体的制度体系内进行改革，因为他非常不喜欢体系的一些特征"。④ 这场危机主要涉及欧共体制度安排的组织结构冲突，结果是在 1966 年达成著名的卢森堡妥协，"空椅子危机"促使共同体运作方式发生重大变革。罗伯特·马卓琳（Robert Marjolin）在其备忘录中写道："1966 年 1 月出现的卢森堡妥

① Jean-Marie Palayret, Helen Wallace and Pascaline Winand (eds.), *Visions, Votes and Vetoes: The Empty Chair Crisis and the Luxembourg Compromise Forty Years On*, Brussels: P. I. E.-Peter Lang, 2006.

② N. Piers Ludlow, "Challenging French Leadership in Europe: Germany, Italy, the Netherlands and the Outbreak of the Empty Chair Crisis of 1965—66", *Contemporary European History*, Vol. 8, No. 2, 1999.

③ John Newhouse, *Collision in Brussels. The Common Market Crisis of 30 June 1965*, London: Faber & Faber, 1967, pp. 21-24.

④ Leon Lindberg," Integration as a Source of Stress on the European Community System", in Joseph Nye (ed.), *International Regionalism*, Readings, Boston: Little & Brown, 1968, p. 245.

协印证了戴高乐主义者在欧洲制度设计上的胜利。"①欧共体成立以后，以德国为代表的成员国为了实现一体化的政治目标，在多个问题领域对法国作出让步，法国是这一时期最大的受益国，但也造成了其他国家的不满与抱怨。这些国家试图联合起来对抗法国，直至"空椅子危机"爆发，最后还是其他成员国向法国让步，"卢森堡妥协"确立了全体一致投票机制在理事会的统治地位，一体化的政府间性质得到巩固。

很多学者对欧盟东扩推动理事会机制改革作了分析，如泰皮欧·罗尼欧（Tapio Raunio）和马提·韦博格（Matti Wiberg）的《理事会中的胜利者与失败者：欧盟扩大的投票权结果》②，伊恩·彼得森（Iain Paterson）和彼得·斯拉斯基（Peter Silarszky）合写的《在欧盟扩大前重新设计理事会制度：问题与观点》③，皮尔帕罗·赛特穆瑞（Pierpaolo Settembri）的文章《欧盟扩大的影响》④，以及瑞贝卡·琼斯（Rebecca R. Jones）的《尼斯条约框架下的制度与扩大》等⑤。欧盟扩大也是推动理事会内部制度改革的一大动力。欧盟东扩意在加强欧盟的政治稳定，巩固欧盟在国际舞台的政治地位，但东欧国家无论在经济规模、政治体制还是文化背景方面都与欧盟老成员国差距甚大。因此，东扩之前的准备工作至关重要。随着成员国数量的增加，全体一致表决机制使得提案通过变得越来越艰难，因此有效多数投票机制的推广势在必行。《马斯特里赫特条约》引入共同决策程序，使议程设置权从委员会

---

① Robert Marjolin, *Architect of European Unity*, *Memoirs* 1911—86, London：Weidenfield & Nicholson, 1989, p. 347.

② Tapio Raunio and Matti Wiberg, "Winners and Losers in the Council：Voting Power Consequences of EU Enlargements", *Journal of Common Market Studies*, Vol. 36, No. 4, 1998.

③ Iain Paterson and Peter Silarszky, "Redesigning the Institution of the Council of Ministers in Advance of EU Enlargement-Issues and Options", http://www. ihs. ac. at/publications/lib/paterson_jiidt. pdf.

④ Pierpaolo Settembri, "The Surgery Succeeded. Has the Patient Died? The Impact of Enlargement on the European Union", Jean Monnet Working Paper, 04/07.

⑤ Rebecca R. Jones, "Institutions and Enlargement under the Treaty of Nice", Prepared for presentation at the European Union Studies Association biannual conference, 2003.

转移到理事会,体现出成员国面对欧盟规模越来越大的现状,希望掌握欧盟的主要决策权以保证一体化的政府间属性。新加入的成员国人口多、经济发展水平低,这使得按照人口比例分配投票权的旧体制显得越发不合理,因此理事会在欧盟东扩之前对票数分配的规则也进行了调整,尽量作到公平与效率兼顾。

国内学者张海冰的著作《欧洲一体化的制度研究》[①]揭示了政治意图是欧盟制度变革与创新的动力。作者指出,从表面看,欧盟的发展一直在围绕经济问题展开,但政治问题从未离开讨论的核心,而是作为幕后动力时隐时现,左右着欧洲一体化的进程。欧盟是一个超国家和政府间性质并存的高度一体化的经济政治实体,或准联邦实体,欧盟政策过程难以跨越超国家与政府间并存的模式。[②] 欧盟的制度结构特征是,既不同于传统的联邦或者邦联形式,又明显带有民主国家"分权与制衡"的基本治理模式特征,在权力分立和相互制衡的框架下,制度结构进行微调。[③] 以欧盟目前的立法机制来看,其最终动力来源显然不在欧盟层面,而是在成员国间的协调合作。

随着欧洲一体化的深入发展,经济动力越来越重要,各成员国逐渐将自己的经济利益放在首要位置,经济分歧越来越突出,导致理事会内部决策难以达成。作为欧盟最重要的共同政策,共同农业政策自建立发展至今,体现了欧盟理事会权力的变迁以及理事会与欧盟委员会欧洲议会之间关系的变化。皮尔斯·拉德罗的《共同农业政策制定:欧盟最首要政策的历史分析》[④],就是从历史角度分析欧盟共同农业政策的发展过程。格瑞特·米斯特(Gerrit Meester)和佛朗斯·温德兹

---

① 张海冰:《欧洲一体化的制度研究》,上海:上海社会科学院出版社,2005 年。

② 刘文秀:《欧洲联盟:政策过程与政体性质比较分析》,中国欧盟研究会第九届欧盟研讨会会议论文,2003 年 10 月。

③ 张海冰:《欧洲一体化的制度研究》,上海:上海社会科学院出版社,2005 年,第 153 页。

④ N. Piers Ludlow, "The Making of the CAP: Towards a Historical Analysis of the EU's First Major Policy", *Contemporary European History*, Vol. 14, No. 3, 2005.

(Frans A. Van Der Zee)的《欧共体决策、制度与共同农业政策》①,阿兰·斯温板克(Alan Swinbank)的《共同农业政策与欧洲政策制定的政治》②,卡利斯勒·任格(Carlisle Ford Runge)和哈雷德·维特茨克(Harald Von Witzke)的《欧共体共同农业政策的变革》③等文章,都将关注的重点放在共同农业政策与欧共体的政策制定上。一体化初期,其他成员国通过满足法国的农业利益来换取它对共同体事务的支持。在全球经济危机的背景下,欧盟各成员国开始逐渐将农业利益放在政策制定的重要位置。各成员国在农业产品价格制定问题上的巨大分歧常常导致理事会决议过程陷入无法调和的僵局,欧盟委员会及时抓住这一契机,将农业产品市场价格确定的职能从理事会手中"抢"过来。欧盟成员国的国内政治也日益在共同农业政策的制定过程中产生影响。

国内外一些学者对欧盟治理进程中的某些具体政策领域进行研究。从这些共同体政策的产生背景、政策内容、执行过程中存在的问题及如何改革等方面入手,分析治理机制的状况、问题和未来发展等。有些领域适用超国家性质的制度,另一些领域则更适用政府间主义制度。如贝阿特·科勒—科赫(Beate Kohler-koch)和瑞纳(Rainer Eising)合作的《欧盟治理的转型》④,卡洛林·罗德(Carolyn Rhodes)和索尼亚·麦哲(Sonia Mazey)合著的《欧洲联盟的状态:构建一个欧洲政体?》⑤,

---

① Gerrit Meester and Frans A. Van Der Zee, "EC Decision-Making, Institutions and the Common Agricultural Policy", *European Review of Agricultural Economics*, Issue. 20, 1993.

② Alan Swinbank, "The Common Agricultural Policy and the Politics of European Decision Making", *Journal of Common Market Studies*, Vol. XXVII, No. 4, 1989.

③ Carlisle Ford Runge and Harald Von Witzke, "Institutional Change in the Common Agricultural Policy of the European Community", *American Journal of Agricultural Economics*, Vol. 69, No. 2, 1987.

④ Beate Kohler-Koch and Rainer Eising, *The Transformation of Governance in the European Union*, London:Routledge, 2005.

⑤ Carolyn Rhodes and Sonia Mazey (eds), *The State of the European Union*, London:Longman, 1995.

荷维格·霍夫曼(Herwig C. H. Hofmann)和亚历山大·特克(Alexander H. Turk)合作的《欧盟的行政治理》①等,具体到环境治理、能源、社会政策、经济和货币联盟、交通、移民政策、共同外交与安全等方面。

三、欧盟理事会与欧盟其他机构之间的关系是否是此消彼长?

欧盟理事会、欧盟委员会和欧洲议会是最重要的欧洲治理机构。在一体化的发展进程中,不仅理事会的权力发生变化,理事会、委员会和议会之间的关系也发生着微妙的改变。劳拉·克莱姆(Laura Cram)在《制度平衡与欧盟治理的未来:联盟的未来和"涅磐谬论"》②一文中指出,近年来,在欧盟正式决策过程中,"欧盟理事会—欧盟委员会"治理关系正逐渐转向"理事会—委员会—议会"三边关系。然而,在实践中,欧盟是由"管辖重叠的复杂体系"构成的。正如海伦·华莱士所说:"实践者与学者之间关于理事会属性特征的争论能持续多久仍是个谜。"③戴维·朱德格(David Judge)和戴维·恩邵(David Earnshaw)挑战了"欧盟制度平衡发生三大改变"的论点。④

最早从事欧洲制度研究的一批学者关注欧盟理事会与欧盟委员会之间的双边关系。随着欧盟制度合法性问题变得越来越重要,欧洲议会的权力上升。菲力帕·谢灵顿的《理事会:欧盟的政治权威》⑤和西蒙·希克斯的《欧盟政治体系》,对三边关系展开详细论述。关于政府间机构与超国家机构,学界形成两派相互对立的观点。一派认为,政府

---

① Herwig C. H. Hofmann and Alexander H. Turk, *EU Administrative Governance*, MA: Edward Elgar Publishing, 2005.

② Laura Cram, Introduction to Special Issue on the Institutional Balance and the Future of EU Governance: The Future of the Union and the Trap of the "Nirvana Fallacy", in *Governance: An International Journal of Policy, Administration, and Institutions*, Vol. 15, No. 3, July 2002, p. 311.

③ Ibid., p. 311.

④ Governance: An International Journal of Policy, Administration, and Institutions, Vol. 15, No. 3, July 2002, p. 345.

⑤ Philippa Sherrington, *The Council of Ministers: Political Authority in the European Union*, NY: Pinter, 2000.

间机构与超国家机构之间是"此消彼长"的关系,一方权力的增加势必导致另一方实力被削弱;另一派则持相反的看法,认为政府间机构可以与超国家机构成为合作伙伴,一方权力范围的扩大不一定造成另一方实力受到威胁,双方可能实现"双赢"。事实上,政府间机构与超国家机构之间的关系,在不同历史时期、不同政策领域往往呈现出巨大的差异。理事会拥有行政权与立法权,是欧盟决策的核心,负责为欧盟建立长期的政策目标;委员会负责短期事务;两个机构通过"委员会制"体系进行合作。① 1957 年《罗马条约》签订为实现一体化的政治目标,欧洲经济共同体将共同市场的政策制定权和共同农业政策的管理权授予欧盟委员会,允许新的超国家行政机构在管理共同市场规则方面有重要的"议程设置权"。② 《罗马条约》的制度设计使理事会更容易接受委员会的提案。1986 年《单一欧洲法案》的核心议题是建立"单一市场"的经济目标,委员会通过详细规定单一市场如何建立以及如何准备条约改革而发挥重要的领导作用,委员会的权力范围扩大。鉴于司法与内务领域由于缺乏领导力而导致其在《马斯特里赫特条约》中失败,为解决这一问题,成员国政府通过 1997 年《阿姆斯特丹条约》同意将政策制定权授予委员会,即政治与行政权有选择地从政府授予委员会。委员会如何利用这些权力具有不确定性,政府签署条约后政策执行产生的影响尚不可知,有选择授权的"不确定性"会招致"官僚漂移"的现象出现。③

欧洲议会权力的上升经历了三个阶段,首先是 1987 年《单一欧洲法案》设置新立法程序,给予欧洲议会"二读权力",在理事会内采纳"共同立场",减少理事会推翻二读修正案的能力,"同意程序"要求理事会行动前要在欧洲议会中获得通过。④ 1992 年《马斯特里赫特条约》引入"共同决策程序",规定如果理事会与议会在立法问题上产生分歧,则由

---

① Simon Hix, *The Political System of the European Union*, NY: St. Martin's Press, 1999, p. 25

② Ibid. , p. 26.

③ Ibid. , p. 60.

④ Ibid. , p. 62.

新成立的"调解委员会"(Conciliation Committee)介入,其中议会和理事会的代表各占一半。在"调解委员会"调解后,议会可以直接否决立法。然而,在欧盟发展的整个历史中,欧洲议会的权力始终没能达到欧盟理事会的高度,也没有欧盟委员会的影响大。欧洲议会权力的增加主要是应对"民主赤字"压力的需要。

欧盟扩大尤其是东扩,将东欧部分国家纳入欧盟。一方面,这些国家受经济利益驱使,积极为加入欧盟作准备;另一方面,制度改革在欧盟扩大之前紧锣密鼓地进行,以适应新的环境,由于理事会内部成员国数量急剧增加,原有的投票程序与票数分配都需要进行必要的调整。诸多学者对投票权分配和投票程序的改革进行了数量分析,建立数量公式模型探讨理事会投票权的变化。数量分析在解析理事会权力变化的过程中作用固然重要,但很多学者在研究理事会权力变化的文章中通篇采用数学公式,而忽略了对投票权分配与投票机制改革深层次原因的探索。

总之,欧洲治理是近年来兴起的新研究课题,欧盟制度研究是其中的重点。欧盟理事会作为欧盟最主要的决策机构自然引起广泛关注。对欧盟理事会进行分析与研究的著作、文章并不鲜见,但多半停留在介绍理事会职能与机构设置、决策程序与条约改革等方面,研究思路缺乏创新,有待进一步拓展。从历史视角对理事会的权力变化进行分析,普遍思路是将理事会的权力变化分为几个阶段分别进行阐述与研究,划分阶段的依据通常是条约改革或重大历史事件。但很多学者对理事会权力变化的历史研究大多停留在归纳与总结权力嬗变的外在表现形式,而较少探究权力变化的深层次原因。有学者致力于对欧盟制度变化的动力进行探讨;但具体到欧盟理事会,至今还没有学者专门对欧盟理事会权力变化的深层原因与动力作深入分析。

第三节　研究方法与框架结构

在对欧洲一体化研究中的政府间主义理论与超国家主义理论进行归纳对比的基础上(第一章),本书主要采用历史分析法与案例研究法来阐述与说明基本观点。

首先,根据条约变革或者重大历史事件,本书将欧盟理事会的权力变化过程分为四个阶段。在第一阶段(第二章),即欧洲一体化的初始阶段,欧共体创始国为实现欧洲统一的政治目标而建立了一系列超国家机构。欧盟理事会作为新成立的欧共体机构,处于刚刚起步的阶段,其他机制也尚不完善。法国在这一时期领导着欧共体一体化的发展方向,巩固了理事会全体一致表决机制的垄断地位,即每个成员国都有否决提案的权力。在第二阶段(第三章),由于欧洲一体化的深入发展,全体一致表决方式的弊端逐渐暴露出来,理事会决策能力下降,并在多个领域反映出来。欧盟委员会在强有力的主席的带领下,与理事会展开权力争夺。理事会迫于各方面压力,不得不对投票方式和决策程序进行改革。理事会的权力地位首次受到挑战。在第三阶段(第四章),《单一欧洲法案》和《马斯特里赫特条约》详细规定了推广有效多数投票机制与合作程序,以法律的形式结束了全体一致的主导地位,并确立了欧洲议会的立法主体地位。然而,制度本身并未完全按照创建者的初衷向前发展,随着超国家机制的日趋完善,尤其是以欧盟委员会和欧洲议会为代表的超国家机构权力在一些领域逐步获得了主导地位,它们开始要求与成员国控制的欧盟理事会分享权力,加之理事会内部结构越来越不适应新环境的发展,理事会的权力遭遇前所未有的挫折。在第四阶段(第五章),欧盟不断扩大,尤其是欧盟东扩,使理事会成员国数量急剧增加,且这些新成员国的经济水平、政治制度、文化背景都与老成员国相去甚远。为了保障东扩的顺利进行,稳定欧盟外部环境和社会稳定,理事会推广新的决策机制,借此机会重新获得一部分被欧盟委员会和欧洲议会夺走的权力。

在每个阶段的分析过程中,案例研究作为论据说明各阶段欧盟理事会权力变化的状况。本书将欧盟共同农业政策作为关键案例进行分析,追踪每个阶段共同农业政策的变化与发展。选取这一案例的原因是,共同农业政策是欧盟最重要的共同政策之一,涉及各成员国的核心经济利益,对每个国家而言都至关重要。自这项政策制定以来,欧盟理事会就在其中发挥着举足轻重的作用;后来欧盟委员会也加入到共同农业政策的制定中来,与理事会分享权力。从这项政策的发展过程中也能够看出欧盟主要机构之间的关系变化。为了使论据更加充分,本书根据需要在各阶段选取其他案例进行补充说明。

为了更好地说明欧盟理事会内部投票机制的变化,书中通过少量的定量分析展现各成员国投票权的分配与票数比重的分布。由于条件所限,这些数据都是引用已有文献中的数据,而非亲自收集得来。

本书的第六章根据四个阶段欧盟理事会权力变迁的状况进行归纳总结,探讨造成欧盟理事会权力变化的共同原因是什么,分析哪种或哪些理论能够对欧盟理事会权力变迁的现象进行合理解释。第七章从欧盟理事会权力变迁的规律中预测欧盟理事会的未来发展趋势,尤其是讨论了主权债务危机以来,欧盟政治家为应对危机而作出的一系列制度调整对欧盟治理机制的发展产生何种影响。

第一章　欧盟理事会权力嬗变的理论基础

　　在欧洲一体化的发展过程中,主要行为体究竟是民族国家政府还是超国家机构?主权国家向欧盟层面的机构让渡或与其共享主权的原因是什么?民族国家主权是否会向超国家层面转移?对这些问题的不同回答,使得国际关系理论分成政府间主义理论与超国家主义理论两个阵营。早期国际关系理论在分析欧洲一体化的过程中对一体化现象的关注多于其形式,它们试图分析并解释超国家层面决策的形成与演变,却忽视了政策制定过程。随着一体化的深入发展,欧盟涉足越来越多的政策领域,从而促使关注政策制定的新理论层出不穷,它们描述了不同的现象,但没有一个理论能够展现欧盟的全貌。[①]

　　新功能主义对欧洲一体化的研究先于政府间主义,是最早的分析型理论,甚至可以说它是联邦主义的扩展。新功能主义的"外溢"框架借鉴了莫内的联邦主义观点。[②] 莫内解释了一些政策领域的合作将会对其他领域产生压力,并引用了煤钢联营的例子,指出政策领域都是相互关联的,如果我们需要在煤钢领域制定连贯的共同政策,就应该在税收、收入以及汇率方面也制定共同规则,这就是所谓的"功能外溢"。哈斯对"政治外溢"进行了界定,他提出欧共体权威的扩展不是现有合作

---

　　① Frederick Schneider, There is no one Theory or Framework that best Explains Policy-making, *European Public Policy*, 2007/08, p. 2.

　　② Pollack, Mark," Theorizing EU Policy-Making", in Helen S. Wallace, William Wallace and Mark A. Pollack Mark, *Policy-Making in the European Union*, Oxford: Oxford University Press, 2005, p. 15.

24

的必然结果,而是成员国政治意志的产物。[1] 根据新功能主义的说法,欧盟委员会被视为试图推动国家接受一体化深化的政治机构,欧洲法院和欧洲议会是它的同盟。国家维护主权却不抗拒压力。[2] 新功能主义假设,为超国家政体工作的人们表现出对欧洲的忠诚,他们推动国家间合作并试图说服国家精英认同向欧洲层面让渡部分主权。另一个假设强调强有力的超国家利益集团的作用,这些利益集团有不同的议题与偏好,但他们都把欧洲范围的合作视为实现各自目标的手段。新功能主义适用于欧洲一体化的发展初期,却不能解释"空椅子危机"。这场危机暴露出欧洲一体化不是持久合作的单一过程。自1986年《单一欧洲法案》开始,欧洲一体化的理论探讨出现了新的高潮。新的争论仍然沿用旧的模式:主要分歧仍然集中在应当以国家为中心还是以超国家机构为中心解释欧洲一体化进程。[3]

新功能主义并没有给予民族国家同等重要的地位。[4] "空椅子危机"是欧洲一体化理论的转折点,不仅反映了新功能主义的衰落,还导致了政府间主义的出现。斯坦利·霍夫曼利用这个机会在现实主义国际关系理论基础上创建了欧洲一体化的新理论。他认为,一体化主要取决于国家之间谈判的讨价还价,讨价还价的结果则取决于国家的权力大小。莫劳弗奇克认为,历史协议(主要是条约)不是由超国家力量(如委员会)而是由强有力的国家(如德国和法国)推动的。他承认这是偏好聚集的渐进过程,但同时也指出,欧洲一体化最初并非如此。莫劳弗奇克否认了精英社会化的概念,认为国家偏好的形成是国内压力而非欧洲压力造成的。他承认国家之外还有其他行为体,但是它们不能

---

① Stroby-Jensen, Carsten, "Neo-functionalism", in Cini, Michelle, *European Union Politics*, Oxford: Oxford University Press, 2007, p. 86.

② Ibid. , p. 89.

③ 李巍、王学玉编:《欧洲一体化理论与历史文献选读》,济南:山东人民出版社,2001年,第2页。

④ Nugent, Neill, *The Government and Politics of the European Union*, New York: Palgrave MacMillan, 2006, p. 564.

发挥主导作用。①

欧洲一体化是复杂、多变的进程,需要从不同视角看待这一现象。因此,新功能主义与传统政府间主义旨在用一个框架解释整个欧洲一体化进程"宏理论"的想法是不现实的。新功能主义不能解释20世纪60年代中期到80年代中期的现实状况;但到了20世纪90年代,随着单一市场和共同货币联盟的建立,这一理论又复苏了。② 超国家主义者对新功能主义理论进行完善与发展,与时俱进地提出超国家治理的新论点。

第一节 政府间主义理论与超国家主义理论的早期论战

新功能主义理论与传统政府间主义理论之间的分歧主要围绕着成员国政府在一体化进程中是否发挥决定性作用而展开。③

一、传统政府间主义理论

政府间主义是在继承现实主义理论并批判新功能主义理论的基础上产生的。自20世纪60年代中期起,传统政府间主义理论成为欧洲一体化理论的主要分支之一。④

(一)传统政府间主义的理论主张

传统政府间主义理论坚持新现实主义理论的基本假设,主要观点是:成员国仍是欧洲一体化进程中的主要行为体,它们根据各自的国家目标和利益主导欧洲一体化进程;欧洲一体化的发展水平受到成员国政府自我保护的利益、成员国历史与现状的多样性、成员国身份及外部

---

① Pollack, Mark, "Theorizing EU Policy-Making", in , Helen S. Wallace, William Wallace and Mark A. Pollack, *Policy-Making in the European Union*, Oxford: Oxford University Press, 2005, p. 18.

② Stroby-Jensen, Carsten, "Neo-functionalism", in Cini, Michelle , *European Union Politics*, Oxford: Oxford University Press, 2007, p. 96.

③ 朱立群:《欧洲一体化理论:研究问题、路径与特点》,载《国际政治研究》,2008年第4期,第2页。

④ Michael O'Neill, *The Politics of European Integration*: *A Reader*, London: Routledge, 1996.

行为体的影响。① 传统政府间理论主义假设,只有能在保持国家独立性与影响力的前提下获得净收益,成员国才会将权力适度转让给欧盟层面机制。例如,弱国对欧洲一体化感兴趣,它们愿意牺牲部分正式的主权,因为它们将一体化看作约束强国并增强自身国际影响力的有效途径。政府同意将国家部分权力转让给超国家机构,以降低它们面对国内社会压力时的脆弱性。政府间主义的核心命题强调,成员国之间讨价还价的谈判是一体化进程不断前进与深入的主要推动力,超国家行为体的作用是有限的,其权力也是成员国为了维护和实现自身利益赋予的,超国家机制权力的范围与强弱受到国家行为体的控制与影响。

政府间主义理论在分析欧洲一体化时把成员国当作最重要的行为体,强调政府的优先选择和政府间谈判的重要性。通过分析成员国政府采取的决策与行动,政府间主义对欧洲一体化进程的方向和速度作出解释。② 政府间主义接受了现实主义的"国家中心论",将主权国家作为主要分析单位。政府间主义认为,一体化反映了政府的意愿,服务于国家利益并受各国国家机构的控制。国家利益决定一体化进程的范围和深度,各国政府保持对一体化进程以及相关机构的控制,保障国家的安全与主权仍是政府的主要责任。共同体层次的决策过程是典型的政治行为,成员国政府和非政府组织在共同体框架下的活动是成员国国内政治活动的延伸。③ 欧盟层面的决策过程是零和博弈,"遭受的损失没能从其他领域的收益获得补偿,各国都担心遭受欺骗"。④ 一体化是国家理性行为与政治决策的结果。聚合的国家利益、政府间的讨价还价以及欧盟进一步改革的现实将决定欧洲一体化的速度和方向。霍夫曼指出,在"高级政治"领域,政治一体化只能通过政府间的磋商以及持续的讨价还价实现。政府间主义坚持,欧盟的每一步发展,不论是前

① Jeremy Richardson, *European Union: Power and Policy-making*, New York: Routledge, 2006, p. 81.

② 张茂明:《欧洲一体化理论中的政府间主义》,载《欧洲》,2001年第6期,第48页。

③ 同上。

④ Stanly Hoffmann, "Obstinate or Obsolete? The Fate of the Nation State and the Case of Western Europe", *Daedalus*, Vol. 95, 1966, p. 882.

进抑或是倒退,都是成员国意志的反映。① 一体化停滞主要是成员国政府抵制向布鲁塞尔进一步转让国家主权的结果。②

(二)新现实主义理论面临的挑战

新现实主义理论对欧洲一体化的分析属于政府间主义的理论范畴。约瑟夫·格里科(1995)指出,新现实主义理论如果继续对欧洲国际政治进行解释,将面临严重挑战。新现实主义关于国家控制国际机制的基本假设在《欧盟条约》签署后受到质疑,但格里科强调,对"恐惧、依赖和相对收益"的担心不会因为国际机制的存在而消失。

格里科指出,新现实主义面临四个问题。③ 第一,新现实主义关于国家理性的假设。《马斯特里赫特条约》谈判就是"非理性的",新现实主义者若想解释背弃国家理性的行为为什么会发生,就必须"承认理性国家有时也会强调国际机制的作用"。第二,权力进一步分配给共同体机制体现了无政府不是区域国际政治的主要结构特征。第三,20世纪80年代德国在共同体中的重要性增强,以新现实主义者的视角看,其他成员国将会试图改变这种日渐明显的不平衡。但是,《马斯特里赫特条约》的签订却巩固了德国在欧盟内部的霸权地位。第四,新现实主义受到功能主义、制度主义和其他理论观点的威胁。格里科对20世纪80～90年代出现的欧洲一体化的深化作了解释。他将经货联盟谈判看作最初没有超国家参与的国家间讨价还价的过程。这就产生了一个问题,即国家为什么以及如何在《欧盟条约》框架内选择发展经货联盟的模式。格里科的解释是:"如果国家分享共同利益和进行关于合作安排的谈判,力量相对弱小但仍有一定影响力的国家就会试图确保规则能够为它们表达自身态度和利益提供充足机会,防止或至少改善它们

---

① 朱立群:《欧洲一体化理论:研究问题、路径与特点》,载《国际政治研究》,2008年第4期,第3页。

② Stanly Hoffmann, "Obstinate or Obsolete? The Fate of the Nation State and the Case of Western Europe", *Daedalus*, Vol. 95, 1966, pp. 862-915.

③ Grieco, J. M., "The Maastricht Treaty, Economic and Monetary Union and the Neo-Realist Research Programme", *Review of International Studies*, Vol. 21, No. 1, 1995, p. 28.

被强国控制的局面。"①

(三)新功能主义的缺陷及政府间主义的批判

斯坦利·霍夫曼作为政府间主义理论的主要代表人物,对新功能主义的批判最为激烈。首先,新功能主义过于强调超国家机构在一体化进程中的作用。霍夫曼认为,民族国家及其政府仍然是一体化的主要推动者,超国家机构的作用十分有限。在涉及重要国家利益的领域,成员国政府不愿意以其他领域的所得来补偿在一些领域的损失,它们试图降低不确定性并对关系到核心利益的决策过程严加控制。欧共体委员会作为超国家机构的作用有限。② 其次,霍夫曼批判新功能主义最著名的论断就是"高级政治"与"低级政治"之间的区别。他认为,溢出效应只发生在"低级政治领域",而在"高级政治领域"则不那么有效,国家间关系不会超越政府间合作发展到高级政治领域的超国家一体化。③ 再次,政府间主义不同意新功能主义"公众将政治忠诚从民族国家转向超国家共同体"的论断。关系到成员国共同利益的重大问题,仍是成员国政府决定的。④ 霍夫曼作为向新功能主义核心假设挑战的早期政府间主义理论的主要代表,接受了现实主义对主权国家及其利益的强调。⑤

20 世纪 70 年代的石油危机,使新功能主义的缺陷暴露无遗。政治外溢困难重重,新功能主义难以解释欧共体出现的新事物。⑥ 政府间主义者强调共同体理事会(部长理事会)、欧洲理事会以及各政府间委员会组成的网络和政府间讨价还价在欧洲联合决策中的重要性。一体化只有与各成员国的利益相吻合时才会发生,它必须置于政府间合

---

① Grieco,J. M. ,"The Maastricht Treaty, Economic and Monetary Union and the Neo-Realist Research Programme",*Review of International Studies* ,Vol. 21,No. 1,1995, p. 35.

② 张茂明:《欧洲一体化理论中的政府间主义》,载《欧洲》,2001 年第 6 期,第 47 页。

③ Stanly Hoffmann, 'Obstinate or Obsolete? The Fate of the Nation State and the Case of Western Europe",*Laedcus*, Vol. 95, 1966, pp. 862-915.

④ 盛夏:《简评一体化理论的发展》,载《欧洲一体化研究》,2000 年第 3 期,第 50～54 页。

⑤ 房乐宪:《政府间主义与欧洲一体化》,载《欧洲》,2002 年第 1 期,第 83 页。

⑥ 张茂明:《欧洲一体化理论中的政府间主义》,载《欧洲》,2001 年第 6 期,第 47 页。

作的基础之上,使各国政府能够对联合进程保持决定权、主导权和控制权。[①] 欧盟一些成员国(如荷兰、比利时和卢森堡)反对让超国家机构享有过多权力,主张基于政府间原则建立部长理事会监督超国家机构运行。部长理事会成为共同体向超国家发展的制动器。[②]《罗马条约》确定了共同体委员会在极少数情况下拥有最高权力,在多数领域它是无权或少权的。委员会提出的动议只有经部长理事会通过之后才能成为共同体的法律付诸实施。各国在理事会的代表较少采用多数表决方式,大多数情况选择全体一致,即成员国无论大小都拥有否决权。《罗马条约》体现出权力中心明显向"政府间"机构部长理事会倾斜,决策方式是政府间主义与超国家主义的结合,而这种暂时的平衡是不稳定的。[③] "欧洲共同体的历史,在许多方面就是一部共同体委员会所代表的集体利益与部长理事会和各成员国所极力捍卫的国家权力之间持续不断的斗争史。"[④]在那个时期,加强共同体超国家权力的努力长期没有实质性进展。1966 年,"卢森堡妥协"规定,如果一项决议涉及成员国"特别重大的利益",部长理事会"应努力在合理期限内达成可以为全体成员接受的决定,讨论应继续到达成一致同意的协议为止"。[⑤] "卢森堡妥协"标志着由"共同体"精神向各成员国更加实用的"成本—收益"模式的转变。[⑥]

新功能主义理论与传统政府间主义理论之间的争论没能解决当代欧洲一体化过程中的所有问题,虽然两种理论都对一体化"进程"作了

---

① 黄正柏:《战后欧洲联合中的"政府间主义"及其影响——兼及欧洲一体化与国家主权的关系》,载《华中师范大学学报》(人文社会科学版),2000 年第 6 期,第 101 页。

② 同上,第 102 页。

③ A. J. Harryvan and J. Van der Harst, *Documents on European Union*, London:Macmillan Press Ltd., 1997, p. 90.

④ Michael Welsh, *European United? The European Union and the Retreat from Federalism*, London:Macmillan Press Ltd., 1996, p. 16.

⑤ A. J. Harryvan and J. Van der Harst, *Documents on European Union*, London:Macmillan Press Ltd., 1997, p. 152.

⑥ 黄正柏:《战后欧洲联合中的"政府间主义"及其影响——兼及欧洲一体化与国家主权的关系》,载《华中师范大学学报》(人文社会科学版),2000 年第 6 期,第 102 页。

阐述,但却没抓住欧洲政体正在出现的复杂性与动态性特征。两种理论之间的论战使一些重要的国际关系理论流派被边缘化。[①] 其理论方法大多是关注条约修订或重大危机,而往往忽视了欧盟体系的日常政治模式。一体化的前进或倒退往往归因于国家政府或超国家机制,而非与欧洲政策制定规则及制度互动演变过程相关的能力强弱。争论没有明确推动"进程"的动力是什么,也没能预测出欧洲的未来究竟是在"戴高乐主义"指导下的政府间合作,还是建立"欧洲合众国",抑或是介于两者之间的联合模式。

二、新功能主义理论

新功能主义理论属于超国家主义理论流派,是一体化进程之初的重要理论。新功能主义理论的核心概念是"外溢"(spill over)。欧洲一体化发展的初始阶段不断印证了新功能主义的各种论断。新功能主义者认为,集团而非国家是一体化进程的核心行为体,一体化不仅是一个能动的过程,也是对"外溢"效应带来的各种压力的反应。[②] 新功能主义将"外溢"与机构的发展、权力的扩展性转移联系在一起。超国家机构是"外溢"过程的最终受益者。这些机构在一些逐渐政治化的问题上不断扩大其力量与权限。[③] 新功能主义者主张,公众从民族主义情绪转向支持合作,精英推动一体化是出于实用主义而非利他主义,这是一体化继续前进的前提条件。对于民众而言,只要一体化不对他们构成负面影响,就不会排斥其发展。从长远看,尽管各国希望逃避这一过程,但考虑到自身利益,最终还是要选择支持它。[④] 新功能主义者假定,国家与地区的各种经济、政治因素是相互联系的:一个领域的问题可能引发另一个领域的问题出现,或者寻求在另一个领域解决的方法。

---

① Ben Rosamond, *Theories of European Integration*, NY: Palgrave, 2000, p. 106.

② 房乐宪:《新功能主义理论与欧洲一体化》,载《欧洲》,2001 年第 1 期,第 14 页。

③ 同上,第 13 页。

④ Clive H. Church, *European Integration Theory in the 1990s*, University of North London, 1996, p. 19.

即使国家之间有根本分歧,也仍然能够达成具有外溢效应的决策。[1] 经济一体化的发展将会外溢到政治领域。新功能主义认为,超国家机构以及参与一体化进程的政治精英是推动一体化前进的主要动力。[2] "功能外溢"[3]与"政治外溢"[4]概念的提出,主要是用来解释一体化进程如何向前推进的。欧洲一体化是从功能领域发展起来,通过外溢不断自我强化并最终在政治上建立更紧密的联盟。欧共体的超国家机构并非国家主权的替代物,而是与成员国政府共享主权,其自主性对欧洲一体化的发展十分重要。[5]

哈斯在 20 世纪 70 年代中期对新功能主义的一体化论断作了更大保留。哈斯指出,尽管成员国政府面对的问题日益增多且更加复杂,但政治家并不一定选择超国家的解决方法。尽管有些问题单个成员国无法解决,但这些问题的存在不一定导致超国家层面的广泛合作,因为国家行为体会力图加强本国处理这些问题的能力。也就是说,决策的相互依存不一定促成政策的一体化。[6]

超国家性观念是新功能主义的另一个核心内容。"超国家性"即主权的共享而非转移。外溢过程表明,越来越多的国家主权将以这种方式被共享,但新功能主义并未对这种超国家权威的准确形式进行界

---

① Hans J. Michelmann, Panayotis Soldatos ed. , *European Integration: Theories and Approaches*, University Press of America, Inc. , 1994, p. 29.

② 朱立群:《欧洲一体化理论:研究问题、路径与特点》,载《国际政治研究》,2008 年第 4 期,第 2 页。

③ 成员国在一个经济部门的一体化将会促使其他部门实现一体化。必须创立许多功能性的政府间国际组织监督这一过程,并通过建立多种联系作为跨越国家间分歧的桥梁。民族国家政府机构的权力将会相对下降。

④ 一旦不同的功能部门实现了一体化,则利益集团日益把注意力从试图影响民族国家政府决策转向影响新区域行政机构决策。而新的区域行政机构设法为自身赢得新的权力。利益集团将会为一体化发展扫除障碍,政治日益在区域层面而非国家层面进行。

⑤ Juliet Lodge, ed. *The European Community Bibliographical Excursions*, Frances Pinter (Publishers) Limited, 1983, p. 15.

⑥ Ibid.

定。① 新功能主义者所说的政治共同体其实是一个或多或少具有中央集权倾向的超民族政体,这与联邦主义的提法有相似之处。②哈斯认为,超国家性的中心机构是决定欧洲一体化进程的重要因素之一,是欧洲国家政治共同体发展的基石。超国家机构代表走向联合的成员国的共同利益③,协调成员国之间的利益冲突并促使政治精英将政治忠诚转向欧洲层面④。哈斯得出了"已相当稳定的民族国家在欧洲出现全面退却"的乐观结论。新功能主义者认为,欧盟历史上的几次扩大都是新功能主义超国家性思想的体现,都对欧洲一体化进程产生深远影响。《罗马条约》、《单一欧洲法案》以及《马斯特里赫特条约》都带有新功能主义痕迹。⑤

新功能主义试图系统解释欧共体的发展及其决策过程,"外溢"和"超国家性"的思想在欧共体都有明显体现。例如,欧共体或欧盟层面的机构框架逐步确立,以委员会为代表的高级权威机构被设计为具有某种超国家性的行政机构,这些超国家机构和欧洲的主要利益集团在后来的欧洲一体化进程中都产生了重要影响。⑥ 然而新功能主义的解释并不完全准确。超国家机构的形成只是有助于政府间达成协议而不能取代主权国家,欧盟委员会更多发挥调解者而非创造者的作用。在一体化进程中,民族国家及其政府才是真正发挥主导和决定作用的行为体,超国家机构影响有限。当一体化发展进入到涉及国家主权的程度时,新功能主义对不断深化的合作需要是自动和不可抗拒的逻辑就失去了效用,国家之间的利益交换和政治平衡成为决定欧共体走向的主要因素。20 世纪 60 年代的"空椅子危机"、英国两次申请入盟失败、

---

① Juliet Lodge, ed. *The European Community Bibliographical Excursions*, Frances Pinter (Publishers) Limited, 1983 p. 16.

② Ibid. , p. 15.

③ 房乐宪:《新功能主义理论与欧洲一体化》,载《欧洲》,2001 年第 1 期,第 17 页。

④ 高华:《地区一体化的若干理论阐释》,载李慎明、王逸舟主编《2003 年:全球政治与安全报告》,北京:社会科学文献出版社,2003 年,第 12 页。

⑤ Karl W. Deutsch et al., *Political Community and the North Atlantic Area*, Princeton, N. J. : Princeton University Press, 1957.

⑥ 房乐宪:《新功能主义理论与欧洲一体化》,载《欧洲》,2001 年第 1 期,第 19 页。

20 世纪 70 年代欧共体停滞不前,都无法用新功能主义理论解释。[①] 此外,新功能主义过分强调政治精英在推动一体化前进过程中的作用,而政治精英重点关注的是本国国内的政治问题而不是超国家层面的政策制定。

第二节　20 世纪 90 年代以来政府间主义理论与超国家主义理论的争论

20 世纪 90 年代以来,随着新功能主义的衰退,新制度主义理论与自由政府间主义理论的争论成为欧洲一体化理论的主流。

由于欧洲一体化进程的复杂性,不同理论范式在分析一体化进程和预测其未来走向时,往往只能解释其中的一部分现实。政府间主义理论与超国家主义理论作为欧洲一体化研究的两大主要理论派别,在欧洲一体化进程的主体、推动力等方面存在根本分歧。每种理论对事物现象不同侧面的解释力不同,因此,在应用理论解释现实之前,首先要理清理论的适用范围,打破理论之间的壁垒,为多种理论解释同一现象创造条件。[②] 不容忽视的是,理论具有时间阶段性,即不同的理论在欧洲一体化不同阶段的适用性存在差别,有的理论在某个或某些历史阶段更具解释力。

自 20 世纪 90 年代初开始,随着新条约的签署与制度改革的发生,新功能主义理论与传统政府间主义理论越来越难以解释层出不穷的新现象。新制度主义理论在原有制度主义理论的基础上逐渐完善并扩展到欧洲制度研究领域;自由政府间主义试图成为新自由主义与政府间主义之间的桥梁,由于自由政府间主义理论始终坚持民族国家政府是一体化的最重要推动力,因此它仍属于政府间主义理论阵营。这一时期,一体化理论开始呈现出百家争鸣的局面。各种理论在坚持自己阵营基本立场的同时,不断借鉴、吸收其他理论流派的观点与方法。

---

① 刘显得:《欧洲一体化理论:新旧功能主义评析》,载《华中师范大学研究生学报》,2006 年第 4 期,第 4 页。

② 王展鹏:《理性选择还是社会建构——欧洲一体化理论范式之争评析》,载《世界经济与政治论坛》,2009 年第 2 期,第 120 页。

一、自由政府间主义理论

20世纪90年代,自由政府间主义成为欧洲一体化最重要的理论之一。[①] 这一理论本质上属于"政府间主义"阵营,坚持民族国家是一体化的主要行为体。莫劳弗奇克认为,强有力的超国家机构不一定是政府间主义的对立面。传统政府间主义则坚持,欧共体独特的机制结构只有在强化而非削弱成员国对内事务控制权并允许它们实现其他手段所不能实现的目标时,才会被成员国所接受。[②] 莫劳弗奇克指出,欧盟制度可以通过降低交易成本的方式提高国家间讨价还价的效率。成员国宁可无效率决策也不愿意放弃主权。通过特定多数表决的主权让渡与共享,使得国家的风险减少,效率也相应降低。合作的潜在利益、决策权让渡细节的不确定性以及各国政府和利益集团的偏好,鼓励成员国政府支持从全体一致表决向主权让渡及共同体决策转变。[③]

(一)自由政府间主义的主要观点

自由政府间主义强调政府的优先选择和政府间谈判的重要性,政府间主义理论将国家政府之间的讨价还价作为从国家层面过渡到超国家层面的关键手段。[④] 国家利益决定一体化进程的范围和深度,各国政府保持着对一体化进程及相关机构的控制。作为对理性制度主义的回应,自由政府间主义假设国家偏好是外生的,即欧盟机制对国家利益的形成没有影响,成员国塑造国家偏好并将其反映给布鲁塞尔。国家偏好不会自发形成或改变,政府带着预先设定的国家利益进入谈判过程。自由政府间主义吸收了早期政府间主义思想,提出追求自身利益的成员国必须实现利益的汇聚,在成员国政府间讨价还价的过程中,欧共体委员会甚至委员会主席的作用比不上英、法、德等主要国家的

---

① Helen Wallace, William Wallace and Mark A. Pollack, *Policy-Making in the European Union*, Oxford: Oxford University Press, p. 19.

② 房乐宪:《政府间主义与欧洲一体化》,载《欧洲》,2002年第1期,第87页。

③ 同上。

④ 高华:《地区一体化的若干理论阐释》,载李慎明、王逸舟主编《2003年:全球政治与安全报告》,北京:社会科学文献出版社,2003年,第13页。

政府。①

  莫劳弗奇克运用博弈论对超国家主义和政府间主义进行分析对比，得出"国家行为体而非超国家机构是一体化的主要行为体"的结论。超国家主义认为，成员国政府在技术、政治以及法律等方面缺乏信息，欧共体官员具有中立性，因此在跨国交往中处于核心地位。在谈判过程中，成员国政府由于缺乏信息而不能提出最佳的共同体政策；超国家机构的创新性建议能够调节成员国之间的矛盾，因此谈判的结果接近超国家行为体的意愿，这与政府间主义的基本观点正好相反。② 莫劳弗奇克列举大量史实证明了政府间主义理论的合理性，指出各国能够获得广泛充足的信息，且信息在各国间的分配是对称的。③

  传统现实主义认为，成员国在一体化具体问题上的偏好和态度由其外交政策目标决定，不受国内社会压力的影响，独立看待问题。④ 自由政府间主义假定行为体偏好外生于一体化进程。莫劳弗奇克将各国的一体化动机分为"地缘政治利益和观念"与"经济利益"两类，其中经济利益是决定性因素。⑤ "欧洲一体化是民族国家领导人为了追求经济利益进行一系列理性选择的结果。"⑥ 成员国以一体化为手段，通过调节多样化的国家政策适应经济发展的趋势。⑦ 莫劳弗奇克举例说，"空椅子危机"并非是戴高乐追求"伟大法国"的政治目标，而是从经济利益出发，特别是法国的农业利益，这才是戴高乐支持欧洲政策的最主

---

  ① 房乐宪：《政府间主义与欧洲一体化》，载《欧洲》，2002 年第 1 期，第 85 页。

  ② Andrew Moravcsik, *The Choice for Europe：Social Purpose and State Power from Messina to Maastricht*, Ithaca：Cornell University Press, 1998, p. 54.

  ③ 赵晨：《自由政府间主义的生命力——评莫劳弗奇克的〈欧洲的选择〉》，载《欧洲研究》，2008 年第 2 期，第 140 页。

  ④ Frank Schimmelfennig and Berthold Rittberger, "Theories of European Integration：Assumptions and Hypotheses", in Jeremy Richardson（eds.）, *European Union：Power and Policy-Making*, New York：Routledge, p. 82.

  ⑤ 赵晨：《自由政府间主义的生命力——评莫劳弗奇克的〈欧洲的选择〉》，载《欧洲研究》，2008 年第 2 期，第 141 页。

  ⑥ Andrew Moravcsik, *The Choice for Europe：Social Purpose and State Power from Messina to Maastricht*, Ithaca：Cornell University Press, 1998, p. 36

  ⑦ Ibid. , p. 3.

要驱动力。

自由政府间主义以双层博弈模型分析欧盟决策过程,两个层次的博弈分别为成员国国内政治层面国家优先选择的形成过程与欧盟层面政府间讨价还价战略的形成过程。与传统政府间主义将国家利益看作主权国家的所属物不同,自由政府间主义将国家利益看作国家与社会互动的结果。"国家利益……在社会集团争夺政治影响力的国内政治斗争中产生,国家和跨国联合形式以及新的政策选择得到政府承认。对国内政治的理解是分析国家之间战略互动的前提而非补充。"① 自由政府间主义理论框架接受现实主义关于国家理性的基本假设,却发展出新的观点,即理性国家行为不是产生于固定不变的偏好,而是来自国内的动态政治过程。

(二)对超国家主义的批判

20 世纪 90 年代,莫劳弗奇克在政府间主义理论观点的基础上,对新功能主义理论进行了批判。他认为新功能主义最根本的错误是将关注的重点放在一体化的内在推动力上,却忽视了外部影响因素,而只有在外部因素的作用之下,一体化才能前进。② 自由政府间主义认为,成员国的偏好决定了欧盟制度的发展方向,成员国的偏好独立于欧洲一体化进程之外,不受欧盟层面制度的影响。欧盟制度化是成员国根据自身偏好选择的结果,既不是功能主义合作的产物,亦不是社会精英推动的。成员国的偏好确定之后,决定超国家层面谈判结果的是成员国的权力大小,而成员国最终决定委托主权给超国家机构,也是出于摆脱不确定性和降低成本的利益需求。③

莫劳弗奇克认为,新功能主义理论在解释欧共体现象时,只能对宏

---

① Ben Rosamond, *Theories of European Integration*, NY: Palgrave, 2000, p. 137.

② 赵晨:《自由政府间主义的生命力——评莫劳弗奇克的〈欧洲的选择〉》,载《欧洲研究》,2008 年第 2 期,第 139 页。

③ 朱立群:《欧洲一体化理论:研究问题、路径与特点》,载《国际政治研究》,2008 年第 4 期,第 4 页。

观全局进行分析,而他提倡"中观理论"思路。^① 莫劳弗奇克提出的"三重组合框架"分为三个阶段:国家偏好的形成阶段、国家间博弈阶段和选择国际制度阶段。他考察了历史上五次最重要的谈判——1957 年《罗马条约》谈判、20 世纪 60 年代关税同盟和共同农业政策谈判、1978~1979 年欧洲货币体系谈判、1985~1986 年《单一欧洲法案》谈判以及 1991 年《马斯特里赫特条约》谈判用来验证理论框架。莫劳弗奇克认为,该框架是国内国际双层博弈结构。首先是国内各利益集团博弈得出本国在某一问题上的国家偏好,然后该国政府代表国家与其他国家政府进行谈判,谈判的结果是国家相对实力与不对称相互依赖程度的体现。为了履行谈判的结果,各国政府将部分主权委托给超国家机构,即"汇集"(pool)。^② 在谈判的第一阶段,国内偏好的形成主要是经济利益作用的结果。第二阶段,国家间的谈判结果是成员国权力不对称分配的反映。在这一阶段,谈判获益最大的国家愿意作出妥协以弥补受损国的利益,有些国家为了获取更大让步,威胁退出谈判,使谈判结果朝威胁国希望的方向发展。在第三阶段,各国愿意将国家主权委托给超国家机构,相互制约保证谈判结果得以实现。因此,一体化不是自动成长的过程,而是成员国政府理性选择和交易的结果。^③

受基欧汉制度主义的影响,自由政府间主义对超国家主义进行批判,提出制度可以以多种形式存在。它们可以是准宪法形式,也可以是解决具体问题的机制或者政府间互动的简单规范。自由政府间主义将机制作为正和讨价还价的助推器。欧盟成员国利用欧盟制度环境追求自身偏好并从中受益。理性选择制度主义者马克·伯莱克(Mark Pollack)提出制度主义"接受政府间主义者在欧盟机制创建与完善过程中成员国政府的核心作用"。^④ 他意识到,在成员国政策选择形成过程中,制度的潜在作用是对政府间主义的超越。制度主义者关注制度选

---

① 赵晨:《自由政府间主义的生命力——评莫劳弗奇克的〈欧洲的选择〉》,载《欧洲研究》,2008 年第 2 期,第 143 页。

② 同上。

③ 张茂明:《欧洲一体化理论中的政府间主义》,载《欧洲》,2001 年第 6 期,第 50 页。

④ Ben Rosamond, *Theories of European Integration*, NY: Palgrave, 2000, p.143.

择的问题。为什么国家选择创建混合型制度框架？吉奥弗瑞·格瑞特（Geoffrey Garrett）对于民族国家作出牺牲限制部分自主权的选择感到困惑。他认为，与以往条约相比，《单一欧洲法案》是一个巨大转变，国家的行政权力受到限制，最显著的例子就是有效多数投票方式的使用。[①] 他还指出，政府间机制提供的环境允许特定国家或国家联合体优先考虑自身偏好。[②] 政府寻求建立优势地位，但通过国内手段使他国政府与其保持一致的努力是无效的。自由政府间主义揭示了政府将部分主权转移到具有共同利益的国际机制中的原因[③]，政府期望在国际机制中通过政府间讨价还价的动态行为协调国家间的利益与行动。然而，在莫劳弗奇克的近期著作中仍然存在忽视超国家机制重要性的现象。

（三）对自由政府间主义理论的评价

自由政府间主义理论建立的初衷是尝试将现实主义与自由制度主义有效结合。自由政府间主义理论认为，欧盟制度研究要将欧盟层面决策与成员国国内政治变化结合起来进行考察。自由政府间主义关注欧盟理事会独特的讨价还价过程，指出国家自愿接受全体一致而非多数投票的决策方式，欧盟国家间讨价还价是在一个"信息丰富"的环境中进行的。所谓"信息丰富"主要指的是两个方面：对欧盟政策制定的技术认知广泛和国家对其他国家的偏好及约束明确。该理论还认为，欧盟讨价还价的交易成本很低，原因是长期的谈判框架以及问题联系、权衡和讨价还价存在多种可能。[④]

自由政府间主义对当代欧盟研究具有深刻影响。新功能主义代表人物林德伯格提出，自由政府间主义的论证实际上可以用来支持新功能主义的一些论点。林德伯利用当代制度主义者重新提出超国家机构

---

①　Ben Rosamond, *Theories of European Integration*, NY: Palgrave, 2000, p. 143.

②　Ibid, p. 144.

③　Moravcsik, A., *The Choice for Europe: Social Purpose and State Power from Messina to Maastricht*, Ithaca: Cornell University Press, 1998, p. 9.

④　Alec Stone Sweet and Wayne Sandholtz, European Integration and Supranational Governance, *Journal of European Public Policy*, 1997, pp. 137-138.

重要性的机会,尝试将欧盟委员会在成员国多种多样的偏好中获得经济优势的能力与成员国政府从不同国内利益斗争中渔利的能力进行类比。

温考特提出,自由政府间主义是一种"方法"而非"理论",不能将自由政府间主义明显偏向政府间主义的观点看作基本假设。温考特在政策分析的基础上,发展出一种解释欧洲一体化历史的方法,阐释欧盟一体化进程的日常实践。这种观点强调了超国家机制以及机制间互动的重要性。温考特的批判不是简单的经验论证,而是关于认识论的思考。莫劳弗奇克对温考特批判的回应是,自由政府间主义不是一种演绎型理论,它适用于宏观讨价还价的过程,但是这并不妨碍自由政府间主义对日常决策的解释力。

自由政府间主义的论断受到质疑。首先,莫劳弗奇克对于案例过于精挑细选。"历史"协议不能代表整个欧洲一体化的进程与决策过程,这些协议事实上是欧洲公共与私人行为体应对当时的环境和压力的结果。其次,政府间主义理论建立在正式决策过程的基础上,但我们也不能忽视非正式规则。再次,自由政府间主义将国际政治视为理性过程,认为在这一过程中国家偏好以及讨价还价的结果是经过计算的,但在实践中国家并没有采取灵活的立场。第四,自由政府间主义低估了超国家机制的重要性。[①]

二、新制度主义理论

20世纪80年代以来,欧洲一体化的发展过程中出现很多政府间主义难以解释的问题。《单一欧洲法案》的出台进一步推动了一体化理论的完善与发展。这一时期,新制度主义逐渐成为欧洲一体化理论的主流之一。新制度主义的出现,填补了新功能主义与政府间主义之间的理论空白。[②]

---

① Nugent, Neill, *The Government and Politics of the European Union*, New York: Palgrave MacMillan, 2006, pp. 566-567.

② 王学东:《新制度主义的欧洲一体化理论述评》,载《欧洲研究》,2003年第5期,第81页。

（一）新制度主义的主要观点

在超国家主义阵营中，制度主义者试图打破传统政府间主义与新功能主义的僵持局面。他们接受政府间主义的基本假设，却与政府间主义理论得出完全不同的结论。新制度主义理论的重心在于欧盟治理结构的复杂决策体系与制度。[①]"新制度主义一体化理论分析的核心问题是制度与行为体之间的互动关系。"[②]制度主义者认为，国际制度建立之初可能如现实主义所认为的那样，只是有关国家追求共同利益的工具，但随着制度的不断完善与发展，它会逐渐脱离成员国的控制，最终获得独立。[③]他们主张建立和完善欧洲治理的超国家机制，扩大其权力范围，将许多原来由成员国政府处理的问题转移到欧洲层面解决。

新制度主义包括理性选择制度主义[④]、历史制度主义[⑤]和社会制度主义[⑥]。制度变量的引入主要是解决欧盟制度在一体化进程和决策过程中的因果作用问题，特别是研究超国家机构在什么条件下、以什么方式对欧洲一体化进程发挥独立影响。[⑦]新制度主义一体化理论所分析

---

① 王学玉：《欧洲一体化：一个进程，多种理论》，载《欧洲》，2001年第2期，第16页。

② 王学东：《新制度主义的欧洲一体化理论述评》，载《欧洲研究》，2003年第5期，第85页。

③ 参考 Paul Pierson, "The Path to European Integration: A Historical Institutionalist Analysis", *Comparative Political Studies*, Vol. 29, No. 2, April 1996; P. A. Hall, R. Taylor, "Political Science and the Three New Institutionalisms", *Political Studies*, Vol. 44, No. 5, 1996; Ronald L. Jeperson, "The Development and Application of Sociological Neoinstitutionalism", EUI Working Paper 2001/5, Robert Schuman Centre, European University Institute (Florence, Italy).

④ 理性选择制度主义的研究对象是正式制度。制度是行为体实现利益的工具。成员国是否选择参与制度取决于成本收益的计算。

⑤ 历史制度主义主张欧盟制度结构决定成员国行为。欧盟制度结构一经建立，就会逐渐产生新的利益与价值，促进制度权力的扩张。

⑥ 社会制度主义强调制度的非物质层面，关注如何塑造成员国的认知与身份，认为制度塑造成员国的身份与利益认同。

⑦ 朱立群：《欧洲一体化理论：研究问题、路径与特点》，载《国际政治研究》，2008年第4期，第4页。

的核心问题是制度与行为体之间的互动关系。① 欧洲一体化为什么以及如何形成自身的制度？欧盟超国家制度在政府间讨价还价的过程中能否发挥独立作用？制度如何通过影响国家偏好抑或塑造国家利益和身份影响一体化的发展？为什么以及在何种条件下欧盟成员国领导人（委托人）愿意将权力委托给超国家机构（代理人）？如果超国家机构的行为背离了成员国偏好怎么办？② 新制度主义关注一体化的动力问题，提出了一体化为什么以及怎样被制度化。③ 换句话说，成员国把权力委托给超国家机构的动机是什么？如何监督超国家机构运用权力的行为？超国家机构的自主性有多大？理性选择制度主义认为，成员国委托权力给超国家机构的主要目的是降低交易成本，以遵守条约的方式降低行为和意图的不确定性并获得相关收益。主权国家通过各种超国家专家委员会对这些机构实施监督管理。

分配问题能否解决，取决于行为体的讨价还价能力。讨价还价能力源于信息的不公平分配和行为体根据具体协议获得的收益。能够提供充分信息的行为体使结果朝有利于它们的方向发展。行为体在条约规定下行动，创造机会实现自身利益。规则可以任意解释，具有主观性。成员国负责解释超国家组织（例如法院和委员会）应用的规则，它们为了自身利益常常寻找"灰色地带"。在这种情况下，理性选择制度主义认为，国际谈判的结果，即合作是否发生、在何种情况下发生，一方面取决于行为体的相对讨价还价能力，另一方面取决于国际制度的影响。国家间的相互依赖与合作需要国家提供可靠的信息，还受到其他行为体的偏好及能力的影响。国际机制能够比国家政府提供更多更好的信息。它们以多种行为体谈判作为平台，为有效交流提供服务，进一步降低了交易成本。

---

① 王学东：《新制度主义的欧洲一体化理论述评》，载《欧洲研究》，2003 年第 5 期，第 85 页。

② 朱立群：《欧洲一体化理论：研究问题、路径与特点》，载《国际政治研究》，2008 年第 4 期，第 4-5 页。

③ Geoffrey Garrett and George Tsebelis, "An Institutional Critique of Intergovern-mentalism", *International Organization*, Vol. 50, 1996, pp. 269-299.

历史制度主义具有灵活可变性。它研究的主要问题是：在什么条件下早期的制度选择后果限制或影响欧盟成员国的下一步选择，在何种条件下制度的路径依赖①最有可能发生，在什么条件下早期的制度选择可能被推翻。不同的欧盟政策和制度在稳定性和路径依赖特征上存在差异，由于不同问题领域的制度规则不同，政策锁定与路径依赖的程度也不同。②

（二）对新制度主义的评价

新制度主义考察欧盟与国家层面机制之间的互动。桑德霍兹认为，欧盟机制独立于成员国，甚至在某种程度上可以控制成员国，因此新制度主义可以用来解释欧盟的制度变迁以及欧盟如何分享成员国的资源、权力进而决策。③ 约翰·彼得森指出，新制度主义对政策安排作了较为全面的解释，它把政策安排的制度变化与政策后果联系起来，就能够解决诸如理事会中特定多数表决机制增加等问题。④ 新制度主义理顺了成员国政府、欧盟机构与制度之间的相互关系，并指出，欧盟制度极大影响着它的议程设定、政策形成以及政策实施的整个进程。⑤新制度主义认同民族国家在欧盟决策过程中的重要地位，同时也强调欧盟制度整体的作用，欧盟制度与成员国之间是委托—代理关系。新功能主义与政府间主义理论都承认欧洲一体化的目标和结果是既定的，但实践发展往往事与愿违，或者说跟预先设定的有所差距。

当然，新制度主义理论也有缺陷。首先，历史制度主义过于强调欧盟制度的作用。欧盟制度虽然在一体化进程中发挥重要作用，但是还

---

① 路径依赖指的是在过去制度环境中作出的制度和政策选择影响现在的政策，即选定一种政策后，从该政策中所获得的利益超过改变它的成本。

② 朱立群：《欧洲一体化理论：研究问题、路径与特点》，载《国际政治研究》，2008 年第 4 期，第 5 页。

③ 王学东：《新制度主义的欧洲一体化理论述评》，载《欧洲研究》，2003 年第 5 期，第 88 页。

④ 李巍、王学玉编：《欧洲一体化理论与历史文献选读》，济南：山东人民出版社，2001 年版，第 334 页。

⑤ 王学东：《新制度主义的欧洲一体化理论述评》，载《欧洲研究》，2003 年第 5 期，第 88 页。

没有达到决定成员国行为的程度,因此,历史制度主义没能深入解释欧盟制度如何塑造成员国的行为。其次,理性选择制度主义强调成员国自身的作用,低估了欧盟制度的重要性;其没能解释为什么成员国政府在一些领域(某个时间段)愿意将主权委托给欧盟机构,而在另一些领域(其他时间段)却不愿意。[①]"欧洲一体化是随着时间流逝而展开的进程,这个进程发展常常是先前令欧盟或是成员国难以控制或推翻的一体化决策带来的意想不到的结果。"[②]再次,社会制度主义低估了成员国利用欧盟制度的能力。欧盟制度建立的规则并不能保证是完全中立的。

(三)新制度主义对自由政府间主义的批判

新制度主义对自由政府间主义进行了批判。理性选择制度主义虽然接受莫劳弗奇克的理性主义基本假设,但对他的政府间博弈能够准确描绘欧共体决策进程的观点表示怀疑。新制度主义者认为莫劳弗奇克的理论模型过于松散,低估了正式制度对欧盟政策结果的影响。[③]弗里兹·沙普夫(Fritz Scharpf)指出,共同农业政策不能有效运作不仅是各成员国政府的问题,也与一票否决的决策机制密切相关。成员国为了通过新立法或条约修正案,被迫接受它不想实施的政策。[④]乔治·蔡伯里斯(George Tsebelis)也指出,当某一特定规则只有少数国家从中受益时,这些少数派国家会极力阻止任何变革发生,因此欧盟决

---

① Roger Scully, "Rational Institutionalism and Liberal Intergovernmentalism", in Michelle Cini & Angela K. Bourne (eds), *Palgrave Advances in European Union Studies*, Basings toke: Palgrare Macmillan 2006, p. 27.

② Mark A. Pollack, "The New Institutionalisms and European Integration", in Antje Wiener and Thomas Diez (eds), *European Integration Theory*, Oxford: Oxford University Press, 2004, p. 148.

③ 赵晨:《自由政府间主义的生命力——评莫劳弗奇克的〈欧洲的选择〉》,载《欧洲研究》,2008 年第 2 期,第 146 页。

④ Fritz W. Scharpf, The Joint Decision Trap: Lessons from German Federalism and European Integration, *Public Administration*, Vol. 66, 1988, pp. 239-278.

策经常保持"政策稳定"。①

理性选择制度主义接受自由政府间主义的前提假设,但不认同国家是唯一的核心行为体。近年来,欧盟委员会在重大决策过程中扮演着越来越独立的角色,欧洲一体化并不完全由政府间需求推动。② 莫劳弗奇克反击道,欧洲一体化并非是"不能预料的结果",特定多数表决机制给予欧共体委员会和欧洲议会一定的独立性,这都是各国政府为了增强政府间承诺的可靠性而有意塑造的结果。偏好不同的成员国政府之间谈判的目的是将承诺用规则固定,但不可能在每个议题上都得到理想结果。③ 莫劳弗奇克指出,虽然自由政府间主义强调国家政府在一体化进程中的首要地位以及成员国国内政治的重要作用,但该理论并不否认制度的作用和超国家机构的影响。"当国内利益集团较弱或者内讧时,欧共体机构就成为帮助成员国政府抵制国内反对意见的工具。"④

第三节 政府间主义理论与超国家主义理论的两分法

在欧盟发展进程中,始终存在着两种相互对立的因素与发展倾向,即所谓的"政府间主义"与"超国家主义",反映了成员国与欧盟关系的发展演变。

一、政府间主义理论与超国家主义理论的两分法

安·布兰持和杰科博·欧赫盖德在《陷入超国家与政府间的两分法》一文中指出,成员国是政府间主义理论的核心行为体,它们通过讨

① George Tsebelis, *Veto Players: How Political Institutions Work*, Princeton and New York: Princeton University Press and Russell Sage Foundation, 2002, pp. 281-282.

② Neill Nugent, *The Government and Politics of the European Union*, Basingstoke: Palgrave Macmillan, pp. 510-511.

③ 赵晨:《自由政府间主义的生命力——评莫劳弗奇克的〈欧洲的选择〉》,载《欧洲研究》,2008 年第 2 期,第 148 页。

④ Andrew Moravcsik "Preferences and Power in the European Community, A Liberal Intergovernmentalist Approach", *Journal of Common Market Studies*, Vol. 31, No. 4, 1993, p. 499.

价还价在各个领域尝试制定共同政策。超国家主义理论认为,超国家机构在欧盟领土范围内的特定政策领域拥有管理权。[①] 新功能主义与政府间主义之间的争论,根源在于两种理论对超国家与政府间两分法的坚持。这导致在欧洲一体化的理论解释中,为主要行为体及其互动的制度背景不是超国家就是政府间。关注成员国讨价还价的政府间主义者视欧盟制度结构为因变量[②];且它是条约讨价还价的产物。政府间主义者避开了"制度是自变量"的分析,削弱了他们理解制度选择的能力。[③] 他们将欧盟机制看作一体化可信赖的委托,而较少分析欧盟四个主要机构之间详细的互动及其制定政策可能产生的影响。[④] 超国家主义者则视欧盟机制为主要行为体。现在的政府间主义与超国家主义的争论,与30年前斯坦利·霍夫曼批判哈斯时期相比并未取得明显进步。

斯威特和桑德霍兹发展了新功能主义并提出"超国家治理"。斯威特和桑德霍兹对政府间主义与超国家主义的研究方法不满,批评它们都没能抓住"一体化不均衡向前发展的事实"。[⑤] 两位学者认为"欧共体的特征,要么是超国家的要么是政府间的",谴责"不同时间不同政策领域将一体化进程理论化的动力"缺乏完备的基础。[⑥] 尽管他们承认超国家治理与新功能主义密切相关[⑦],但同时强调并不对哈斯的所有观点表示赞同,而旨在"将一体化产生并维持的因果机制具体化,发展

---

① Ann P. Branch and Jakob C. Ohrgaard, "Trapped in the Supranational-Intergovernmental Dichotomy: A Response to Stone Sweet and Sandholtz", *Journal of European Public Policy'* Vol. 6, No. 1, March 1999, p. 123.

② George Tsebelis and Geoffrey Garrett, "The Institutional Foundation of Intergovernmentalism and Supranationalism in the European Union", *International Organization*, Vol. 55, No. 2, Spring, 2001, p. 385.

③ Ibid, p. 386.

④ Ibid, p. 385.

⑤ Alec Stone Sweet and Wayne Sandholtz, " European Integration and Supranational Governance", Journal of European Public Policy, 1997, p. 302.

⑥ Ibid. , p. 302.

⑦ Ibid. , p. 300.

跨国社会以及当代制度理论"①。斯威特和桑德霍兹与哈斯之间的相似之处,在分析一体化动力时表现得非常明显:"我们将决策视为深嵌在由跨国社会扩张、超国家组织活动以及超国家规则逐渐完善的过程中,成员国控制结果的能力在这些过程中不可避免地降低了。"②

斯威特和桑德霍兹重申,"修正的新功能主义"理论与新功能主义理论之间存在两个主要差别。首先,修正的新功能主义对因变量的描述比新功能主义更加具体:它试图解释不同时间不同政策领域治理模式的变化。其次,从微观视角重新定义了"外溢"概念的基础,讨论"外溢"可能发生的因果机制。③ 超国家治理"优先考察跨国交易的扩展、超国家组织对交易需求的回应能力以及在塑造一体化的过程中超国家规则发挥的作用"④。斯威特和桑德霍兹的理论能否使关于一体化的争论超越先前的新功能主义与政府间主义两分法困境,还是个问题。他们没能把握欧洲一体化的多样性,而这正是他们建立该理论的初衷。⑤ 斯威特和桑德霍兹提出了"制度环路"概念,却没能更深入地探索"制度环路"的内涵,而简单满足于"制度环路"是超国家行为体推动欧洲一体化机制的论断。

斯威特和桑德霍兹强调欧盟规则与程序如何塑造一体化进程,他们试图解释制定规则与政策的权力为何从国家转移到欧盟层面,为何超国家权威在一些领域转移的速度和广度要超过其他领域。根据治理模式之间的关系,他们关注欧盟的政治属性在不同时间、不同政策领域

---

①　Alec Stone Sweet and Wayne Sandholtz," European Integration and Supranational Governance", Journal of European Public Policy, 1997, p. 301.

②　George Tsebelis and Geoffrey Garrett," The Institutional Foundations of Intergovernmentalism and Supranationalism in the European Union", *Internation Organization*, Vol. 55, Vol. 2, p. 361.

③　Alec Stone Sweet and Wayne Sandholtz," Response to Tsebelis and Garrett", http://islandia. law. yale. edu/alecstonesweet/PDFs/response% 20to% 20tsebelis% 20and% 20garrett. pdf.

④　Alec Stone Sweet and Wayne Sandholtz, "European Integration and Supranational Governance", *Journal of European Public Policy*, 1997, p. 299.

⑤　Ibid. , p. 125.

在多大程度上发生改变以及如何改变。两位学者还指出,一体化是欧共体逐渐并最终完全取代国家所有功能的过程(新功能主义),超国家治理是由超国家组织与成员国之间根据能力划分定义的特殊制度安排。制定具有约束力的规则的能力,从成员国转向超国家组织。超国家治理在解释内部市场形成方面最有效,但不能解释国家推动进程或者跨国交易的初始状态。超国家治理承认超国家机构"增强在欧洲政体中的独立性与影响力,促进跨国社会利益和超国家治理的构建"。[1]

二、政府间主义理论与超国家主义理论的相互批判

斯威特和桑德霍兹对自由政府间主义进行了批判。首先,他们认为,自由政府间主义忽视了跨国行为体与跨国社会的重要性。自由政府间主义对超国家治理进行了反击:超国家治理低估了成员国政府的作用,它们希望超国家组织增强在欧洲政体中的独立性与影响力,以促进跨国社会的利益与超国家治理的构建。[2] 斯威特和桑德霍兹认为"超国家领袖的行为使结果偏离成员国的长期利益",指出"政府间主义不能解释一体化进程,欧洲法院与欧盟委员会制定规则(政策结果),这些规则都是理事会中的成员国政府所不会采纳的"。超国家治理关注跨国行为体以及超国家机制,从而导致其优先考虑日常事务、内部市场的相关发展以及超国家机制发挥的作用,低估了宏观的讨价还价过程。斯威特和桑德霍兹承认政府间讨价还价的重要性,宏观的讨价还价是一体化的结果而非原因。自由政府间主义认为,一体化的产生与发展由供求动力推动,国内利益集团和国家政府是结构关系,利益集团要求协调欧洲的解决方案。跨国交易与沟通催生了对欧共体规则和规定的社会需求,超国家组织应运而生,为满足这些需求提供服务。超国家治理与新功能主义的相似之处在于,它们都认为一旦欧共体规则建立起来,自我维持的制度化动力就出现了。内部动力与外部动力之间的关系尚不明确:欧洲规则自我推动,即内部动力独立于外部动力发挥作

---

① Alec Stone Sweet and Wayne Sandholtz, "European Integration and Supranational Governance", *Journal of European Public Policy*, 1997, p. 314.

② Ibid. , p. 306.

用,但内部动力仍然在一定程度上依赖外部动力。

斯威特和桑德霍兹对自由政府间主义的批判还包括,新功能主义理论是关于委托的理论,在新功能主义与"委托人—代理人"方法之间没有先验的不可通约性。"委托人—代理人"方法被政府间主义理论的批判者或者新功能主义的继承者所利用。政府间主义者没能告诉我们哪种结果是其理论所不能预期的,而机制的产生或发展(规则、程序或政策)与组织能力(欧盟机构的管辖权)都不是成员国政府在现有机制框架内能够预料到的。① 斯威特和桑德霍兹面对各种批评,为自己的理论进行了辩护,提出三个自变量:跨国活动、超国家组织的创造性活动以及欧洲规则结构的范围与深度。② 其中,可以通过积极地从事跨国活动向超国家机构施压并寻求机会消除国家层面阻碍这些活动的障碍。三个变量都是超国家治理活动产生及巩固的过程中的重要因素。

---

① Alec Stone Sweet and Wayne Sandholtz, " Response to Tsebelis and Garrett", http://islandia. law. yale. ecu/alecstonesweet/PDFs/response% 20to% 20tsebelis% 20and% 20garrett. pdf, p. 10.

② Wayne Sandholtz and Alec Stone Sweet, "European Integration and Supranational Governance Revisited: Rejoinder to Branch and Ohrgaard", *Journal of European Public Policy*, Vol. 6, No. 1, 1997, p. 146.

第二章 欧共体理事会权力的兴起
（20世纪50年代至1966年）

二战使欧洲各国遭受了前所未有的灾难和损失，并且面临着新的政治挑战。战后在恢复经济建设的同时，欧洲政治家开始思考如何减少战争发生的可能性。自圣西门、傅立叶开始，欧洲思想家就提出建立欧洲联邦政体的主张，统一欧洲的思想不断发展与完善。面对战争造成的创伤，欧洲统一的话题成为各国政治家讨论的焦点。

第一节 欧共体理事会的建立与权力的兴起

战后欧洲各国的首要任务是恢复在战争中遭到破坏的经济，实施一系列复兴欧洲的经济计划，尝试建立相应的治理机制。随着经济一体化的发展和深入，欧洲政治家开始着手促成政治与安全等领域的合作，却由于时机未成熟而失败。但他们并未放弃一体化进程，而是将重心放在建立和完善欧洲治理机制上，通过签署一系列条约，对治理机制进行改革，以适应一体化的发展需要。丘吉尔早在1943年二战结束前夕就号召创建欧洲共同机构，主张建立包含共同军事组织在内的有效制度网络。①

一、欧洲治理机制建立的前期基础

战后欧洲多边机制的建立，是为了弥补两次世界大战间歇期国际

---

① "Council of Europe Archivage-Historic-Churchill". Coe. int. http://www. coe. int/ t/dgal/ dit/ilcd/Historical_ Content/churchill_en. asp. Retrieved on 12 February 2009.

机制的缺陷。国际联盟(简称"国联")防止法西斯侵略的努力最终失败,联合国在二战结束后取代国联的位置,其主要特征是美国放弃一直坚守的孤立主义,并在这一国际组织中发挥核心作用。五大国在安理会中拥有否决权,能够从根源上排除一切不符合其切身利益的提案;《联合国宪章》保证这一国际组织顺利运作,把政治置于道德或法律规范之上。尽管联合国自身存在一些局限性,但不可否认的是,"联合国是国联所有实践目标的延续"①。

1947~1948 年是多边机制创建的一个高潮。冷战的深化破坏了大国利益的一致性,在特殊环境下大国为求自保尝试建立区域防务同盟。1948 年 3 月,西方联盟诞生,法国和英国声明,如欧洲范围内发生武装冲突,则自动提供相互协助,然而这个联盟的协调功能没有美国的协助是无法实现的。欧洲经济合作组织(OEEC)在 1948~1950 年期间所进行的协调援助则是成功的,例如推广贸易自由化措施、建立欧洲支付同盟(EPU)等关注欧洲内部贸易配额的逐步转移,允许继续维持美欧进出口的配额差别,一旦支付平衡出现问题,政府可以采取反向措施进行弥补。1949 年 12 月,欧洲贸易计划的最初目标是实现 50% 的贸易自由化;到 1951 年 2 月,贸易自由化的程度达到 75%②;1955 年贸易自由化的步伐放慢了。欧洲支付同盟是于 1950 年 6 月投资 3.5 亿美元建立的,其职能是在同盟内部平衡盈余和赤字。盈余国将部分不能转移的货币兑换成黄金和美元,与此同时,赤字国将购买可兑换的货币支付给同盟,开始设定赤字国支付的标准为 60%,后来上涨到 75%,甚至再提高到 90%。③ 此后,国际货币基金组织在布雷顿森林体系下开始有效运作。欧洲支付同盟早期作为一种软通货区域,刺激内部的贸易行为,在欧洲复兴的关键时期解决了通货问题。然而,它的必要性遭到了质疑:如果没有欧洲支付同盟,是否会出现 1950~1952 年间的

---

① Knud Erik Jorgensen, *Reflective Approaches to European Governance*, NY: St. Martin's Press, 1997, p. 9.

② Ibid., p. 95.

③ Ibid., p. 95.

稳定局面,德国、英国和法国能否成功度过持续的支付危机?

以上都是欧洲层面的制度调整,用来帮助各国从战争破坏中进行恢复的暂时性特殊安排。战后的一系列国际制度安排与调整大多是针对欧洲国家恢复经济而进行的,因此,这些国际机制也为欧洲治理机制的建立作了前期准备并奠定了基础。

二、欧洲共同体在实践中摸索

与其他政治体系相比,欧盟制度体系并非剧烈革命的产物,它是在特殊历史条件下,以恢复欧洲经济的国际层面制度调整为基础,欧洲各国讨价还价妥协的结果。

从第二次世界大战结束后到 1957 年《罗马条约》签署这一时期,欧洲政治家们进行了多次合作的尝试,但也出现了很多问题。现在的"共同体模式"不是一朝一夕建立的,它是经过不断妥协而形成的体系。1948～1957 年间,欧洲领导人在关于欧洲未来不同设想的争论中精疲力尽。"宪法道路"在制度体系建立之初受到广泛关注。在 1948 年 5 月海牙欧洲会议上,制定一部指导欧洲国家间关系的欧洲宪法的设想得到广泛支持。联邦主义者的制度概念在很大程度上受到美国模式的影响。然而,随后出现的联邦模式支持者与将欧洲未来构想为传统政府间模式的政治精英展开争论,反映了欧洲还没有做好采用美国宪法模式的准备。[1] 1949 年 5 月,欧洲各国最终还是签署了建立欧洲理事会的协议。作为欧洲理事会表决机制的一致同意原则却不被广大成员国看好。

1950 年 5 月,"舒曼宣言"的签署使欧洲煤钢共同体得以创建,这标志着欧洲发生战略性改变,国家对欧洲合作的兴趣从不切实际的联邦主义转向将合作限定在有限范围内的功能主义方式。作为高级权威的代表,保证不受国家干预,独立行使权力,是欧洲煤钢共同体制度框架的基础。混合的制度体系容易导致竞争,共同体模式也不例外。在冷战升级的国际背景下,欧洲煤钢共同体的六个成员国同意尝试将它

---

[1] John Peterson and Michael Shackleton, *European Institutions of the European Union*, Oxford: Oxford University Press, 2006, pp. 18-19.

们合作的范围扩展到军事领域,谈判建立欧洲防务共同体。六国政府同意建立"宪法框架",这是在联邦原则指导下更广泛的制度框架,将各种形式的合作置于单一宪法的保护下,即建立欧洲政治共同体。而《欧洲防务共同体条约》被法国国民大会否决,欧洲政治共同体计划也随之破产。《巴黎条约》和《罗马条约》反映了成员国在外交上无休止地讨价还价,采用"政府间会议"的形式而非借助"制宪大会"进行谈判。成员国的各领域专家聚集在工作小组中监督各种细节安排。[①] 成员国的代表通常是高级外交官,他们为维护本国利益而谈判,并与外交部长就最敏感领域的问题展开磋商。磋商《欧洲防务共同体条约》的批准引发了政治危机,在1956～1957年布鲁塞尔政府间会议上,各成员国代表与本国议会的议员、政党领导人、利益集团联系密切,忽视了本国普通公民的存在,为"民主赤字"的产生埋下伏笔,共同体机制仅仅作为"外围顾问"发挥作用。总之,机制的建立是在"宪法道路"和功能主义方法之间不断摇摆,宪法的一再失败加强了后者的力量,成员国政府为了改善它们合作的效率,接受了对其主权的部分限制,以维持对制度变化过程的控制。

三、欧共体理事会的建立

二战结束后,欧洲的主要大国于1948年召开会议,签署了第一个旨在实现政治一体化目标的条约——《布鲁塞尔条约》,讨论欧洲未来的设计问题并建立全方位合作的西方联盟。法国主张建立由各成员国议员组成的欧洲大会,采用多数表决机制这一提议首先便遭到了英国政府的强烈反对。英国支持政府间合作方式,坚持欧洲大会只具有咨询功能。英国与法国之间关于欧共体未来机构设置问题的分歧,导致最终选择了中间道路,即建立一个部长委员会和委员会。部长委员会召开闭门会议;委员会是咨询性机构,但对外公开。最初提议建立的欧洲大会只有审议权;部长委员会掌握决策权,采取全体一致表决。欧洲委员会是缺乏多数表决机制的决策机构,成员国之间的分歧太大,只满

① John Peterson and Michael Shackleton, *European Institutions of the European Union*, Oxford: Oxford University Press, 2006, pp. 18-21.

足在有限领域内且全体成员国有共同利益情况下的政府间合作，所以这个机构根本无法担当起推动一体化发展的重任。"舒曼计划"尝试推动煤钢部门的一体化，将主要成员国与具有政府间和超国家性质的机构组合在一起，既能让成员国接受又可以在超国家层面开启一体化的事业。"舒曼计划"取得巨大成功后，欧洲政治家希望能将这个模式扩展到其他领域，但议会和部长委员会的成员都不接受让渡权力，这也说明一体化如果想要继续发展，就必须放弃原有的机构框架。

20世纪50年代的欧洲一体化进程是欧洲联邦主义运动不可避免的结果，欧洲联邦主义运动促进理事会制度取得实质发展。[①] 谬沃德指出，欧洲一体化是在民族国家真正需要的时候才出现并发展的，这一进程既不会导致民族国家的消亡，也不会创造出欧洲超国家或者联邦共和国等新政体。他认为，民族国家出于特殊目的建立超国家组织，但绝不是意在取代自身。《巴黎条约》建立了最高权力机构（high authority）、共同大会、特别部长理事会。部长理事会由成员国政府代表组成，负责协调最高权力机构的政策与各国的经济政策。在重大问题上，理事会采取一致通过的表决方式，其余问题则采用多数表决。对于最高权力机构的所有重要决定，部长理事会都要作出适当的批复，这就限制了最高权力机构的权力。[②] 欧共体理事会的前身是特别部长理事会，其建立的目的就是制衡最高权力机构（欧盟委员会的前身）。最早的欧共体理事会的权力仅限于与煤钢相关的领域。1957年《罗马条约》试图确保欧共体各个层面的制度平衡，主权国家向同时代表欧共体、成员国以及欧洲公民三方利益的共同体机构让渡主权。在《罗马条约》中，委员会拥有有效的议程设置权。委员会提出提案，在理事会中由有效多数表决机制通过后成为法律，但是修正案必须全体一致表决

---

① Martin J. Dedman, *The Origins and Development of the European Union* (1945-95): *A History of European Integration*, London: Routledge, 1996, p. 11.

② ［法］法布里斯·拉哈著，彭姝祎、陈志瑞译：《欧洲一体化史（1945～2004）》，北京：中国社会科学出版社，第44页。

才能通过。[1]

《罗马条约》还建立了欧洲原子能共同体理事会与欧洲经济共同体理事会两个新部门。直到 1967 年《合并条约》(Merger Treaty)生效，欧洲煤钢共同体特别理事会与欧洲原子能共同体理事会才合并成欧共体理事会。这一时期，欧盟理事会的权力分散在欧洲煤钢共同体和欧洲原子能共同体之中，并未实现形式与实质的统一。从中也能看出此阶段的欧盟理事会权力尚未成熟，只是几个大国在欧洲一体化道路上的最初尝试，缺乏实践经验。

四、政府间合作的典范

欧共体理事会最初由成员国外交部长组成，后来一些成员国的经济事务部长也参与进来。从欧盟理事会组织机构的结构看，它通常由部长理事会、理事会主席、秘书处、常设代表委员会、工作小组与专门委员会等五个具体部分组成。[2] 理事会的工作方法经历了实质性变化。外交事务理事会，即现在的总理事会(GAC)，发挥着持久的作用[3]：在共同体的对外关系上直接行使权力；协调所有共同体政策。

常设代表委员会(Ccreper)负责欧盟理事会的准备工作。[4] 常设代表委员会原则上为所有纳入理事会议题的内容作准备工作。欧盟理事会共有超过 190 个工作小组和专门委员会，协助理事会、常设代表委员会等开展工作，解决技术问题并提出建议，其成员根据具体业务的不同分别来自常设代表委员会或成员国政府。常设代表委员会由两个具体部门构成：第二常设委员会由常任代表组成，他们都是成员国外交部的大使级高级公务员，主要处理政治方面的事务；第一常设委员会由常

---

① Geoffrey Garrett, "From the Luxembourg Compromise to Codecision: Decision Making in the European Union", *Electoral Studies*, Vol. 14, No. 3, p. 290.

② 吴志成：《治理创新：欧洲治理的历史、理论与实践》，天津：天津人民出版社，2003年，第 200 页。

③ Stefan Frohlich, *The Difficulties of EU Governance: What Way forward for the EU Institutions?* Frankfurt: Peter Lang, 2004 , p. 31.

④ Ibid. , p. 52.

人代表的副职组成,负责相关理事会的具体工作,主要处理技术性事务。① 常任代表及其副职的作用和功能逐年增加。直至今日,理事会从法律角度看仍然是统一的,但事实上逐渐有按部门分离的趋势。农业和经济财政部长理事会建立,理事会的机构数量随着共同外交与安全(CFSP)和司法与内务(JHA)领域的扩展而大量增加。② 政治理事会负责总理事会会议的准备工作以及准备欧洲理事会关于共同外交与安全事务的讨论。政治理事会的工作思路随着共同外交与安全政策的发展而不断变化,现在与常设代表委员会和共同体的工作方法一致。

主席制度建立之初是半名誉性的,主要职能是确保理事会所有层面协调工作的行政设置。它的作用是促进妥协的达成,尤其是与会议外代表、欧盟委员会和欧洲议会代表之间建立密切联系。理事会主席的主要职责包括:召集理事会会议并提前七个月通知会议时间;为每次会议起草日程并指明哪些条款需要政府或委员会投票表决;主持欧盟理事会和常设理事会的会议;发布六个月的工作计划;签署所有决策和会议记录;代表理事会参加议会、委员会会议,并对外代表欧盟。③ 成员国趁担任主席的时机追求自己的政策目标。大国常借轮值主席之机,将有利于国内政治经济发展的提案拿出来讨论,并以牺牲理事会大局的代价推动有利于本国的议程。大国期望理事会采用长期稳定的主席结构,小国则希望维持大小国轮流担任的制度。现在,理事会采用的是较为折中的做法,仍然实行轮值制度,却延长了轮值时间。理事会按部门分别管理,体现了理事会议题越来越专业。在理事会正式立法通过决策之前,通常由理事会中的部门、工作小组、理事会秘书处进行协商,争取达成非正式的协议。④

欧盟理事会由成员国政府的部长组成。来自同一国家不同部门的

① Laura Cram, Desmond Dinan, Neill Nugent (eds.), *Developments in the European Union*, Basingstoke: Macmillan Press LTD., 1999, p. 28.

② Ibid., p. 53.

③ Hix, Simon, *The Political System of the European Union*, New York: St. Martin's Press, 2005, p. 80.

④ Ibid., p. 83.

部长经常在理事会决策中产生分歧。例如,同一成员国两个部门的领袖出于选举的考虑形成两仁截然不同的政策提案,然后分别迎合一些政党的支持者,却也可能因此而威胁到另一政党的支持者的利益,这就使得成员国的部长们在理事会决策过程中表达自己的立场时非常慎重。部长受到不同利益集团的支持,代表不同的利益诉求。例如,财政部门的部长主张减少公共开支,社会或就业部门的部长则呼吁增加相关社会项目的公共开支。[①]

五、主要成员国对政府间合作的态度

英国虽然与欧洲大陆隔海相望,但它对欧洲一体化政治的影响力却不容忽视。英国一直以来不希望欧洲一体化取得实质进展。欧盟成员国为了吸纳英国入盟,不得不尽可能对英国作出妥协。在欧洲一体化的政治发展过程中,法国、意大利等国的兴趣在于强化超国家机制的作用[②],英国以及北欧国家的支持者则主张保持政府间合作的传统形式。英国拒绝接受任何超出松散政府间结构的改革,成功限制了理事会的职权范围,英国议会不断重申理事会应该限于充当讨论的场所。总之,英国对理事会权力的扩大产生巨大的阻碍作用。朝鲜战争爆发后,美国要求西欧加大对北约的投入,并威胁如果拒绝就武装德国。这一事件对欧洲军事领域产生很大影响,向来主张深化欧洲一体化进程的法国抓住机会,于1950年在欧洲理事会大会的第二阶段提出建立欧洲军队的主张,但由于时机尚未成熟遭到他国强烈反对,加之英国的暗中破坏,这一提议最终夭折。英国入盟是对法国欧洲领导者地位的挑战。戴高乐认为,接受英国作为欧盟成员国,就等于接受了美国在欧洲部署的"特洛伊木马"。[③] 因此,法国一直坚决反对英国加入欧盟。

法国政府在1961年提出"福歇计划"(Fouchet Plan),主要内容包括:政府首脑或外交部长定期会面,但是必须要全体一致达成协议;在

---

① Hix, Simon, *The Political System of the European Union*, New York: St. Martin's Press, 2005, p. 80.

② Martin J. Dedman, *The Origins and Development of the European Union* (1945-95): *A History of European Integration*, London: Routledge, 1996, p. 37.

③ Ibid., p. 125.

巴黎设置常驻秘书处,由"每个成员国外交事务部门高级官员"组成,属政府间性质;四个常驻政府间委员会分别负责外交、安全、商业和文化事务政策领域。[1] 但同年 4 月,关于"福歇计划"的讨论被迫中止。这一计划失败的原因是,它承担了《罗马条约》规定之外的外交与防务政策协调的责任。意大利和德国害怕因此而削弱北约与欧共体的力量。"福歇计划"的政府间属性可能减少欧洲经济共同体委员会及其在布鲁塞尔的行政机构的作用及重要性。英国担心法国戴高乐主义主导欧洲的野心,尤其是戴高乐与阿登纳之间正在建立密切关系。[2] "福歇计划"是法国防止欧共体委员会获得过多权力的尝试,它的失败导致1963 年戴高乐否决了英国的入盟申请。[3] 欧洲议会希望获得更多的实质性权力,尤其是欧共体的预算权。由于欧洲经济共同体的财政一直以来都是依靠成员国政府的直接贡献,委员会寻求向欧洲以外国家的进口产品施加关税的方式控制财政来源。如果欧洲经济共同体拥有了独立的财政权,这个组织就可能破坏成员国对现有体系的控制。法国反对相关提案,戴高乐认为委员会已经拥有很大的权力。法国支持欧洲一体化发展的前提是欧共体的性质必须是政府间的,其主张保持国家的独立自主地位。[4]

六、欧共体机制政府间属性加强

戴高乐反对向欧共体层面让渡主权。他公开表示不能接受欧洲经济共同体内部的超国家属性,对于欧共体委员会逐渐表现出来的独立决策野心颇有微词。他也反对在部长理事会内部采用特定多数表决机制,并且对部长理事会与委员会之间的关系表示不满。[5] 在戴高乐的带领下,法国拒绝参加理事会内部的各种会议,造成共同体瘫痪。其他

---

① Martin J. Dedman, *The Origins and Development of the European Union* (1945-95): *A History of European Integration*, Routledge, 1996, p. 106.

② Ibid., pp. 105-106.

③ Ibid., pp. 108-09.

④ Ibid., p. 109.

⑤ 周弘主编,[法]法布里斯拉哈著,彭姝祎、陈志瑞译:《欧洲一体化史(1945~2004)》,北京:中国社会科学出版社,第 68 页。

五个成员国虽然不赞同法国的要求与做法，但鉴于法国在一体化进程中无可替代的重要地位，且一体化发展进行到关键时期，只能被迫作出妥协。

随着危机的发展，我们可以清楚地看到，法国已不再满足于在CAP上的利益争夺，而是希望讨论多数投票、委员会的作用以及共同体未来发展的问题。农业技术领域与政治问题相关，如委员会的作用以及理事会中多数投票的应用，或者经济共同体在国际舞台的作用。关于多数投票，《罗马条约》详细规定，到 1966 年 1 月 1 日多数投票扩展到农业定价、贸易政策、交通与资本流动领域。法国担心多数投票可能破坏农业协议达成，因此抨击超国家程序以确保 CAP 财政规则不被伙伴国左右。只有委员会热衷于推广有效多数机制，成员国担心在重要问题上被排挤成为少数派。欧共体其他五国与法国之间的主要差别是，它们坚持找到一个体现《罗马条约》修订的解决方案或者放弃有效多数投票，尤其是德国政府试图阻止《欧共体条约》的修订，改变委员会在《罗马条约》中规定的作用，且试图维持经济共同体的制度结构。大国与小国之间的看法也相去甚远。法国将多数投票看作主要设计用以使大国在理事会中成为少数派并保护小国，比利时人则希望保护小国在经济共同体中的利益与影响力。

"空椅子危机"解决之后，法国与其他伙伴国之间仍然保持多种联系渠道，欧盟委员会的权力地位遭到削弱，理事会、常务代表委员会和成员国仍然是最重要的行为体。常务代表委员会是"协调的最佳场所"，并强调其在危机期间的重要作用。然而，对于何时以及如何启动 QMV 并没有明确的日程安排，其他五个成员国对法国产生不信任感。委员会主席沃尔特·霍斯特恩的辞职，使委员会的政治野心遭到严重打击。委员会没能获得独立的资金来源，欧洲议会最终也没有获得财政预算权。

为了解决"空椅子危机"，法国与其他共同体国家签署了"卢森堡妥协"，主要内容是，当某一决议可能使用多数表决且涉及一个或几个成员国"生死攸关的利益"时，理事会成员应该在合理期限内，努力寻求大家都能接受、既尊重相互利益又尊重共同体利益的解决方案。①"卢森堡妥协"之后,全体一致表决机制的使用更加频繁了。主权的逐步让渡应该在一个由机制所建立的常设谈判机构框架内进行(尤其是委员会和部长理事会之间的制度博弈),某些成员国希望监督共同体的发展,这些国家不愿意接受官方决策机构之外的权力让渡。如果"卢森堡妥协"之后的任何决定将改变共同体机构运作方式或者导致朝共同体方向继续让渡权力,成员国都要先召开政府间会议,对条约进行修改。②随着委员会权力在"卢森堡妥协"中被削弱,共同体危机得到缓解,但并未完全获得解决。通过成员国政府之间的协商与讨价还价,委员会仍然保留了政策动议权和向理事会提出议案的权力。最后的结果是,理事会的权力更加集中,委员会则被边缘化了。③

第二节 案例分析

法国与欧共体其他成员国之间就共同体的未来发展产生分歧,共同农业政策的推行成为"空椅子危机"爆发的导火索。

一、欧共体创始国在共同农业政策上的博弈

欧共体共同农业政策由一整套规则与机制组成,是欧盟最重要的共同政策之一,主要用来规范欧盟内部农产品的生产、贸易与加工。④超国家组织和机构在欧盟与成员国农民之间建立了直接联系。⑤

(一)共同农业政策的制定

《罗马条约》明确规定了实施欧共体共同农业政策,指出:"在经济

① Helen Wallace and Pascaline Winand, "The Empty Chair Crisis and the Luxembourg Compromise Revisited", in Jean-Marie Palayret, Helen Wallace and Pascaline Winand (eds.), *Visions, Votes and Vetoes: The Empty Chair Crisis and the Luxembourg Compromise Forty Years On*, P. I. E.-Peter Lang.

② Ibid.

③ Ibid. , p. 89.

④ 尹显萍、王志华:《欧盟共同农业政策研究》,载《世界经济研究》,2004 年第 7 期。

⑤ Helen Wallace and William Wallace, *Policy-Making in the European Union*, Oxford: Oxford University Press, 2000, p. 181.

一体化的带动下,引发了农业一体化的要求,以便通过广泛合作,达到各成员国之间的利益平衡,实现共同的经济福利目标。"[1]1960年6月30日,欧委会正式提出建立共同农业政策的方案,并于1962年起逐步实施。1962年1月,在法国的提议下,六国通过了"建立农产品统一市场折中协议",这也是欧共体共同农业政策的最初框架。同年,欧共体建立了"欧洲农业指导与保证基金",为共同农业政策的实施提供财政保证。

共同农业政策作为欧共体"最贵"的政策,每年都会占据欧共体预算相当大的一部分。学术界最关注的是法国、德国和英国,以及理事会和委员会两个主要的欧共体机构对共同农业政策的态度。

在农业问题上,法国、荷兰与委员会最初结成同盟。法国支持共同农业政策发展的最重要原因,就是希望借此政策为本国农民谋得更大利益。戴高乐说:"农业政策可以用来补偿我们在工业和商业领域遭受的严重威胁。"由此可以看出,法国希望利用共同农业政策为自己谋得更多利益。参加布鲁塞尔谈判的法国官员与各部部长拥有共同的目标,合作行事能够增强彼此的力量。法国财政部长甚至在财政方面作出让步,以说服意大利不要站在法国的对立面。

农业问题一直是欧共体各成员国关注的焦点。1950年,法国农业部长在理事会提出发展欧共体共同农业政策的议案,并于1951年向非成员国奥地利、葡萄牙和瑞典提出"第二个舒曼计划",该计划的终极目标是建立由超国家机构领导的共同市场。[2]自从曼斯霍尔特(Sicco Mansholt)在1950年向理事会提出最初的版本,共同农业政策便引起了各方的重视,被提上欧洲的议事日程。在当时,法国是受益国。荷兰农民极力反对这一政策,要求恢复自由贸易;西德反对的原因是,逐渐减少低效率的小规模农业单元是共同农业政策的长期目标之一,但小

① 农业部软科学委员会考察团:《欧盟共同农业政策的形成与调整》,载《世界农业》,2001年第7期。

② Martin J. Dedman, *The Origins and Development of the European Union* (1945-95): *A History of European Integration*, London: Routledge, 1996, p.59.

农场在德国很多地区普遍存在,这反映了联盟利益与国家利益之间常有冲突。委员会尝试将农业问题的三个提案"一揽子"解决。对法国而言,"一揽子交易"意味着如果要解决农业问题,就必须接受欧洲经济共同体的超国家特性增强的事实。法国是欧洲的农业大国,戴高乐希望能够解决农业问题,但是他并不准备以委员会控制资源和财政预算为代价向欧共体其他五国让步。

(二)主要国家的态度

法国政府擅长将欧洲经济共同体的机制为我所用。法国出任轮值主席国期间,以牺牲其他议题为代价,将共同农业政策作为欧共体议程的优先考虑。共同农业政策是欧洲共同的事业,不只是补偿法国农民的机制。荷兰是 20 世纪 60 年代农业产品的最大出口国,建立一个能够使其农业产品卖到其他欧洲伙伴国的体系符合荷兰的国家利益。在共同农业政策问题上,法国与荷兰有共同的利益和立场,共同的经济利益驱使它们站在一条战线上。德国和意大利出于特殊的政治考虑,努力避免与法国产生正面冲突。1965 年关于共同农业政策的谈判,成员国意识到 CAP 发展过程中第三方的重要性,于是邀请委员会加入。法国一直强烈反对以委员会为代表的超国家主义的发展,而为了有效实施共同农业政策,竟与超国家机构的代表欧共体委员会结盟,这充分体现了法国典型的实用主义政策。[①]

德国参与欧洲一体化进程,是为了特定政治目标而开展的政治行为。德国如果继续坚持自己的经济诉求,就可能恶化与法国业已建立的友好关系,并且因为它呼吁建立欧洲政治联盟的提案而受到广泛谴责。[②] 由于德国的政治目标包括重新恢复、发展友好外交关系和推动一体化进程,德国政府被迫放弃其经济目标以维护与法国的关系。意大利作为农业大国,原以为能够从共同农业政策中受益。意大利政府

① Ludlow, N. Piers, "The Making of the CAP: Towards a Historical Analysis of the EU's First Major Policy", *Contemporary European History*, Vol. 14, 2005.

② Martin J. Dedman, *The Origins and Development of the European Union* (1945-95): *A History of European Integration*, London: Routledge, 1996, p. 362.

希望共同农业政策引入有效机制,为其南部梅索兹阿诺农业地区提供资金,促进该地区的发展,使之摆脱贫穷的困境。在共同农业政策的早期谈判过程中,意大利代表衷达了与其他成员国在欧洲市场进行农产品竞争的忧虑,决定站在法国与荷兰一边以推动共同农业政策的发展。20世纪60年代中期,当共同农业政策开始执行时,意大利发现这个政策与其经济利益完全相悖。① 共同农业政策规定将北欧农业产品(谷物、猪肉、牛奶与家禽)排除在外,并取消对意大利的橄榄油、酒类、大米及烟草等农业产品的补劲,还对从欧洲经济共同体之外进口食品数量多的国家进行惩罚。由于意大利从丹麦、阿根廷和美国进口的产品很多,因此这项政策使意大利损失巨大。从1964年开始,意大利向委员会及其欧洲伙伴国提出修改共同农业政策规定的要求,但又不愿意因为共同农业政策而与伙伴国完全翻脸,这有违其外交政策的目标。意大利对共同农业政策的态度摇摆不定,德意联盟被削弱。在挑战法国、荷兰与委员会同盟方面,德国和意大利很难实现有效合作。

美国是向欧洲进行农产品出口的主要国家,共同农业政策的推行使其损失巨大。因此,美国利用与欧共体委员会的密切联系向理事会中的成员国施加压力。1961年,美国总统委派特别助理到布鲁塞尔,以确保美国的利益不被忽视。曼斯霍尔特受邀赴美,并强调美国与欧洲之间农业贸易联系的持续性。美国通过GATT谈判保证其农业产品出口到欧洲经济共同体。② 纵观其他国家对共同农业政策的态度,英国的立场不容小觑。英国本希望与德国联合起来改变共同农业政策的部分内容,但法国以入盟为砝码威胁英国。英国意识到,若要使其入盟的机会最大化,只能接受维持欧洲经济共同体的现状,而非从本质上去改变它。③

① Martin J. Dedman, *The Origins and Development of the European Union* (1945-95): *A History of European Integration*, London: Routledge, 1996, p. 363.

② Ibid. , p. 366.

③ Ibid. , p. 367.

（三）法国与其他成员国的矛盾升级

20 世纪 60 年代中期,德国与意大利对共同农业政策(CAP)的态度发生变化。首先,CAP 的成本与收益出现明显的不公平分配。[①] 德国希望西欧国家之间建立正常的外交关系,接受法国发展核武器作为欧洲的军事后盾,使得法国、欧洲与美国在北约的关系发生改变。[②] 然而,当财政部长宣布从 1967 年至 1969 年间德国政府对 CAP 的年度净投入是 28 亿德国马克时,德国政府表示无法接受。意大利也出现相似的情况。在现有的 CAP 规则下,补贴欧洲农民的成本几乎完全落在了那些从共同体外进口食品的国家肩上,这种农业贸易平衡的转变使得意大利成为欧洲经济共同体最大的纯贡献国。[③] 因此,意大利政府与德国站到一边,将改革 CAP 作为国家政策的首要任务。自 20 世纪 60 年代早期开始,法国农民对卖不出他们的剩余产品表示极大不满,农业面临重大危机。法国农业的收益并非以牺牲工业为代价,事实上法国的工业是从欧洲一体化中获益的,其工业出口增长了 163%。[④]

其次,德国和意大利越来越不愿意在欧共体问题上向法国退让。法国总统原本有技巧地向欧洲伙伴国表现其对超国家主义、欧共体委员会的权力以及"一体化"的紧张忧虑。然而,随着法国从共同体中的收益越来越多,其他国家开始表现出不满情绪。1964 年 10 月,德国表示难以接受共同谷物价格,政府官员公开表示:"如果共同农业市场没有按照协议组织起来,法国应该停止参与欧洲经济共同体。"[⑤]德国前总理艾哈德向美国大使坦白:"我不相信戴高乐会退出欧洲经济共同

---

① Bundesarchiv, Koblenz (BAK), Bundeskanzleramt (BKA), B-136, Bd. 2590. III A 2 Report: EWG (Gleichgewichtige Fortentwicklung in Allen Bereichen), 7 Jan. 1965.

② Soutou, *Le General de Gaulle*, pp. 55-70.

③ N. Piers Ludlow, "Challenging French Leadership in Europe: Germany, Italy, the Netherlands and the Outbreak of the Empty Chair Crisis of 1965-66", *Contemporary European History*, Vol. 8, No. 2, p. 237.

④ Ibid, p. 238.

⑤ Le Monde, 22 Oct. 1964.

体,因为法国是一体化的主要受益者。"①

德国的立场无论在双边还是多边都作出了调整,更加强调"同时"或"平行",即共同体发展要同时沿着法国和德国的目标前进。事实上,"同时"的概念可以追溯到 1963 年施罗德的行动计划。具体来说,就是德国的官员和部长们要求,在 CAP 领域的任何进展都要与GATT 谈判的成功、工业产品内部市场的完成、更大幅度的财政协调甚至建立政治联盟和增加欧洲议会的权力联系起来,否则德国不会接受 CAP 的进一步谈判。而法国欧洲政策的目标就是在最小化的欧洲经济共同体中完成 CAP 的推广。

德国在 CAP 谈判最后阶段的战略就是只跟法国进行短期交易,任何长期的安排都完全取决于德国的共同体目标是否有进展。德国国内民众认为,汇率协调和共同商业政策的推进不应该落后于 CAP 的发展。德国农民领袖甚至公开反对向法国作出任何妥协。农业和工业都是基民盟政府在选举年不能忽视的重要问题。因此,总理受到来自议会政党与联盟伙伴甚至民众的巨大压力。法国不仅要求现存体系持续下去,还要求在过渡时期结束后 CAP 能够自动建立更有利于法国的新体系。被法国政府视为进步政策的 CAP,却被法国的伙伴国认为是倒退,会威胁农业政策的长期发展。法国需要说服其伙伴国对委员会关于理事会谈判机制集中讨论的文本提案进行修正,利用这个机会对成员国在 CAP 财政体系中贡献不平衡的状况进行调控。该提案要求将进口征税上交共同体,这是委员会财政独立的标志,也是加强欧洲议会对预算进程监督权的重要措施。各国向 CAP 的贡献水平与每个国家从共同体外进口食品数量之间的联系被打破,是提案最不可接受之处。在法国看来,这将会导致法国的负担急剧上升,减轻德国和意大利从法国而非世界市场购买食品的压力,且使得 CAP 主要由进口税支持财政的长期目标变得不确定。然而,法国意在无限期推迟有关关税以及农

① N. Piers Ludlow, "Challenging French Leadership in Europe: Germany, Italy, the Netherlands and the Outbreak of the Empty Chair Crisis of 1965-66", *Contemporary European History*, Vol. 8, No. 2, p. 239.

业征税上交共同体的讨论,并密谋阻碍委员会加强欧洲议会权力的计划。法国对欧共体委员会的权力增加异常反感。德国、意大利与荷兰决定支持委员会的提案,这是三国反击法国只关注CAP财政问题的巧妙设计。[①]

面对突如其来的激烈抵抗,法国采用进攻与妥协相结合的灵活策略。委员会的提案主要是谴责和攻击不民主和浪费。法国不断提醒其伙伴国,1965年6月30日的截止日期不是法国的意图而是1962年1月和1964年12月理事会上各国协议的结果。吉斯卡德出其不意地提出放慢以征税为基础的财政体系的引入速度,试图以威逼利诱的手段,通过将赤裸裸的威胁与主席国的身份相结合的方式,使其伙伴国同意签署协议。在理事会会议上,法国外交部长利用其主席身份将讨论的重点集中在委员会的CAP提案方面,忽视欧洲议会权力增加的问题。随着截止日期的临近,法国的干预导致六国没能达成协议。德、意、荷认为应该出台全新的财政方案以及进行一定程度的制度改革。谈判陷入全面僵局。鉴于德国、意大利与荷兰的态度,后面的谈判不能达到法国期望的结果,法国开始全面抵制共同体的各项制度。

(四)欧共体理事会与欧共体委员会的博弈

20世纪50年代,法国是最有能力推动或破坏欧洲一体化进程的国家。法国政府认为,推进农业一体化可以改善欧洲农业人口的基本生活,因此试图说服欧共体委员会将注意力更多地集中在共同农业政策的发展上。在共同农业政策的问题上,法国与欧共体委员会作为斗争的一方与另一方的德国和意大利不断博弈。最终,由于德国与意大利的犹豫不决与立场不坚定,导致另一方获胜。1958～1968年间,共同农业政策出现的复杂局面,是欧共体政策制定开始探索如何运作的良好证明。共同农业政策是欧洲一体化得以起步并持续发展的重要推动力。它以政府干预为主要手段,旨在维持成员国之间的利益均衡,同时也存在一些难以解决的矛盾。共同农业政策是欧共体整个政治体系的核心,由于早期欧共体尚未具备发挥强有力功能的实力,且欧共体关

① CMA. PV of 15 Jun. 1965, Council meeting. R/673/65, 11 Feb. 1966.

于农业的讨价还价能力欠缺，这一政策的发展注定充满曲折。

CAP 在欧洲一体化进程中的作用至关重要。这一政策一直是欧洲一体化进程的强劲推动力。出于现实的政治、经济考虑，欧共体首先在农业部门确立了共同政策。正如委员会首任主席哈尔斯坦所说，共同体对 CAP 目标的权衡实际上是一个政治决定。而 CAP 日后一些重要改革的直接动因也是维系、推动欧洲一体化的需要。欧洲共同体的诞生催生了 CAP，而 CAP 也促进了欧洲一体化进程的发展。[①] 共同农业政策依靠政治力量与防务战略的共同推动，使西欧农业实现了现代化，能够更好地应付工业社会的内在威胁以及美国贸易竞争的外部威胁。这有助于理解为何共同农业政策的管理如此复杂。[②]

在 CAP 的问题上，欧共体委员会极力主张推动这一政策，法国出于自身农业利益的考虑，出人意料地站在超国家机构委员会的一边，但却坚持反对赋予委员会更多权力。而其他成员国，尤其是德国和意大利，在理事会会议中公开对这一政策提出质疑，因此形成两派斗争。这正是现实主义理论的最佳诠释——国家利益高于一切。《罗马条约》的设计创造出双重行政机构的特殊政体，但委员会的功能与结构相对于理事会而言要弱一些。欧共体建立初期，在霍斯特恩主席的带领下，委员会成为一个充满活力且富有野心的机构，其极力推动共同体的一体化进程，却因此遭遇法国政府的对抗与报复，霍斯特恩最终被迫辞职。"空椅子危机"之后的"卢森堡妥协"的最直接后果是，委员会遭到削弱，理事会权力增加。每个成员国都有常驻布鲁塞尔的代表。[③] 他们的任务不仅是为本国的部长在理事会开会作准备，还要在常设代表委员会（Coreper）会议上作出各项政治决策。常设代表委员会每周都要与欧共体委员会成员会面，逐渐变成有影响力的部门。

---

① 尹显萍、王志华：《欧盟共同农业政策研究》，载《世界经济研究》，2004 年第 7 期。

② Helen Wallace and William Wallace, *Policy-Making in the European Union*, Oxford: Oxford University Press, 2000, p. 183.

③ Martin J. Dedman, *The Origins and Development of the European Union* (1945-95): *A History of European Integration*, London: Routledge, 1996, p. 135.

二、空椅子危机:欧共体政府间主义与超国家主义的首轮交锋

"空椅子危机"是欧共体建立以来最为严重、也是影响最深远的重大事件。共同农业政策可以说是"空椅子危机"爆发的导火索。从本质上看,"空椅子危机"是欧共体创始国之间就共同体如何发展产生的分歧,也是以法国为代表的政府间主义与以欧共体委员会为代表的超国家主义之间的斗争。

(一)空椅子危机的产生

1965 年 6 月 28 日至 30 日的欧共体理事会会议讨论欧共体委员会关于 CAP、共同体财政与欧洲议会预算权的提案,法国外交部长在会议结束前就愤然离席。1965 年 7 月 1 日在布鲁塞尔召开的欧洲经济共同体部长理事会会议,在没有就共同农业政策财政问题达成一致协议的情况下被迫中断。法国内阁召开紧急会议,随后政府发言人宣布"鉴于谈判仍然陷于僵局,政府决定发展自己的经济、政治和法律计划。7 月份不会再有任何关于共同市场议题的会议召开"。[①] 五天后,法国常驻欧洲经济共同体代表及法国驻共同体大使让—马克·博埃涅被召回,法国政府正式宣布不会派遣任何代表参与理事会或 Copeper 的会议,法国对共同体机制的抵制就此开始。1965 年 9 月 9 日,戴高乐举办记者招待会,抨击欧共体委员会过于关注外交、政治事务而忽视了其技术层面的职能。委员会企图加强共同体的超国家性,从 CAP、财政权与预算权三个领域扩展到共同体的本质——宪法问题的讨论,触及了法国的底线。

法国对共同体机制的抵制是长期以来戴高乐政府与其他五个伙伴国在欧洲应该如何组织这一问题上的分歧的升级。米丽娅姆·坎普斯认为:"新闻会议使得戴高乐与其他成员国在共同体制度结构问题上的根本分歧公开化,虽然分歧人尽皆知,但矛盾自戴高乐 1958 年重新恢

---

① Edmond Jouve, *Le General de Gaulle et la construction de l'Europe* (1940-66), Paris: R. Pichon & R. Durand-Auzias, 1967, Vol. I, pp. 441-2.

复权力后被一体化的巨大成功掩盖了。"①约翰·纽豪斯强调,戴高乐的主权概念与一体化关于共同体制度原则之间的深刻分歧一直存在。② 林德伯格指出,戴高乐长期以来盼望有机会"在共同体的制度体系内进行改革,因为他厌恶体系的一些特征"。③ 这场危机主要是涉及欧共体制度安排的组织结构冲突。鉴于1966年达成的著名的"卢森堡妥协",可以认为"空椅子危机"确实导致了共同体运作方式的重大变革。罗贝尔·马若兰在其备忘录中写道:"1966年1月出现的卢森堡妥协印证了戴高乐主义者在欧洲制度设计概念上的胜利。"④无论是政府间主义者还是功能主义者都承认,"空椅子危机以戴高乐的胜利告终"⑤,"卢森堡妥协"是"戴高乐关于欧洲机制概念的胜利"⑥,"法国赢得了其基本目标……1966年之后在理事会中全体一致是规范,即使有效多数表决机制在条约中得到保障,但涉及非常重要的国家利益时,必须采用一致表决的方式"⑦,"1966年之后,理事会中否决权使用频繁,不顾条约对有效多数表决机制的肯定,理事会所有决策都要采用全体一致才能通过"⑧。保罗·泰勒在其书中也提出相同观点:"一体化受阻碍的关键因素是,随着卢森堡妥协,理事会逐渐放弃了多数投票的前

---

① Miriam Camps, *European Unification in the Sixties*: *From the Veto to the Crisis*, Oxford: Oxford University Press, 1967, p. 84.

② John Newhouse, *Collision in Brussels*: *The Common Market Crisis of* 30 *June* 1965, London: Faber & Faber, 1967, pp. 21-24.

③ Leon Lindberg, "Integration as a Source of Stress on the European Community System", in Joseph Nye (ed.), *International Regionalism*, Readings, Boston: Little & Brown, 1968, p. 245.

④ Robert Marjolin, *Architect of European Unity*, *Memoirs* 1911-86, London: Weidenfield & Nicholson, 1989, p. 347.

⑤ D. Dinan, *Ever Closer Union*, 2nd ed., Basingstoke: Macmillan, 1999, p. 49.

⑥ R. Marjolin, *Architect of European Unity*, *Memoirs* 1911-1986, London: Weidenfield and Nicholson, 1989, p. 347.

⑦ A. Teasdale, "The Life and Death of the Luxembourg Compromise", *JCMS*, 1993, Vol. 31, No. 4, p. 570.

⑧ J. Peterson and E. Bomberg, *Decisionmaking in the European Union*, London: Macmillan, 1999, p. 49.

景而一味拥护全体一致。"①但也有学者指出:"空椅子危机"主要不是制度方面的分歧②,而是法国及其伙伴国对欧共体项目尤其是共同农业政策和其他政策相对重要性的认识存在差别,往更深层次看,主要是领导权的问题。"空椅子危机"不仅是法国对共同体现状的不满,更是所有伙伴国——德国、意大利与荷兰等对法国主导欧洲经济共同体的长期不满的爆发。法国实际上是共同体成立七年以来最大的受益国。德国、意大利与荷兰对一体化成本与收益的不公平分配的抱怨,以及对法国未来利用其主导地位的疑虑,使它们决定联合起来,在共同农业政策谈判上对抗法国。这种直接反对法国领导权的方式,导致了1965～1966年的"空椅子危机"爆发。

(二)危机爆发的原因

早期的欧洲一体化进程以法国为核心,共同体的发展模式基本都是按照法国的构想建立起来。1950年,法国外交部长起草"舒曼计划",要求讨论创建欧洲煤钢联营共同体,进而通过签署《巴黎条约》建立战后欧洲的第一个超国家机构。1954年,法国国民大会投票否决了创建欧洲防务共同体的提案,在当时的情况下,没有法国就没有欧洲一体化。一旦法国放弃了欧洲防务联盟,整个计划就会流产,西欧的一体化前景也就黯淡了。1954年的这次投票反映出欧洲一体化的发展不是一帆风顺的。虽然建立欧洲防务联盟的倡议是由法国最早提出,但法国的普通民众并不买账。1955年6月至1957年4月间,在《罗马条约》的谈判过程中,法国的五个伙伴国尽最大努力安抚法国的恐慌。德国、意大利和荷、比、卢等国家被迫接受了在通常情况下它们不可能接受的向法国妥协的条件。结果,《罗马条约》的文本在很大程度上反映了法国政府的意愿。没有法国,欧洲一体化就无法推进,但法国的存在又导致其他成员国不得不付出巨大代价。法国连同荷兰与欧共体委员

① P. Taylor, *The Limits of European Integration*, New York: Columbia University Press, 1983, p. 253.

② N. Piers Ludlow," Challenging French Leadership in Europe: Germany, Italy, the Netherlands and the Outbreak of the Empty Chair Crisis of 1965-66", *Contemporary European History*, Vol. 8, No. 2, p. 233.

会向其他伙伴国施加压力同意实施共同农业政策。1962 年夏季开始执行共同农业政策的第一步,1964 年 12 月就谷物价格水平达成重要协议,所有这些协议都是对法国最为有利的。[1] 法国的谈判者又成功地阻止了德国、意大利试图增加欧洲议会权力的行为。德、意等国提出了许多正式提案,但是并未达成一项协议,主要就是因为法国代表的坚决反对。1958 年,法国终止了欧洲经济共同体与西方邻国之间的自由贸易区谈判;1963 年,戴高乐否决了英国加入欧共体的首次申请。[2] 1962 年,法国总理乔治·蓬皮杜对戴高乐说:"如果共同市场瓦解,我们将会是最大的输家。"[3]戴高乐利用危机公开了他对共同体制度设计的长期忧虑。然而,其他五国并没有像戴高乐期望的那样立刻屈服,而是在德国的领导下变得更加团结,在法国缺席的情况下继续讨论欧共体的共同政策,并且重申它们对共同体的忠诚。德国成为反对法国的五国之首,五国坚定信念打击戴高乐主导共同体的野心。但法国抵制共同体各项会议的行为致使治理机制无法正常运转,欧共体成员国不得不重新聚在一起通过尝试谈判解决矛盾。

(三)理事会与委员会之间的权力斗争

在这场危机中,作为超国家机制的主要代表,欧共体委员会试图改变共同体的政府间属性,增强欧共体的超国家性。委员会认为,应对戴高乐频频以使用否决权为威胁、制止在欧洲经济共同体中滥用国家权力的最佳方法,就是剥夺国家的否决权,并将原属于成员国的权力分配到委员会与议会中。但当时的整个制度环境以及委员会本身的实力并不允许这样做,委员会的激进行为不仅造成了理事会的暂时瘫痪,而且最终导致自身行动的完全失败,使共同体又回到政府间主义的轨道

---

① Michael Tracy, *Government and Agriculture in Western Europe*, London: Harvester Wheatsheaf, 1989, pp. 248-265.

② N. Piers Ludlow, *Dealing with Britain: The Six and the First UK Application to the EEC*, Cambridge: Cambridge University Press, 1997, p. 29-30, pp. 200-226.

③ N. Piers Ludlow, "Challenging French Leadership in Europe: Germany, Italy, the Netherlands and the Outbreak of the Empty Chair Crisis of 1965-66", *Contemporary European History*, Vol. 8, No. 2, p. 236.

上来。

委员会主席霍斯特恩本人介入了 1965 年 3 月 31 日提案的制定过程。在通常情况下，提案应该是专门负责农业的委员曼斯霍尔特领导其农业总司的专家共同制定。霍斯特恩却在 1964 年 12 月参与了该政策提案的准备工作，这体现了他作为委员会主席的政治野心。[1] 委员会内部的论调不统一，产生了分歧。少数未参与提案制定的委员对提案本身持有异议，其中就包括来自法国的委员。委员会与欧洲议会的立场一致，议会希望委员会在这场政治斗争中取得胜利，尤其是希望争取到预算的主导权。霍斯特恩认为，应该将法国置于复杂的经济约束中，编制严密的大网使法国居于其中，难以突破。[2]

用于解决"空椅子危机"的"卢森堡妥协"对整个共同体的制度体系功能产生了决定性影响。在"空椅子危机"中，欧共体委员会与欧洲议会确实发挥了作用，但始终不及理事会中成员国的强硬立场。最终欧共体委员会权力被边缘化，它既不是共同体活动的中心又不是六国讨论的核心，委员会主席也成为这场危机的替罪羊。

第三节　欧共体理事会与成员国、欧共体委员会之间的相互作用

欧盟理事会的决策本身就是成员国利益妥协的产物，而理事会与委员会之间的关系体现了政府间主义与超国家主义的较量。

一、自下而上：成员国共同决定一体化进程的发展方向

在二战结束后的特殊背景下，恢复经济是欧洲各国的首要任务。在内忧外患的情况下，欧洲几个大国试图通过在欧洲层面的联合，共同解决各国存在的内部问题，为经济起飞创造条件；通过在政治外交领域的合作，提高欧洲整体的国际地位，避免在国际政治中被边缘化。法、

---

① Jean-Marie Palayret, Helen Wallace and Pascaline Winand (eds.), *Visions*, *Votes and Vetoes*：*The Empty Chair Crisis and the Luxembourg Compromise Forty Years on*, P. I. E. -Peter Lang, p. 85.

② *Foreign Relations of the United States* 1964-8, Vol. XIII, Washington：US Government Printing Office, 1995, p. 112.

德等六国通过签署条约的方式(如《巴黎条约》、《罗马条约》等)建立起一系列超国家制度,并在一些领域通过讨价还价与妥协开展合作。欧共体是欧洲大国维护自身国家利益的新形式。从共同农业政策和"空椅子危机"两个案例可以看出,农业政策是各成员国的关键政策领域,涉及农民的切身利益,法、德、意、荷四国,出于各自国家农民利益的考虑,在共同农业政策上持有不同立场,因此产生了严重分歧,加之在其他领域的矛盾升级,进而引发"空椅子危机"。德、意、荷强烈要求改革欧共体各项制度,减轻三国为发展共同农业政策而承担的巨大财政负担,改善成本与收益不平衡的状况。欧共体委员会趁机提出将发展共同农业政策的关键财政来源——征收关税权上交给超国家机构。这一提案立刻遭到法国的坚决反对,法国甚至召回理事会常驻代表。欧洲大国一直在探索超国家层面的合作,而一旦涉及国家根本利益和需要让渡重要领域的主权,妥协则无法达成,最终导致谈判破裂,共同体面临瓦解的危险。只有国家作出让步,一体化事业才能继续前进。

欧共体理事会的建立,一方面是为了更好地实现各成员国的国家利益;另一方面则是通过讨价还价,寻找共同利益,促进成员国之间的合作。但事实上理事会的发展并未如创建者所愿。在共同农业政策问题上,各国存在严重的分歧,甚至引发了"空椅子危机",法国以拒绝参加理事会各项会议并撤回驻布鲁塞尔工作人员的行动,迫使德国、意大利与荷兰作出妥协,以便共同农业政策按照法国的设想继续发展。由于法国在欧洲一体化初期发挥领导作用,各项政策与议题都离不开它的支持与推动,如果法国退出欧共体,一体化进程也就名不副实了。因此,德国、意大利与荷兰被迫作出让步。

从共同农业政策和"空椅子危机"两个案例可以看出,在一体化发展初期,大国的作用举足轻重。法国是欧洲一体化进程的领头羊,它对一体化的规划在一定程度上决定了这一进程的发展方向。德、意、荷、比、卢五国,无论从军事实力还是从政治影响力来看,都无法跟法国相提并论,且五国的欧洲一体化梦想还要借助法国的力量实现。法国支持欧洲一体化的主要目的是维护自身在欧洲的领导地位,进而提高国际影响力,利用一体化进程制衡和约束德国,通过共同农业政策为法国农民谋福利。德国虽然在经济领域遥遥领先,但战争的重创以及二战战败国的地位使其在欧洲大陆抬不起头,因而它想借助推动一体化进程提高自身的政治地位,摆脱战败国的身份,恢复经济发展,消除邻国尤其是法国的疑虑与恐惧。意大利是六个成员国中相对落后的国家,同样作为二战的战败国,它的经济无法与德国相提并论,政治影响力也较弱,所以只有选择一体化道路才能增强意大利的国家实力,为贫穷地区脱困以及提高农民的生活水平和稳定社会创造条件。荷兰的农业生产水平落后,也不具备德国的经济发展水平与法国的政治影响力,因此在大国斗争中多持观望态度,但却以农民的利益为重。英国当时虽然不是欧共体的成员国,但其态度也不容忽视。英国一向反对欧洲一体化的深入发展,担心一体化进程会削弱其对欧洲大陆的影响,害怕自己被边缘化和旁落,这与法国积极推动一体化进程的目标相悖,因此法国否决了英国第二次入盟的申请。1961~1963年间,法国希望能够维护其在欧洲经济共同体中的领导地位。1963年1月,法国总统戴高乐明确表示反对英国加入欧洲经济共同体。法国的做法不仅阻碍了英国融入一体化进程的步伐,还对丹麦、挪威和爱尔兰的入盟计划形成障碍。戴高乐的目的主要是维护法国在共同体中的领导地位,力图推进有利于法国的农业政策;他反对共同体扩大的行为,使得创建政治联盟的计划流产。

此外,成员国政府可以利用共同农业政策为不同的目的服务。它们在超国家机构的协助下构建和影响各自国家的农业部门,削弱国家议会的作用。从目前情况看,共同农业政策存在"两难"局面,成员国政府希望利用共同农业政策为国家目标服务;同时,它们需要拥有充分的自主权执行共同农业政策,避免政府的福利职能遭破坏。

二、自上而下:理事会调解成员国之间的分歧

对除法国之外的欧共体五个成员国而言,理事会是最有效的协调机制。五国在理事会中希望以多边会议的方式讨论问题,争取达成一致。"空椅子危机"确定了共同体面临紧急情况时常设代表委员会的重要性。当法国拒绝常驻代表参加理事会会议时,却委派副代表乌勒瑞驰常驻布鲁塞尔,常设代表委员会仍然是各国与法国沟通的主要渠道。

危机发生之后,委员会与欧洲议会的重要性下降,但这并不能说明共同体的所有机制都崩溃了,理事会与常设代表委员会是法国与其他成员国之间对话的桥梁。

巩固全体一致表决机制在理事会决策中的地位,是"卢森堡妥协"的重要内容。每个成员国在欧共体各政策领域都有一票否决权,这项表决机制确保了欧共体的政府间性质,是成员国政府维护自身国家利益的工具,但也为共同政策的制定与执行增加了难度,造成共同体机制运作缓慢。[①] 在这一时期,理事会是个效率低下的欧洲机构,每个成员国都拥有否决提案的权力。理事会内部全体一致投票的机制极大削弱了欧共体委员会的立法权。在全体一致投票的机制下,理事会为数不多的法令并未赋予委员会充足的行政权去执行法律,委员会的权力遭到"卢森堡妥协"的重创。

法国与欧共体其他五个主要成员国之间的分歧,在制度层面集中体现于欧共体理事会中。由于理事会是欧共体决策的核心机构,法国通过拒绝出席理事会各种会议的方式对其他五个成员国联合反对法国的行为表示抗议。法国是欧洲一体化的主要推动国之一,"空椅子危机"造成欧共体决策机构基本瘫痪,一体化进程危在旦夕。欧共体本身的政治环境设计让理事会陷入困境,而并非理事会机制本身功能失效。成员国态度多样且坚决,达成一致的任务就变得异常艰巨。最终,五个成员国为了安抚法国,在理事会中确定全体一致表决机制的垄断地位。每个成员国都拥有投票权和否决权,在共同体政策制定过程中发挥主导作用。理事会的决策地位加强了,政府间主义力量也相应增强。"卢森堡妥协"缓和了法国与其他成员国之间的分歧,法国重新回到理事会。

三、欧共体委员会成为欧共体理事会的"附属"机构

在这一阶段,欧共体层面机构的权力平衡向理事会倾斜。理事会

---

① George Tsebelis and Geoffrey Garrett, "Institutional Foundations of Intergovernmentalism and Supranationalism in the European Union", *International Organization*, Vol. 55, No. 2 (Spring, 2001), p. 359.

作为欧盟制度的一部分,其发展趋势与早期建立者的初衷有很大落差。理事会日常机构的设立,使得欧共体委员会不仅要与成员国的代表互动,还要面对理事会的常驻代表。理事会的成员都是日理万机的政府首脑和外交部长,常设代表委员会应运而生,由各成员国派出代表常驻布鲁塞尔,处理理事会繁琐的日常事务。霍斯特恩试图给予委员会主席某些国家元首的代表权,是 1965 年"空椅子危机"爆发的原因之一。① 共同体讨价还价的普遍"政治化"是这一阶段的重要特征。大部分政治化过程都集中发生在理事会。欧共体委员会的委员们都是有背景、有野心的政治家,但委员会没有独立的政治基础,没有强大的政党政治或者明确的政治立场。相反,理事会却具有清晰的政治特点。委员会与理事会需要进行技术与政治之间的互动。委员会必须知道哪些政策领域是合理与可行的,但是理事会必须判断哪些政策可以通过并付诸实施。总之,欧洲政治家最初对委员会的定位只是技术性机构,理事会则负有制定欧共体共同政策的大权。欧共体委员会逐渐步入正轨之后,自然不甘心理事会的"小跟班",因而试图争取更多的实质性权力,这却遭到了一些成员国的强烈反对。最终,委员会还是回归到最初设定的轨道上,其争夺权力的努力失败了。欧共体委员会试图扩张超国家力量的野心遭到严重打击。"卢森堡妥协"是法国的胜利,一来共同农业政策沿着法国设计的道路继续前进,二来欧共体委员会遭到重创,政府间主义得以巩固,进一步强化了委员会作为理事会"附属"的地位。

委员会根据自身的政治发展目标,在不同历史时期通过不同途径按照各自的政治议题履行职能。委员会成为名副其实的政治行为体,旨在增加影响决策的筹码。委员会主席个人的作用与政治野心也不容忽视。委员会在政策发展与维护的过程中实现本机构的目标,在政策谈判过程中更加政党化。我们也不能忽视成员国政府以及国家政治领导人的作用。民族国家结构的"灵活性"和"国家利益"使得欧洲一体化

① Fiona Hayes-Renshaw and Helen Wallace, *The Council of Ministers*, New York: St. Martin's Press, 1997, p. 175.

的核心政治被框定在成员国政府之间的交易中。20 世纪 60 年代戴高乐政府的"福歇计划"试图加强欧共体的政府间属性，意在使委员会隶属于理事会。法国的这一意图与委员会的野心产生巨大冲突，是当时理事会与委员会关系的主要特征。① "空椅子危机"与"卢森堡妥协"反映出，一旦危机成为法国与其他成员国之间的政治斗争时，委员会就显然被排挤到以成员国对话为核心的边缘。② 简而言之，从 20 世纪 50年代欧共体机构建立，到 60 年代"空椅子危机"爆发，再通过"卢森堡妥协"使危机暂时缓解，归根到底是成员国与超国家力量在欧共体制度层面的最初较量。法国与欧共体其他五个成员国之间在如何构建欧共体制度上存在巨大分歧，法国试图主导一体化进程，其他成员国一再退让之后决定联合抵制。欧共体委员会在富有政治野心的霍斯特恩的带领下，企图渔翁得利，向理事会提交超国家性极强的提案。但由于这一时期超国家机制建立不久，欧共体委员会与欧洲议会还没有足够的权力与地位引导共同体朝超国家方向发展。其他成员国最终对法国作出让步，达成"卢森堡妥协"，确立全体一致表决机制的主导地位，巩固了欧共体的政府间属性。这是政府间主义对超国家主义的巨大胜利，但也为此后理事会决策效率的低下埋下伏笔。

---

① Fiona Hayes-Renshaw and Helen Wallace, *The Council of Ministers*, New York: St. Martin's Press, 1997, p. 177.

② N. P. Ludlow, "The European Community and the Crisis of the 1960s", Jean-Marie Palayret, Helen Wallace and Pascaline Winand (eds.), *Visions*, *Votes and Vetoes*: *The Empty Chair Crisis and the Luxembourg Compromise Forty Years on*, P. I. E. -Peter Lang, pp. 71-93.

第三章 欧共体理事会权力受到挑战
(1967～1985 年)

"空椅子危机"以及随后的"卢森堡妥协"进一步巩固了欧共体理事会的权力地位,全体一致表决机制成为理事会决策的首要选择,明确了欧共体一体化的政府间性质。在上一阶段,一体化被迫朝着法国设想的方向发展。委员会权力受到重创,超国家力量被削弱,但欧洲议会的权力和影响力逐渐增加。

第一节 欧共体理事会权力遭遇挑战

法国和欧共体其他五国之间就理事会在涉及各成员国核心国家利益的领域采用全体一致表决机制的问题上存在分歧,"卢森堡妥协"针对这种分歧进行调和,进而达成一致。尽管"卢森堡妥协"在欧共体体系中没有合法地位,但它对理事会决策的发展影响深远:赋予了任何成员国在影响其核心国家利益的问题上都可以投否决票的权力,其结果是理事会的决策效率极大地降低了。虽然否决权很少正式使用,但它的存在导致决策可能无休止地延期。

法国在戴高乐领导下非常关注欧共体超国家属性的发展,是 1965 年欧共体"空椅子危机"爆发的原因之一,这与法国国家主权的得失密不可分。欧共体委员会试图通过促进共同农业政策"一揽子交易"的完成推动一体化进程,以实现欧共体的财政从国家贡献转向独立控制财政来源。委员会进一步提出,如果欧共体新财政计划被接受,可赋予欧洲议会预算权。法国强烈反对这一计划,因为该计划将会增强共同体的超国家属性。"卢森堡妥协"导致欧共体的权力结构发生变化。理事会坚持欧共体扩大不能无限制增加委员会和议会的权力,一再强调巩固共同体的政府间属性。

一、石油危机导致成员国追求短期收益

20世纪70年代,由于经历了石油危机引发的欧共体经济危机,成员国试图寻找解决各国经济困境的共同模式最终失败。[①] 欧共体机构之间、机构与成员国之间的关系在这一时期发生了变化。政府间合作方式成为这一阶段各国共同追求的目标。理事会的核心地位得以确立,理事会主席的获得巩固和加强,委员会的权力被削弱。成员国在一体化进程中的利益特征发生变化,欧共体机构的地位也发生改变。发展政府间主义,就是在牺牲委员会权力的前提下扩展由政府代表控制的共同体机构的作用。委员会在决策过程中的地位降低是这个时期政府间主义发展的重要表现,共同体外交政策和理事会各部门之间的协调备受关注。[②]

1973年的石油危机加剧了欧共体成员国之间的分歧。在危机中,成员国强调独立而非寻求更加紧密的一体化来解决能源危机带来的问题。1970～1974年期间,欧共体的发展充满了不确定性与模糊性。在这一时期,各国开始退回到追求短期的经济利益。20世纪70年代早期没有出现60年代一体化赖以存在的主要成员国之间讨价还价的动力。例如,法国主张建立经货联盟,是希望以独立的货币体系对抗美国;1973年3月利用欧洲货币的联合浮动制对抗美元,毫无疑问是西德外交上的胜利,但这却造成欧洲内部分裂的加剧。成员国建立经济协调机制的梦想破灭了,1973年的能源危机加速了这一机制的失败。1974年巴黎峰会上,蓬皮杜的继任者吉斯卡德提出制度改革的倡议:新的理事会一年会晤三次,外交部长们"在共同体理事会会面,作为提

① Mark Kesselman, Joel Krieger, Christopher S. Allen, Stephen Hellman, David Ost and George Ross, *European Politics in Transition*, Boston and New York: Houghton Mifflin Company, 2006, p.42.

② Martin J. Dedman, *The Origins and Development of the European Union* (1945-95): *A History of European Integration*, London: Routledge, 1996, pp.471-472.

案者和协调者,确保共同体活动的持续性和工作的延续性"。吉斯卡德愿意放弃蓬皮杜保持政治与共同体事务分开讨论的政策,外交部长"同时参加政治合作会议"。他承认委员会作为外交政策协调者的作用。

二、英国与其他成员国之间的矛盾加剧

蓬皮杜去世后,法国放弃了把政治从共同体中分离的强硬路线。加强理事会主席的权力说明理事会的制度化设计没有过多地限制来自成员国的高级政治行为体参与超国家决策的过程,却"制约了欧洲官员将权力延伸到其他新领域的可能性"。西德和英国在内部政策上的分歧以及关注短期利益的倾向,毫无疑问鼓励了当时的委员会主席吉斯卡德。加强外交部长和外交事务官员的权力用来发展共同体的内部政策,各国对这一提法的认知不同。在戴高乐统治时期,法国外交部长非常在意主权独立,法国处理与共同体的关系时防范超国家主义的蔓延。70年代中期,委员会在欧共体的地位相对于理事会主席有所下降。成员国追求短期国家利益的压力增加,它们坚持对共同体的贡献要与其短期收益相对应。国家为了满足自身利益而藐视共同体法律的行为愈加频繁,如20世纪70年代晚期至80年代初,法国无视共同体法院的规定,禁止从英国进口羊肉。1980年英国和其他成员国在财政贡献问题上争论不休,其他国家威胁拒绝在即将到来的峰会上讨论这个问题,危机一触即发。

欧共体成为英国经济下滑的替罪羊。英国一直抱怨在欧共体中其付出与所得不成正比。英国只关心"我的钱能够返还给我"。当撒切尔在1980年重新提出这一问题时,欧洲理事会最终同意在同年5月推出减少英国财政支出的暂时返还模式。委员会在1981年决定采用快刀斩乱麻的方式,建议纯受益国家应当返还它们的部分收益,重新分配给英国。然而,西德和法国坚持返还的资金应当来自欧共体预算,而不是直接由其他成员国支付。1982年,英国在返还原则上作出让步:返还金额应当与英国占欧共体GNP的比重和它占有预算的适当价值之间

的差异相联系。① 英国对欧共体各项政策的态度常常"与众不同",但又至关重要。在其他国家经过讨论取得一致之后,由于涉及重要的国家利益,英国否决了整个一揽子协议,这一举动是英国应对其他九国在预算贡献问题谈判中施压的重要策略。理事会的其他成员国将"卢森堡妥协"的全体一致放在一边,拒绝接受英国的否决票,认为这属于理事会的日常事务,因而可以使用多数同意表决机制。尽管双方有交恶现象,但其他成员国还是需要英国对这一政策的支持,而英国也急需欧共体支持其在马尔维纳斯群岛(福克兰群岛)的政策,因此双方尽量保持克制态度。尤其到了 1983 年,法国发现自己也陷入了纯赤字国的困境。除非共同体的财政支出制度进行改革,否则法国的支出将会随着西班牙和葡萄牙加入欧共体而增加。在对欧共体财政贡献的问题上,英国不再是孤军奋战。法国政府向欧共体的支出远远超过回报,导致国内财政赤字增加,所以与英国结成同盟。20 世纪 70 年代,英国政府支持希腊、西班牙和葡萄牙加入欧共体,因为它相信这些国家入盟将会延缓共同体超国家属性的增强和削弱共同体机构的权力。80 年代,英国政府将欧共体进一步向中东欧扩大看作是阻止经货联盟和政治联盟实现的途径。1970 年欧洲政治共同体体系建立,成员国试图协调外交政策立场采取共同行动,任没有任何条约的保障。欧洲政治共同体开始是政府间性质的,在《罗马条约》框架之外行事,它只由理事会轮值主席管理,所有共同体机构尤其是委员会被排除在外。

委员会和理事会对新成员国申请加入欧共体的态度截然不同。考虑到欧共体和候选国都承受着经济压力,委员会建议应该有无限期的入盟前过渡时期,以便留出充裕的时间进行必要的经济改革,循序渐进有利于一体化的稳步发展,在扩大的同时不能忽视深化过程。然而,1976 年 2 月,委员会谨慎的提案被理事会否决,理事会决定关于入盟的谈判应该立刻开始。同年 7 月,理事会并未支持委员会关于希腊入

① Martin J. Dedman, *The Origins and Development of the European Union* (1945-95): *A History of European Integration*, Lomdon: Routledge, 1996, pp. 201-202.

盟日期的提案,仅仅许诺入盟"谈判要尽快进行不能被中断"。① 委员会从共同体一体化逐渐推进和发展的目标出发,主张欧共体扩大应该谨慎慢行,待到双方都作好充分的准备后再开启谈判。但理事会的态度则较为激进,认为关于扩大的谈判要尽快进行,这主要是由于法国出任理事会主席国。为了尽快解决向欧共体财政贡献过大的问题,缓解法国的预算赤字,理事会在扩大问题上与委员会的主张大相径庭。总之,在这一时期,英国对共同体财政预算的态度、西班牙和葡萄牙的入盟以及农业渔业政策都是欧共体棘手的问题,处理不当即会影响欧共体一体化的进程。

三、欧共体主要机构间的紧张关系

欧共体理事会越来越不像是寻求一致的场所,而是成员国实践否决权的试验场。20 世纪 70 年代晚期,理事会抱怨委员会监督内部事务的咨询委员会在与政府的协商过程中妥协过快。1978 年,理事会接受了吉斯卡德成立"调查研究委员会"(investigated committee)的提案。其中,比舍瑞尔是荷兰前首相,爱德华·戴尔是英国政府的前部长,罗贝尔·马若兰是法国驻委员会的前代表。他们在 1979 年的报告中指出,政策制定的本质属性是欧共体制度框架效率低的主要原因,他们尤其将此与理事会的消极作用联系起来。报告最后得出结论,委员会应该重新组织并获得更多权力,多数投票应该在理事会中广泛应用。委员会的委员史宾纳(Altjero Spinell)指出,随着理事会权力的下降和国家政府的作用减弱,委员会和议会的权力扩大。理事会与议会共享立法权。改革后的欧洲议会有独立分配财政资源的权力,并与理事会分享预算权。欧洲议会建议引入多数投票,以缩短理事会讨论任何可行性措施的时间。总之,这是赋予欧共体超国家权威的过程,史宾纳的新提案不仅仅是对《罗马条约》的简单修订,而且勾画出单一制度框架。② "调查研究委员会"还指出,委员会"没有对如何分配和引导提案

---

① Martin J. Dedman, *The Origins and Development of the European Union* (1945-95): *A History of European Integration*, London: Routledge, 1996, p. 209.

② Ibid., pp. 227-228.

形成统一的看法"。委员会给理事会的提案不像从前那样详细了，提案的细节都是在国家政府之间的谈判中敲定。委员会应该进行内部修正，加强寻找共同利益的能力。[①]

随着理事会中的成员国政府与各分理事会间的紧张关系升级以及政府的期望与现实的差距太大，委员会难以提出欧洲层面的解决方案。委员会越想独立行使职能，就越可能被排除在外。1981 年 1 月，委员会主席罗伊·詹金斯辞职，他曾为委员会争取参加各种政府间论坛（尤其是欧洲理事会）的机会。而委员会的权力状况直到它与成员国之间的工作关系发生重大改变才有所起色。

20 世纪 70 年代早期和晚期政府间机制安排的差异巨大。70 年代早期，尽管一体化在一些领域取得进展，像委员会这样的核心机构权力可能增加，但一体化的方向仍很模糊。70 年代中期，这种不确定性得到缓解，主要国家对一体化的分工施加了明确的限制。政府日益关注外交政策的协调问题，尽管它们仍不愿意为制定欧洲外交政策而妥协。70 年代晚期成员国在国内经济陷入困境的情况下，首先想到的是维护它们的短期国家利益，这与共同体的长期目标是相互矛盾的。

理事会成员国频繁使用否决权的威胁，以及委员会在实践提案权的过程中愈加谨慎，使共同体制度建设陷入困境。这一时期的委员会更像是官僚机构而非行政机构，随着欧共体的扩大，委员数量越来越多而实质性的提案则越来越少。在委员会内部，常务官员只能根据功绩晋升，他们要求特定的高级职位应该由国籍而非能力决定。当委员会中的职位空缺时，委员的私人"小内阁"就会在委员会中寻找稳定职位"先下手为强"。[②]

欧共体的制度改革受到三个超国家因素的影响，其中包括来自欧共体机构的压力，尤其是议会和法院；跨国商业利益集团的游说；委员

①　Martin J. Dedman，*The Origins and Development of the European Union* (1945-95)：*A History of European Integration*，London：Routledge，1996，p. 761.

②　Dennis Swann(ed.)，*The Single European Market and Beyond：A Study of the Wider Implications of the Single European Act*，London：Routledge，1992，p. 31.

会政治先驱的作用（如狄洛斯主席和内部市场委员考克菲尔德）。从1980年到1985年，欧共体机构内部改革的压力增大。意大利和德国支持欧洲联邦主义和扩展欧共体的活动范围，鼓励旨在增加议会权力的程序改革。它们在1984年2月通过决议，主张以《欧洲联盟的草案条约》，作为取代《罗马条约》的新文件。1981年，联邦主义的怀疑者和主张改革的议会成员，与各国国家领导人一起努力促进内部市场的自由化。其次是跨国商业利益集团的参与。20世纪50年代的欧洲一体化是由政治家发起的，但"工业化"阶段则是由商业领袖领导的。委员会一直鼓励通过授予商业群体优先进入政策过程的权力发展泛欧洲企业家网络。20世纪80年代中期，商业利益集团与欧共体官员合作，要求欧共体市场支持欧洲企业之间展开更自由的竞争。在《单一欧洲法案》签署之后，圆桌会议"监督"委员会的政策执行。德科提出了最有名的市场自由化商业计划，即"欧洲1990"计划。这项计划关注内部市场自由化，任务分工（财政、商业、技术和政府征购政策），商业自由化和税收协调。委员会传统上被视为欧共体的议程设置机构。狄洛斯被任命为委员会主席，1985年1月他正式上任，即刻拜访了欧洲各国的政府、企业和劳工领袖，商讨改革措施。狄更斯计划在欧共体决策机构、欧洲货币政策、政治与防务合作、单一市场的构建等方面进行改革。狄洛斯利用其主席的制度权力促成欧洲议会的程序改革并实现内部市场的自由化，这一举动得到以布鲁塞尔为基地的商业利益集团的支持。他鼓励考克菲尔德详细解释白皮书中的内部市场议程并夸大经济下滑的程度，以获得欧洲各国政府首脑的支持。跨国大企业集团和欧共体官员组成的精英联盟在狄洛斯的领导下成为"1992计划"超国家制度主义的核心力量。

第二节　案例分析

共同农业政策与共同渔业政策背景相似，都涉及成员国的经济资源在共同体层面的重新分配。然而，两个政策的决策方式完全不同。共同农业政策在欧共体理事会内部采用全体一致表决（受"卢森堡妥协"影响较大,"卢森堡妥协"中明确提出在共同农业政策领域采用全体一致表决),后来采用"一揽子交易",各成员国只注重短期收益,虽然理事会主导决策,但决策效率低下;而共同渔业政策则采用有效多数表决机制,决策效率相对较高。在两项政策中,欧共体委员会都负责起草提案,竭力推动共同政策超国家化,为共同政策的制定提供专业技术支持,尤其在共同渔业政策方面表现得更为突出。两项政策的一个差别就是,欧共体的农业利益集团实力强大,不仅在各成员国国内非常活跃,还在欧共体超国家层面影响决策和成员国态度;而渔民组织力量薄弱且资金匮乏,只能在国家层面影响本国决策,在欧共体超国家层面则力不从心。众所周知,领本涉及国家主权,比农业更加敏感,但各成员国为何同意在理事会采用有效多数投票,而不是效仿农业政策那样采用全体一致,反而让渡在这一领域的主权呢?首先,共同渔业政策有欧共体扩大作为强大的推动力。新成员国都是渔产品资源丰富的渔业大国,为了在欧共体扩大中受益,"先下手为强",老成员国同意尽快推广共同渔业政策。其次,所谓上有政策下有对策,相对于农业问题太过于复杂、牵涉方面太多,渔业相对单纯,虽然决策不是问题,但执行起来困难重重。理事会通过的规定属于欧共体法律,对成员国具有约束力,但使用有效多数表决时,部分成员国虽不满意决策的内容,却无力改变,回国之后无法向本国渔民组织交代。因此欧共体决策在国内缺乏合法性,国内相关团体以不配合执行的方式进行回应,共同渔业政策执行困难是亟待解决的问题。这也体现出欧共体委员会作为共同体决策的执行机构权力有限,在遇到成员国拒绝执行政策的情况时表现得无能为力。而共同农业政策由于普遍采用全体一致投票,只要决策获得通过,政府便会推动政策的执行,这也是全体一致与有效多数的一大差别。此外,欧共体积极推动超国家化,但相关制度措施却并不完善。

一、共同渔业政策:成员国的超国家化主张

在欧共体,成员国在渔业领域存在巨大的利益分歧。成员国的渔业主管部门仍然认为渔业是独立主权的一部分,它们履行职能所依据的法律都是来自欧共体层面的共同政策。

（一）部分理事会成员国推动渔业政策超国家化

渔业产品严格来说属于广义农产品的范畴，没有国家边界的概念，因此相对于共同农业政策而言，共同渔业政策的制定与执行更加谨慎。欧共体委员会在 1966 年提出发展共同渔业政策（CFP），但是这一提案并未在理事会获得通过。CFP 的核心是所有共同体的渔民都应该拥有进入共同体领水的同等权利。这项政策在与候选国入盟谈判的前一天通过，显然是六国在欧共体扩大前为自己建立优势体系。四个候选国在欧共体扩大谈判过程中都提出了渔业问题。由此可以看出，委员会作为超国家机构极力推动共同体政策，虽然拥有提案权，但理事会中的成员国根据利益得失可以选择何时通过此决策。

共同渔业政策开始只是技术层面的事务，对欧共体公民影响不大，但这一政策没有按照新功能主义理论家的设想发展。[①] 20 世纪 70 年代，法国是主要的渔产品生产国，它通过一系列措施积极推动 CFP 的完善，包括渔产品共同市场和价格稳定机制建立、成员国船只自由进出所有共同体水域的原则以及为避免过度捕鱼而向每个成员国分配相应配额。[②]

（二）欧共体主要机构在共同渔业政策中的作用

欧共体需要建立管理渔业资源的新制度，当时在农业总司设有规模不大的渔业部门。委员会拥有专业优势，因此被成员国授权与第三国签署渔业协议，并与相关国际组织进行谈判。委员会提交了引入限制捕捞的政策提案以及建立沿海区域共同机制的提案，但由于沿海区域是成员国的管辖领域，因此两项提案都被拒绝。1971 年，欧共体委员会设立正式的渔业咨询委员会，完全仿照 20 世纪 60 年代农业管理委员会管理 CAP 的模式建立。相对于农业领域，渔业咨询委员会对渔业总司拟定的提案没有影响力，渔业专家的能力极其有限。此外，渔民

[①] Helen Wallace and William Wallace, *Policy-Making in the European Union*, Oxford: Oxford University Press, 2000, p. 246.

[②] Jeffrey Harrop, *The Political Economy of Integration in the European Union*, London: Edward Elgar Publishing, 1999, p. 114.

组织非常弱小且过于分散,相对于强大的农业利益集团而言,渔业组织资源有限且影响甚微,不能在欧共体层面理事会决策过程中发挥作用。在 1970 年共同渔业政策确立时,在欧共体预算资助的情况下,渔民与成员国政府之间对业已建立的分配方案进行了重新调整。

渔业部长理事会是共同渔业政策讨论、协商、最终作出决定的场所。成员国的农业和渔业部长是渔业部长理事会的组成人员。理事会由各国在国内负责渔业问题的高级官员作准备工作,来自布鲁塞尔常设代表委员会的渔业问题专家参与理事会的渔业工作小组。渔业部长的会晤一般三年一次,相比于其他部门,理事会对这一领域有自由处理权。理事会通过制定规则而非指令立法来直接约束成员国。理事会对CFP 的决策采用有效多数投票,成员国渔业部长在决策通过之后返回各国,可能无法向其国内渔民解释违背渔民利益的共同政策。

对比其他领域,《欧共体条约》第 43 条款并没有赋予欧洲议会对CFP 施加影响的权力。但欧洲议会寻求其他途径干预,如每年的预算安排以及结构基金的改革。1979 年时欧洲议会中只有一个渔业工作小组,1984 年在农业委员会下设负责渔业的部门,直到 1994 年才设立独立的渔业委员会。[1]

(三)共同渔业政策的执行不力:成员国政府对超国家政策的抵制

欧共体成员国因渔业资源总量、捕鱼习俗、工具以及技术水平的差异,在捕鱼季节、保存渔业资源数量以及水域开放等问题上争执不下。有效多数表决有利于决策的顺利通过,但常常使参与理事会 CFP 决策的成员国政府相关部长在本国国内处于尴尬境地。虽然欧共体关于CFP 的规则对各成员国具有法律约束力,但在国家层面阻力重重,执行不力,不利于共同渔业的发展。更为重要的是,海洋与主权、国家边界相关,在涉及国家海洋主权问题时,成员国不愿意将这部分权力授予欧盟层面机构。[2]

---

[1] Helen Wallace and William Wallace, *Policy-Making in the European Union*, Oxford: Oxford University Press, 2000, p. 355.

[2] Ibid., pp. 361-362.

对共同渔业政策的调查研究强调了欧共体政策制定的独特特征。首先,共同渔业政策是直接由行政机关执行的少数欧共体政策之一,依靠规则而非指令立法。尽管规则对成员国具有法律约束力,但成员国的执行情况仍然令人质疑。其次,共同渔业政策的形成,早期主要依靠理事会与委员会之间的政治互动,两个机构对CFP的垄断局面随着欧洲议会逐渐融入决策过程而改变。再次,渔民在欧共体超国家层面的利益代表性较弱,渔民倾向于在国家层面进行游说。欧共体吸纳更多渔业发达国家带来了变革的动力,调控各国渔民之间的市场竞争以及重新分配渔业资源,给现有成员国和共同体机制带来沉重的财政负担。

　　欧共体扩大推动共同渔业政策的制定与变革。在欧共体第一次扩大之前,引入共同渔业政策与其他主要渔业国家之间的谈判导致很多问题产生。四个入盟候选国之一的挪威拒绝了共同渔业政策的相关提案。当时四个候选国的渔业产量是六个欧共体创始国的三倍[1],因此原本并不热衷制定共同渔业政策的老成员国在渔业资源如此丰富的新成员国即将入盟之际,积极推动共同渔业政策。英国在共同渔业政策制定过程中是"不和谐的音符",1971～1980年英国海鱼的常规捕捞量下降[2],虽然英国渔业走下坡路及其生产力过剩应归因于其他因素而非CFP的影响,但CFP允许成员国自由进入领海的原则确实对英国是个困扰。

二、严格推行全体一致决策的共同农业政策

　　共同农业政策因涉及欧共体成员国的核心经济利益而成为最重要的共同政策之一,它也是欧共体各个超国家机构争夺权力的重要领域。自"卢森堡妥协"之后,欧共体各项政策必须采用全体一致表决通过,CAP也不例外。CAP向来就是成员国分歧最多的领域,有关该政策的决议很难达成,因此改革势在必行。

---

[1]　Jeffrey Harrop, *The Political Economy of Integration in the European Union*, London: Edward Elgar Publishing, 1999, p. 114.

[2]　Ibid. , p. 115.

(一)全体一致表决机制在共同农业政策领域的垄断地位

欧共体理事会内部设有多个分理事会。每个分理事会分别处理不同部门的事务,互不隶属,各自独立。负责 CAP 问题的是农业部长理事会,各国的农业部长聚集在一起共同确定某种农产品的价格。而各国的财政部长担心农业部长作出的决策会导致国家债台高筑,因此农业部长在参与欧共体谈判之前先要取得本国内阁其他成员的支持。[①]

CAP 旨在用收入补贴的方式使农业产品价格高于世界市场价格,进而增加农民的收入。尽管有这个目标,但成员国的农业利益分歧巨大。第一,欧共体农产品价格的提高导致国家农业收入增加,因此成员国希望进一步提高共同体的价格支持水平。第二,欧共体内部各国农业产品结构不同。南欧成员国要求保护地中海农业产品(如橄榄油、白酒、水果和蔬菜),北部欧洲成员国则提出保护小麦或牛奶等产品的要求。第三,CAP 与欧共体财政体系相联系,造成不利于国家内部财政转移的局面。相互冲突的国家利益是 CAP 决策的主线。《罗马条约》规定 QMV 是常规决策工具,全体一致只在涉及成员国重要国家利益的时候才能使用,但在实践中,理事会决策频繁使用全体一致进行表决。这些有分歧的国家利益加上全体一致规则,导致每个成员国都在 CAP 某个方面占据实质的主导地位。

自 1965 年开始,所有农业价格的决策都采用全体一致表决,复杂且浪费时间,后来发展出意义深远的"一揽子交易"。然而,英国自加入欧共体后,一直对其向 CPA 的支出与财政贡献远大于从该政策中获得的收益颇有微词。1982 年,当农业价格统一的提案与英国要求支付补偿的问题联系在一起时,由于担心英国"捣乱",理事会多数成员国商议对英国进行补偿的问题应另外投票以确保"一揽子交易"的顺利完成。为了保持来之不易的农业价格一致,必须对"卢森堡妥协"进行调整。

(二)限制决策时间的全体一致表决机制

欧共体成员国数量的急剧增加和第二次东扩导致国家利益的分歧

---

①   Alan Swinbank, "The Common Agricultural Policy and the Politics of European Decision Making", *Journal of Common Market Studies*, Vol. XXVII, No. 4, 1989, p. 304.

扩大是制度改革的主要动力。成员国政治与经济结构的差异为全体一致决策增加了成本。整个 20 世纪 70 年代，达成一致所耗费的时间过长是全体一致决策的主要困难。耗费时间与具体决策选择之间有密切关系。全体一致有三个缺陷：首先，在投票者数量大且偏好不同的情况下，实现全体一致可能需要漫长的过程，这成为欧共体扩大后面临的主要挑战。其次，全体一致允许成员国追求特别的国家利益，成本巨大。再次，全体一致鼓励其他投票者作出让步。理事会年度农业价格谈判中各国开始都提出极端要求，在后面的谈判中有些国家为了通过一项决议而对提出极端要求的国家进行额外补偿。因此，缺乏一致是常态而非例外。在扩大之前，理事会决策经常超出规定的截止日期。全体一致表决机制在欧共体两次扩大之后效率降低了，因为决策时间随着理事会中成员国数量的增加而延长。理事会的应对方法就是设定投票时间，成员国在规定的时间内必须作出投票选择，这导致一些对决策持犹豫态度的成员国在有限时间内被迫选择投否决票。而选择其他投票方式的标准就是能否降低时间成本并保留合理的收益分配。

在共同农业政策的问题上，理事会必须在新销售季到来之前制定年度农业产品价格政策。尽管价格谈判非常耗费时间，有时超过了截止日期，但决策最终还是能够达成。全体一致表决机制下的时间限制，要求在限定时间内作出决策且否决的提案不允许超过规定的数量，这使得成员国不得不更加公平地分配利益，即使这种公平可能造成高成本。

理事会全体一致表决限制时间有两个重要含义：首先，每个部长都能对本国农业部门不能接受的农产品价格投否决票阻止其通过；其次，全体一致是用更高的成本保证公平。限制时间的全体一致规则提供了再分配机制，补偿了共同体高成本下潜在的政策损失者。如果长期遭受损失的国家选择离开共同体，将会导致政治与经济总收益减少，成员国必须避免这种情况发生，所有成员国都有动机支持确保共同体农业收入公平分配的决策规则。因此，限制时间的全体一致决策方式本质上是牺牲效率保证公平。

欧共体预算增长的速度和水平是成员国之间政治斗争的根源之

90

一。1973～1982年间,欧共体预算增长大概是每年25%;超过三分之二的总消费来自农产品的价格补贴。预算的主要贡献国要求进行变革,尤其是农业领域之外的共同体消费团体。限制时间的全体一致决策规则导致农产品价格上涨,预算花费增加。

一些对CAP财政贡献大的成员国毫不掩饰对巨大财政负担的不满,德国甚至试图限制其对CAP的财政支付。在这种情况下,收益与成本的公平分配显得尤为重要。限制时间的全体一致规则虽然最大限度地体现了公平,但其成本巨大,这些成本还要分摊给成员国承担,因此,机制改革势在必行,以实现成员国之间农业收入的公平分配且成本最低。

(三)理事会部分权力的保留与共同农业政策面临的危机

在农业领域,成员国政府虽然将部分权力让渡给欧共体,但它们仍然掌握着单个商品的定价权,委员会试图将市场的组织结构与社会政策的提案联系起来却未获成功。决定立法的主要权力也掌握在理事会手中。欧洲议会的责任与权力增加,但对共同农业政策的实际影响力甚微。理事会将大部分市场管理权授予委员会,要求委员会协调国家利益。[1] 总之,在成员国与欧共体的纵向一体化过程中,欧共体理事会的主要功能被保留下来,委员会的独立性受到限制,只能预期理事会中成员国政府的偏好。

共同农业政策发展到20世纪80年代中期,其弊端逐渐浮出水面。这一政策本来就是欧共体中最昂贵的政策,占据欧共体财政预算的大部分。全体一致表决机制使得共同决策很难达成,因为每个国家都从自己的根本利益出发,在很多方面难以实现妥协和让步。因此,理事会对共同农业政策的全体一致决策设置了时间限制,即在规定的时间内完成投票。这一规定的直接结果就是否决票的使用增加,各国在规定的时间内不能达成一致,只能通过投否决票的方式保护自身的利益。各成员都是为了寻找所谓"最公平"的分配方式而不断进行讨价还

---

[1] Helen Wallace and William Wallace, *Policy-Making in the European Union*, Oxford: Oxford University Press, 2000, p. 189.

价,理事会中关于共同农业政策的决策数量与质量大大降低了。

第三节　欧共体理事会面临的内外压力以及改革的准备工作

在经济危机和理事会效率低下的双重压力下,成员国决定改革欧共体理事会的程序与机制。

一、"内忧外患"推动理事会改革

有一组数据能够说明"卢森堡妥协"前后,全体一致和有效多数表决机制的使用情况。[①]

	有效多数表决机制	全体一致
1960~1965	第一组(n＝47)	第二组(n＝29)
1966~1972	第三组(n＝62)	第四组(n＝151)

1966~1981年理事会QMV投票比例

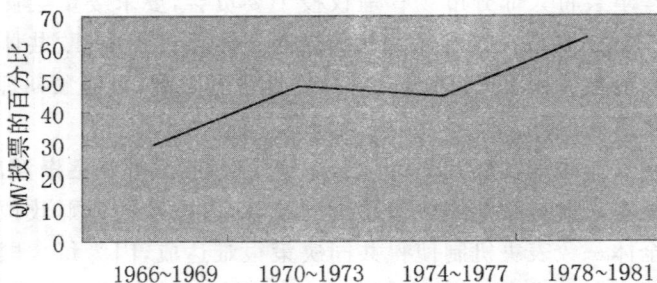

从中可以看出:首先,"卢森堡妥协"(1966 年)之后,理事会决策的数量大大增加,其中全体一致表决机制的使用次数极大地超过了有效

①　Jonathan Golub, "Did the Luxembourg Compromise Have Any Consequence?" In Palayret, J. and Wallace, H, *Visions*, *Votes and Vetoes*: *Empty Chair Crisis and the Luxembourg Compromise Forty Years on*, Peter Lang Pub Inc, 2006, p.297.

多数投票机制。全体一致能够成为理事会的主要表决机制,一方面是法国坚持的结果,另一方面反映出其他成员国也倾向于采用这一表决方式,维护国家利益和主权,不希望欧共体迅速超国家化。其次,20世纪70年代中期以后,有效多数表决机制的使用呈上升趋势,"卢森堡妥协"的影响是暂时的。有效多数表决机制使用的频率并未完全受到"卢森堡妥协"的影响,主要是因为"卢森堡妥协"之后,委员会在欧共体机制平衡中处于劣势,为了最大限度地通过提案,委员会采取的策略是提案向理事会的偏好靠拢①,实现立法内容与决策效率之间的平衡②。

成员国政府首脑之间的讨价还价是否成功,是欧共体内部提案能否通过的关键因素之一,主要基于以下三个原则:政府间主义、最小化共同利益的讨价还价以及三权转让的严格限制。首先,政府间主义。欧共体建立在成员国之间讨价还价的基础上。政府首脑在理事会中就主要议题展开谈判。各成员国政府根据自身政策偏好看待欧共体的议题;欧共体政治是国内政策的延续。社会利益是跨国的,但它们仍然倾向于在本国国内表达政治需求。其次,最小化共同利益的讨价还价。欧共体的讨价还价反映了成员国的相对权力地位。小国可以通过多边支付的方式得到补偿,但大国事实上拒绝在决策程序或制度规范上进行根本变革,经济自由化仍然是核心关注。法国和德国之间的双边协议是讨价还价的最初尝试,后来扩展到法德英三边协议。再次,保护主权。引入新的决策机制就意味着要牺牲部分主权。政策制定者为保护国家主权免受进一步侵蚀,只能要求机制内成员在与主权相关的改革问题上全体一致通过。其努力避免将无限的权力授予核心机构以侵蚀其主权,更倾向于通过政府间机构(如理事会)而非通过委员会和议会等超国家机构进行决策。

这一时期,欧共体的政治家开始探索共同体的未来发展,由三人组

---

① A. Moravcsik, "De Gaulle Between Grain and Grandeur: The Political Economy of French EC Policy, 1958-1970 (part2)," *Journal of Cold War Studies*, 2000, Vol. 2, No. 3, p. 36.

② S. Krislov et al. , op. cit. , p. 48.

成的"调查研究委员会"对欧共体当时的运转状况作了深入研究与分析,调查得出的结论是,理事会的消极作用导致欧共体运作效率降低。他们主张在理事会推广有效多数表决机制,以取代全体一致表决机制,并增加委员会的权力和影响力。因为在全体一致表决机制框架下,任何成员国都拥有否决提案的权力,只要成员国对委员会的提案稍有不满抑或是成员国希望借助否决的威胁逼迫其他成员国对其作出让步以争取更多国家利益,就可以投否决票,这样一来,利用全体一致投票通过的决策少之又少,各国都倾向于使用或威胁使用否决权,造成理事会的效率和影响力降低。

二、改革前的准备工作——《单一欧洲法案》的出台背景

《单一欧洲法案》作为欧洲一体化的重要转折点,经历了较长时间的准备过程。

(一)主要成员国的反应

德国自 20 世纪 50 年代以来一直是欧洲一体化最坚定的支持者。德国外交部长菲舍尔是欧洲政治合作的积极推动者。20 世纪 80 年代中期,德国对建立欧洲防务组织的提案产生质疑,反对进一步推行货币一体化与资本流动自由化。密特朗任职期间,法国竟然出乎意料地支持采用 QMV 推翻英国否决 1982 年 5 月谷物价格一揽子方案的决定。1981 年 10 月的"欧洲社会领域"提案(Un espace social europeen)和1983 年秋的"欧洲工业领域"提案(Un espace industrel europeen)是法国在这一时期最重要的两个提案。前一个提案是关于财政支持的反失业计划,作为通往"社会欧洲"的第一步,德国和英国都不支持,该提案未在理事会进行讨论便夭折了。后一个提案是在欧共体发展过程中的技术政策。法国在这个时期作为欧洲旁观者采取非传统的国内经济政策,与德国和英国的保守政策背道而驰。到 1983 年 3 月,法国政府已经进行了两次法郎贬值,并开始着手第三次。1984 年法国出任欧共体理事会主席,密特朗在解决欧共体内部纠纷问题上发挥着决定性作用。法国的让步有助于解决英国的农业和预算问题。法国的谈判者支持内部市场自由化,密特朗也开始接受欧洲联邦主义的观念。尽管试图利用欧共体应对国内的经济衰退,但是法国政府仍不确定货币政策、内部

市场自由化或者合作研究与发展是否应该作为新议题的核心。英国一直是连接内部市场自由化与程序改革提案的主要障碍。20世纪80年代早期，缓解由CAP导致的严重财政赤字是英国对欧共体政策最重要的目标。英国从农业项目中获益很少，但却担负了70％的欧共体财政预算。撒切尔就任时坚持三分之二的英国赤字都应该得到偿还，并对限制农业消费进行调整，防止未来因巨额预算出现的财政不平衡。最终，英国被迫接受欧共体的农业和预算政策。尽管撒切尔反对破坏"卢森堡妥协"规定的国家主权优先原则，但她承认全体一致决策方式需要改变，并鼓励多数投票的推广。

(二)《单一欧洲法案》前的准备工作

20世纪80年代，欧洲一体化进程遭遇挫折。法国和德国经济政策的分歧破坏了它们在欧共体内部传统的轴心合作关系。打破这一阶段僵局的最重要措施是根舍-可波(Genscher-Columbo)计划和斯图加特宣言的发布，也就是《单一欧洲法案》的前身。实施根舍-可波计划的提案由德国外交部长提出，意大利参与并得到委员会的支持。理事会成立了临时工作小组调查提案，公布"欧洲联盟正式宣言"，它建立在临时工作小组的报告基础上并重申成员国加强和发展经济与安全合作的愿望。它要求内部市场统一，包括协调控制通货膨胀、社会计划、加强货币体系以及欧洲工业政策。随后法国总理皮埃尔·莫鲁瓦发起了对斯图加特宣言的公开抨击。根舍-可波计划提案与增加欧共体预算、农业改革、内部市场自由化以及西班牙和葡萄牙入盟等欧共体的重要议题，都留在雅典峰会中一并解决。

随着温和派政党掌权，法国在1984年1月出任理事会轮值主席国，情况发生了意想不到的变化。密特朗上任之初就以个人身份游说欧洲各国支持重新启动欧一体。在1984年，他和法国外交部长洛朗·迪玛实践了法国、德国和英国之间的"穿梭外交"。密特朗在欧洲议会的演讲强调危机的经济特征，并指出欧共体是与欧洲经济衰退作斗争的强大武器。密特朗计划通过实现"保护欧洲"应对危机的构想，受到CAP改革、英国要求得到补偿、西班牙和葡萄牙申请入盟、财政资源缺乏等争议的阻挠。这些问题在一年内都得到了解决，在很大程度上归功于法国的妥协。1984 年 3 月在布鲁塞尔，法国谈判者作出一系列让步，第一次同意英国减少纯贡献的要求，并赞成英国提出的应该反映国家人均收入的财政政策，以换取英国对欧共体政策的不反对态度。在欧共体政策制定过程中，法德领导人的"默契"使英国感到逐渐被孤立。

英国在对自己不利的情况下，公布了名为"欧洲：未来"的报告，阐述英国政府对欧洲重新起飞的看法。英国认为内部市场自由化应最优先，英国外交部长杰夫·里豪要求在 1990 年之前扫除所有的经济障碍，这一提议得到法国的支持。报告还提到了决策问题，要求 QMV 应该受到尊重：国家可以对"涉及重要国家利益"的提案投否决票，但是应该在理事会其他成员国面前"公开原因"。密特朗在枫丹白露会议上寻求扩大 QMV 的适用范围，被迫同意建立两个新的委员会：一是人民欧洲特别委员会（安东尼委员会），负责调查欧共体直接被民众看到的方面，如个人税收程序、大学文凭的相互承认以及欧洲志愿者计划等；另一个、也是最重要的委员会为机制事务特别委员会（道格委员会），负责制度、政治和经济领域的改革。

（三）欧共体委员会的努力

道格委员会的提案要求议会与理事会分享立法权，议会进行直接选举并控制预算权，在增加议会权力的同时进一步巩固并扩大委员会的权力范围，以实现委员会和议会两个超国家性质的机构联合对抗理事会的长期垄断地位。最终，理事会通过提案推广 QMV，但它并未完全取代全体一致表决机制，且欧洲议会并未像提案所希望的那样明确获得共同立法权，但欧洲议会的权力与之前相比确实增加了。虽然委员会迅速扩大自身权力的梦想没能完全实现，却也获得了争夺理事会权力的好时机，并取得显著成效。

法国和德国要求在内部市场问题以及条约修正案的决策时使用 QMV。10 个成员国中有 7 个愿意放弃"卢森堡妥协"并通过变革条约扩展 QMV 的使用范围，希腊和丹麦支持英国的计划，重申在涉及"非常重要的国家利益"时可以使用否决权。7 个成员国要求政府间会议协商《欧盟草案条约》。狄洛斯是密特朗任命的执行委员会新主席。他有高级部长经历，从前是欧共体经济和社会委员会的成员，在制定经济政策方面颇有威望。狄洛斯到各个成员国进行游说,要求各国首脑支持改革。1984年12月,他向新委员会提出改革战略,并宣布到1992年实现完成内部市场的目标。在1985年卢森堡峰会上,法国和德国提议在道格报告的基础上,通过限制"卢森堡妥协"重建欧共体,扩展欧共体在外交事务方面的能力,为内部市场作准备。理事会支持1992年单一市场目标,并要求委员会起草带有具体时间表的详细计划。根舍提出,涉及内部市场问题的提案采用QMV表决。① 但是撒切尔不接受放弃"卢森堡妥协",因此这个提案被否决了。意大利外交部长主张就是否召集政府间会议进行多数投票,德国和荷、比、卢三国立刻支持意大利的提议,法国和爱尔兰犹豫不决,只有英国、丹麦和希腊反对。英国抗议引入多数投票表决机制,但其反对意见被否决了。英国参加这次会议的目的是反对在内部市场计划上使用QMV,因为它危害了英国在某些领域的利益。英国对狄洛斯的意见很敏感,坚持一些程序的改变需要确保内部市场计划的执行。

成员国联合起草了《单一欧洲法案》文件并重申国家主权的重要性,它们不赞同多数投票扩展到有争议的内部市场领域,主张利用一系列内部立法协调的保护条款弥补多数投票取代否决权的损失。

---

① Andrew Moravcsik, "Negotiating the Single European Act: National Interests and Conventional Statecraft in the European Community", *International Organization*, Vol. 45, Issue. 1, 1991, p. 40.

第四章　欧盟理事会权力遭遇挫折
（1986～1999 年）

　　《单一欧洲法案》颁布之后，有效多数投票机制扩展到欧共体的诸多领域，提案通过率大大增加，理事会决策的效率提高。

第一节　从《单一欧洲法案》到《阿姆斯特丹条约》

　　通过《单一欧洲法案》、《马斯特里赫特条约》与《阿姆斯特丹条约》的签署，合作程序与共同决策程序引入到理事会决策过程中，欧洲议会与欧盟理事会分享立法权，理事会的立法垄断地位受到威胁。委员会充分利用自己的提案权扩展权力范围。这一时期，超国家机构的权力达到顶峰。

一、《单一欧洲法案》——有效多数表决机制的扩展

　　20 世纪 70 年代晚期和 80 年代早期盛行"欧洲悲观主义"和"欧洲怀疑主义"的情绪，政治家和学者都对欧洲制度的发展失去信心。随着1986 年《单一欧洲法案》的签署，欧洲一体化进程发生了巨大转折。《单一欧洲法案》将欧洲市场自由化与程序改革联系起来。这项改革的第一阶段是，欧共体委员会以白皮书的形式提出了 279 项提案，旨在创建"没有内部边界的人员、市场、服务和资本的自由流动"。为了实现这个目标，欧洲领导人致力于解决一些单个成员国无法应对的问题，如服务贸易自由化和实现无关税壁垒。第二阶段涉及程序改革，以使欧共体管理机构理事会的决策更加合理化。1966 年 1 月开始，有效多数投票机制在实践中受到"卢森堡妥协"的限制，法国单边宣布在涉及国家

"重要利益"时,理事会内部可以投票否决提案。《单一欧洲法案》扩展了有效多数投票机制在理事会的使用,尽管只限于内部市场领域。

《单一欧洲法案》(SEA)包含了建立单一市场、欧洲政治共同体和制度改革等内容。《单一欧洲法案》同意在理事会推广使用 QMV,这是对"卢森堡妥协"规定必须使用全体一致表决机制的重大突破。它规定,只有新成员入盟等核心政策出台的时候使用全体一致表决。这项措施避免了因个别国家威胁使用否决票而阻碍政策发展,加快了欧共体的政策制定速度。欧洲议会权力增加主要体现在否决和修改理事会的提案上,理事会只有全体一致通过才能推翻议会的立场。《单一欧洲法案》并未达到欧洲议会对欧共体进行大幅度改革的要求,它对欧共体制度平衡的作用也很有限。狄洛斯作为委员会主席的个人影响力及野心很大,他为委员会权力的扩张作出了贡献。《单一欧洲法案》遭到很多国家反对,尤其在爱尔兰还涉及宪法规定的中立国立场与欧洲政治共同体之间的冲突,但最终法案还是获得通过。

《单一欧洲法案》规定,当成员国的法律规定或者行政行为直接影响到共同市场运行时理事会有发布统一法令的权力。虽然法案要求成员国国内的法律规定与法令保持一致,但其并不能直接约束个人或公司。"完全一致"要求成员国在特定领域完全服从欧共体法令规定的标准,在这种情况下,必须放弃国家标准转而采用共同体标准,一般适用于消费者食品安全事务;"选择性一致"指的是共同体标准和国家标准同时存在,按照共同体标准生产的制造商可以进入所有国家的市场,依据国家标准生产的产品只能在本国市场销售。委员会自狄洛斯接任主席以后在推进一体化方面较为激进。委员会支持"完全一致"的战略措施,但这种战略并不符合当时一体化发展的现状,且"完全一致"在很多领域可操作性不强,遭到诸多成员国的强烈反对。

"卢森堡妥协"确定了全体一致表决机制在理事会中的至高地位。集体决策需要所有参与者自愿同意,保证成员国不被其他成员国强迫行事。然而,当成员国为了使他国让步而隐藏其偏好的时候,投票的交易成本和难度加大。[①] 全体一致表决机制使决策的时间延长。每个行为体都是否决权的潜在使用者,任何旨在改变现状的提案都要征得它们的同意。全体一致决策导致不情愿通过协议的行为体决定政策协调的水平和范围。[②] 因此,行为体没有动力投票支持一项决策,威胁使用否决票可以获得其他国家的让步和妥协,更多地实现本国的国家利益。为了改变这种状况,《单一欧洲法案》在未涉及成员国核心国家利益的问题领域引用 QMV 作为理事会的表决机制。理事会放弃集体决策的全体一致原则对大国有利,因为在 QMV 中它们比小国拥有更多票数[③],且利益多样化的小国不能投否决票轻易否定一项决策。在 QMV 机制下,因某项政策而承担损失风险的成员国试图与其他对该提案不满的行为体联合起来阻止决策通过,但这种努力的难度颇大。

二、《马斯特里赫特条约》——欧洲议会与欧盟理事会分享立法权

自 20 世纪 50 年代欧共体建立以来,欧洲的政治家希望随着共同政策的增加,各国越来越信任彼此,却往往事与愿违。通过条约的颁布与修订,内部机制进行了调整,理事会处理的问题越来越多,其权力主要体现在四个方面:立法权、执行权、掌握"对涉及欧盟未来发展方向的议题进行讨价还价"[④]、在欧盟没有明确权力的领域。各成员国政府都试图按照本国意愿在这些政策领域实行统一标准。理事会制定法律只能在委员会提案的基础上进行,欧洲议会在立法进程中的作用越来越重要。在《马斯特里赫特条约》之前,理事会是欧共体唯一的正式立法者,但《马斯特里赫特条约》创造了共同决策程序,欧洲议会在某些领域

---

① Neill Nugent, *The Government and Politics of the European Union*, Durham: Duke University Press, 2003, p. 49.

② Ole Elgstrom and Christer Jonsson (eds.), *European Union Negotiations: Processes, Institutions, Networks*, London: Routledge, 2005, p. 690.

③ Colomer, J. M. and Hosli, M. O., "Decision-Making in the European Union: The Power of Political Parties," in G. Kirchgässner, P. Moser and G. Schneider(eds.), *Decision Rules in the European Union. A Rational Choice Perspective*, Basingstoke: Macmillan, 2000.

④ Hayes-Renshaw, Fiona and Wallace, Helen, *The Council of Ministers*, New York: Palgrave Macmillan, 2006 p. 325.

成为与理事会并驾齐驱的立法者。

1992年2月,欧共体12个成员国正式签署《马斯特里赫特条约》。该条约通过前遭遇一系列挫折,如丹麦就该条约举行的第一次全民公决否决了条约草案,第二次才获得通过。《马斯特里赫特条约》规定了欧盟发展的三大支柱,但除了第一支柱,其他都属于政府间合作性质。欧洲一体化一直致力于向一些本属于成员国政府管辖的领域推进,但这些努力多以失败告终或者只实现了一部分,直到20世纪80年代中期才重整旗鼓并扩展权限。[①]《马斯特里赫特条约》于1993年11月生效,用"欧盟"取代"欧共体",这是东欧剧变之后的首个欧洲条约,也是自1957年《罗马条约》以来欧共体最重要的进步。它为经货联盟的建立拟定了时间表,发展了外交与防务政策并且赋予共同体机制(如欧洲议会)新的涵义。

《单一欧洲法案》引入了"合作程序"作为理事会的决策程序,《马约》将其具体化。"合作程序"的实施使欧洲议会在立法中获得新的权力。根据《马斯特里赫特条约》的189C条,理事会根据委员会的提案以特定多数通过"共同立场",欧洲议会在三个月内对"共同立场"作出反应。如果议会批准,则理事会将根据共同立场通过决议;如果议会以绝对多数否决委员会的修正案,则理事会只有以全体一致才能推翻议会的决定,否则委员会提交新提案或者修正案,理事会以特定多数通过。[②] "合作程序"允许欧洲议会在理事会采取行动之前对委员会提案发挥作用,欧洲议会为理事会设置议程。[③] 当理事会与议会"在合作程序"下不能就提案达成一致时,则理事会、委员会和议会启动调解程序,当然,只有很少一部分政策提案需要启动这一程序。[④]

---

① 吴志成:《治理创新——欧洲治理的历史、理论与实践》,天津:天津人民出版社,第216~217页。

② 同上,第100页。

③ Tsebelis, George, The power of the European Parliament as conditional agenda-setter. *American Political Science Review*, Vol. 88, 1994.

④ B. Guy Peters and Christian Hunold, *European Politics Reconsidered*, New York and London: Holmes & Meier, 1999, p. 40.

除了理事会已经采用的"合作程序"之外,《马斯特里赫特条约》引入了"共同决策程序",在一些关键领域(如交通、环境和消费者保护等)给予欧洲议会与欧盟理事会同等的立法权,每年大约有三分之二的欧洲法律由理事会和议会共同决策。《马斯特里赫特条约》还给予欧洲议会要求欧盟委员会起草法律提案的权力。尽管欧盟委员会主席的候选人由欧盟成员国共同拟定,但主席的最终人选由欧洲议会选举产生。

经过《单一欧洲法案》与《马斯特里赫特条约》,欧洲议会的立法权力扩大。由"合作程序"和"共同决策程序"可以看出,议会确实在欧盟立法过程中有了实实在在的话语权。从欧共体成立以来,欧洲议会从默默无闻的"象征机构"发展为与理事会分享立法权力的欧盟主要机构,欧盟的超国家特性显著增强,当然也是为了减少"民主赤字"造成的消极影响,欧洲公民在地方和欧盟层面的投票权加强。欧盟委员会作为最主要的超国家机构,在这一阶段抓住时机,积极主动地扩展自己的权力范围,插手共同政策的制定与执行,而成员国构成的理事会在不同政策领域被动或者自愿地接受了这一现实。

德国重新统一使得德、法两国需要在欧洲范围内推进更广泛的政治一体化。英国担心这种情况发生,它一如既往地推崇政府间合作而非建立超国家共同体。欧盟最终妥协的结果是允许在经济政策领域增加超国家权力,但外交与防务政策领域仍然是以政府间协议为主。

三、《阿姆斯特丹条约》——主要机构制度平衡的改变

《阿姆斯特丹条约》的签署改变了三个主要行为体——欧盟理事会、欧盟委员会和欧洲议会之间的制度平衡。欧洲议会通过任职程序对委员会的影响增加,通过共同决策程序在理事会拥有更多话语权。《阿姆斯特丹条约》在一定程度上改变了欧盟主要机构之间的权力平衡。

《阿姆斯特丹条约》简化了"共同决策程序",规定当欧洲议会反对理事会所提出的"共同立场"时,则法案被视为否决。条约设置了欧盟共同外交和安全政策的"高级代表",但共同外交和安全事务仍维持全体一致决策。欧盟委员会获得了司法与内务领域的提案权。《阿姆斯特丹条约》引入了"阿姆斯特丹妥协",规定在成员国反对共同体理事会

的一项决策时,必须公开陈述原因,不能笼统地以涉及重要国家利益为借口而反对 QMV 决策。"阿姆斯特丹妥协"模式确实改进了决策过程,却没能将这种模式加以推广。因此,该条约改革没能达到使理事会成为更有效的决策机构的目标,未来理事会内部的成员国谈判仍然有可能陷入僵持状态。全体一致表决机制被视为一体化深入发展的阻碍。①

《阿姆斯特丹条约》只带来有限的进步,这些改变究竟能否改善理事会的决策效率还是未知数,而且它未能解决欧洲议会在欧盟理事会多数决策领域参与度低的问题。②《阿姆斯特丹条约》结束了由《单一欧洲法案》开始、由《马斯特里赫特条约》继续的内容,使欧洲议会作为共同立法者存在,试图将欧洲议会与欧盟理事会在立法过程中置于同等重要的位置。《阿姆斯特丹条约》勾画了一副美好的蓝图:欧盟委员会起草法案;欧洲议会在日常立法事务中发挥决定性作用;欧盟理事会不能将自身意愿强加于其他机构之上。然而,在《阿姆斯特丹条约》执行后,主要机构之间的关系并未发生根本变化。欧盟理事会仍然是最有影响力的决策机构,欧盟委员会掌握提案权,虽然与之前相比,欧洲议会的权力极大增加,但仍然是形式多于实质。

欧盟决策者为提案、计划和动议设置了时间表,这使得他们收益颇丰。否则,成员国之间、成员国与欧盟超国家机构之间讨价还价、互相扯皮,将会耗费大量时间,严重拖延决策速度。QMV 的扩展意味着各成员国越来越难否决一项决策。成员国政府为了自己的地位和声望日益重视它们担任轮值主席的机会,都希望在担任理事会轮值主席期间取得优异的成绩,成功处理前任主席没能解决的棘手问题,或者利用主席身份推动有利于本国利益的提案通过。通过辅助性原则的推行,适度将权力下放到次国家政府,减轻欧盟理事会、欧盟委员会和欧洲议会

---

① Michael Nentwich and Gerda Falkner," The Treaty of Amsterdam: Towards a New Institutional Balance", *European Integration online Papers* (*EIoP*), Vol. 1, 1997, p. 9.

② Ibid. , p. 10.

的立法工作量。①

　　20世纪90年代以来,欧盟理事会的职能发生很大变化。1995年欧盟扩大促使欧盟内部构成作出调整,并扩展QMV的使用范围。《阿姆斯特丹条约》继续扩展QMV并重新设置成员国的票数比例分配。但它只是对过去规定的调整而非对未来发展的规划,对与理事会相关的诸多问题都采取搁置的方式而未能有效解决。② 这一时期同样作为政府间机构的欧洲理事会参与欧盟东扩、经货联盟、制度改革,在欧盟建设中发挥了核心作用。《马斯特里赫特条约》要求欧洲理事会"为欧盟发展提供必需的动力并制定欧盟发展的政治规划",正式承认欧洲理事会是一体化发展的推动力,确定了理事会体系在欧盟所有领域政府间或超国家活动中的中心地位。③

　　然而,决策缺乏透明度是理事会存在的突出问题。如何使欧盟决策更加透明是20世纪90年代理事会改革的重要问题。首先,向公众公开更多理事会的投票信息。通过新闻媒体、举办听证会或者开放一些会议资料记录等方式,让公众更好地了解理事会的决策过程。但如何保证理事会提供信息的真实、准确和公正,还是需要探讨的问题。其次,允许公众通过正式申请的方式查阅理事会和委员会的具体文件。对欧盟机构运作感兴趣的公众可以申请翻看理事会和委员会的工作记录和正式文件。但哪些资料可以公开哪些仍需保密,公开材料是否有选择性,这些都是需要思考的问题。再次,在全体一致投票机制下,一些理事会会议或会议的某些部分可以向公众开放。公众可以通过申请的方式获得旁听理事会会议的权利。然而,公众是否对颇具专业性的理事会会议感兴趣,以开放促公平的设想能否实现,还未可知。④

　　总之,20世纪90年代,受全球经济和深刻的地缘战略的挑战(冷战的结束以及德国的统一),一体化的复杂性加深,要求进行深刻的制

---

　　① Laura Cram, Desmond Dinan and Neill Nugent (eds.), *Developments in the European Union*, Basingstoke: Macmillan Press LTD., 1999, p. 140.

　　② Ibid., p. 23.

　　③ Ibid., p. 24.

　　④ Ibid., pp. 39-40.

度和决策体制改革以改善欧盟的有效性与合法性。① 特别是,东扩致使欧盟理事会的固有问题更加突出,欧盟政治家对欧盟理事会的诸多方面作出调整,理事会的权力发生很大变化。但理事会的基本属性未变,它仍然是协调成员国和欧盟利益的主要场所。条约变革在欧盟的重要性与日俱增,主要是由于欧洲一体化的政治考虑比从前更多。《单一欧洲法案》通过扩展欧共体的管辖范围并加强超国家机构的职权深化一体化进程,但一体化发展速度过快引起民众的不安,并激起欧洲怀疑论者的情绪。《马斯特里赫特条约》建立货币联盟和政治联盟的尝试,进一步深化了一体化进程,但 1992 年的条约批准危机体现了公众对欧盟现状的不满。相对于《单一欧洲法案》和《马斯特里赫特条约》,《阿姆斯特丹条约》对一体化制度改革的力度较小。

四、民主合法性问题突出

虽然历经三次条约变革,但欧盟的"民主合法性"问题并未得到缓解。欧盟的合法性主要来自欧盟层次直接选举的议会以及成员国民主选举的政府(对本国议会负责)。委托实现的主权让渡用来应对安全或社会—经济相互依存带来的挑战。主权让渡到超国家层面,行使权力的制度体系如何被控制、对谁负责,这些都是急需解决的民主问题。

20 世纪 80 年代,成员国政府、议会和欧洲议会接连不断地批评欧共体正在遭遇"民主合法性赤字"的危机。赋予公民直接选举的欧洲议会更多权力,可以在一定程度上缓解"民主赤字"问题。成员国试图在新的合作程序中赋予欧洲议会"有条件的议题设置权",以扩大其权力②,有条件的议题设置权给欧洲议会首先"展示其立法权力"的机会。《单一欧洲法案》的颁布标志着欧洲的政治精英逐渐授予欧洲议会立法权和影响欧洲政策制定的能力。欧洲层面决策的集中,削弱了成员国议会控制和影响国内相应部门在欧洲政策制定过程中的行为的能力。

在《马斯特里赫特条约》中,多数同意表决机制的扩展促进了欧洲

---

① Ibid., p. 292..

② Jeremy Richardson, *European Union: Power and Policy-making*, London: Routledge, 2006, p. 127.

议会立法权增强。《马斯特里赫特条约》之后,在阿姆斯特丹和尼斯的政府间会议上,成员国政府没有着重协调特定多数表决机制扩展后与欧洲议会之间的关系。[①] 虽然在欧盟决策过程中,欧洲议会的重要性和影响力增强,但是欧洲层面的政党组织仍然是不完善的。欧洲议会没有实施处罚的权力,更不用说撤销权,成员国政府仍然处于欧盟行政系统的核心。只能以积极的方式通过增强政府的控制力弥补欧洲议会的缺陷[②],否则政府失去对国家行政权的有效控制会导致欧盟制度体系中"双重民主赤字"的产生。

欧洲宪法政治结合了两院制立法(反映欧盟双重合法性)和众议院多数同意表决的行政任命。欧盟不仅存在制度型障碍而且无法应对以代表性民主为前提的状况,即仅仅一部宪法不能使民主更加有效。代表性民主的实现需要一个欧洲范围的公共空间、跨国的政治基础设施,如欧洲范围的媒体和跨国的政党体系,使欧洲民众的声音能被听到,这样他们在欧洲议会的代表才能真正发挥作用。欧洲议会成员的政治投票行为受到成员国国内政治的负面影响。在欧盟扩大的情况下,欧洲议会权力的加强不能解决"民主赤字"问题。如果欧洲议会权力被无限扩大,则可能干预欧盟传统的制度平衡并产生消极影响,如给予欧洲议会动议权或建立一个由议会监督的强大的对外委员会。直接选举欧洲议会的合法性,源于影响和控制决策的功能需要,凌驾于民众和国家议会之上。理事会多数投票使国家议会不能单独对集体决策进行有效的民主控制。议会模式是不得已而求其次,欧洲议会发挥民主作用的前提应该是消除所有障碍之后求发展,正如不同的选举系统,政党团体的地位差别和不同的资源标准阻碍了统一政治空间的发展。1975 年,欧

---

① 在通过《尼斯条约》的政府间会议上,共同决策和议会参议并不是关注重点。财政规范、结构基金和团结基金是预算中尤其重要的部分,一些成员国拒绝在这些领域使用共同决策程序。欧洲议会官员对此表示遗憾:"拒绝考虑将已经确定使用多数同意投票机制的问题转向共同决策程序,政府间会议拒绝在阿姆斯特丹取得重大进步的基本机制原则,即在立法过程中,共同决策应该搭配多数表决机制。"

② Stefan Frohlich, *The Difficulties of EU Governance*: *What Way forward for the EU Institutions?*, Frankfurt: Peter Lang, 2004, p. 92.

洲议会获得对预算的否决权力。欧共体理事会和欧洲议会之间争夺预算权,使委员会 1988 年提出的关于欧盟财政前景的动议未被通过。

毫无疑问,共同决策的延伸对于保持主要权力之间的制衡关系至关重要。共同外交与安全、贸易政策、社会政策、税收等领域的控制权都掌握在成员国手中。《宪法条约草案》的规定可能造成权力向德、法、英、意四大国转移,"当欧洲议会或部长理事会通过特定多数表决机制决策时,'多数'由主要成员国构成,它们至少代表欧盟人口的五分之三"。①

第二节 案例分析

在这一阶段选取共同农业政策和通信法令作为案例的主要原因是,二者属于欧盟发展的同一阶段,在颁布《单一欧洲法案》、扩展有效多数表决机制的大背景下,体现出欧盟委员会的权力增加,理事会被削弱。在共同农业政策中,理事会并非自愿将部分权力转让给委员会,而是由于成员国的分歧巨大,以至于它不能胜任在规定时间内确定农作物价格的工作,最终导致委员会"乘虚而入",充分利用其超国家机构的各种优势,夺得了理事会在共同农业政策中的一部分权力。通信领域是委员会权力最大化的突出案例。委员会在不触及成员国底线的情况下颁布具有约束力的通信法令。与共同农业政策不同的是,通信法令是成员国完全自愿将权力授予委员会的,并没有借助理事会"为难"委员会颁布法令。委员会的通信法令为通信领域制定了统一的欧洲标准,并规定开放各成员国的通信市场,这也是单一市场的一部分。

两个政策的制定发生在同一时期,同样是委员会权力增加,超国家性质增强,为何理事会与成员国的表现完全不同呢? 一是成员国在农业产品定价以及对特定农产品补助的问题上长期以来矛盾重重,难以调和,导致理事会决策效率低下,不能在规定时间内及时决策。而各成

---

① "Draft Treaty Establishing a Constitution for European", 13 June and 10 July 2003, Art. I-24, par. 1.

员国尤其是大国出于自身经济利益的考虑,都希望开放通信市场,通信标准长期不统一对各国在通信领域的利益造成损失,成员国希望超国家机构能够发挥作用,制定具有强制力的法令或政策确保这一领域的市场开放、标准统一。二是共同农业政策的"咄咄逼人"致使成员国无力招架,尤其是一些大国为了支持这一政策运行下去不得不背上沉重的财政负担,而通信法令采取"循序渐进"的方式,开始提出一些建议与主张,然后在二十年的时间中,让成员国有充足的时间作准备适应这一法令,调整各国国内相关政策与产业结构,最后实现"共赢"。因此,委员会与成员国代表组成的理事会并非一直是对立与竞争的,在特定时期、特定领域也可以建立合作的伙伴关系。

一、共同农业政策的改革

为了保证有效运转和持续推进,共同农业政策的决策机制不断进行改革。《单一欧洲法案》亦对共同农业政策的决策机制作了调整。

(一)"卢森堡妥协"对共同农业政策的影响

英国希望在 1982～1983 年度 CAP 农产品定价问题上启用"卢森堡妥协",法国历来支持成员国拥有否决权,但这次却主张采用多数投票表决。英国、丹麦和希腊没能达到推翻提案的反对同盟要求,因此1982～1983 年度的农产品定价便以多数投票的方式通过了。1982 年谷物价格确定的意义在于:理事会不仅拒绝了单个成员国提出启用"卢森堡妥协"的要求,而且这还是理事会第一次用多数投票确定 CAP 的年度价格,也是农业部长理事会使用全体一致和"一揽子协议"作为规范的早期决策方法与多数投票成为重要决策程序的分水岭。1985～1986 年 CAP 价格确定的过程中,德国国内强烈反对谷物价格下调1.8%,直到 1985 年 6 月 11 日至 12 日的理事会会议,德国宣布启用"卢森堡妥协",意大利和荷、比、卢三国也同意了德国的做法。"卢森堡妥协"成为成员国反对提案或协议的有效工具。CAP 农产品定价的难度增加了。

(二)《单一欧洲法案》改革共同农业政策的决策机制

《单一欧洲法案》废除了"卢森堡妥协"的规定,农业部长理事会却宣布《单一欧洲法案》的决议不适用于农业领域。在全体一致表决机制下,成员国频繁使用否决票,严重阻碍了 CAP 的正常运作。委员会在CAP 农产品定价问题上因理事会没能在规定时间内通过相应的决议而开始发挥重要作用。1985 年德国否决了谷物价格决议,但最终委员会取代了理事会的职能,确定了谷物的共同价格。委员会是在欧共体权力真空时抓住机会行使权力,理事会内部由于利益争夺产生分裂,但时机尚未成熟,理事会和委员会之间不能重新进行权力分配。但总的来说,委员会的权力相对上升。1987～1988 年 CAP 价格"一揽子协议"的全部内容遭到希腊的反对,德国和爱尔兰不赞成其中的部分内容,理事会最终接受的协议跟委员会最初提案的差别很大。[1] 农业部长理事会没能在农产品定价问题上达成一致,委员会准备单独行动执行整个一揽子协议,其中包括饱受争议的石油征税。理事会希望保留自己的权力,那势必会出现一个或更多成员国反对的情况。委员会进一步干预确定 CAP 价格是在 1988 年 6 月中旬,希腊要求启用"卢森堡妥协",因为涉及它的根本国家利益,并且希望继续采用全体一致表决,进而否决了价格一揽子交易,直到 7 月中旬理事会最终接受了 1988～1989 年的谷物定价。[2] 关了使"拟定的谷物措施"规定合法化,委员会及时提出 1988～1989 年夏市场季确定价格的恰当提案,理事会还是没能按时通过该提案。由于理事会没能按时作出决策,在 1985 年和1988 年农产品定价的问题上,委员会默认使用了这一权力。委员会的权力大大加强,同时理事会的权力被削弱了。委员会在共同体关键领域与理事会共享权力,欧共体的超国家性也相应增加。

尽管理事会保留了确定 CAP 产品价格和制定政策的权力,但很多市场管理方面的事务都由委员会负责。理事会根据主要农产品的类别建立了管理委员会,每个委员会的成员都是来自各成员国的公务员,普通类别的农产品(如牛奶、谷物)价格都是在理事会的监管下由市场安排。在管理委员会的程序下,理事会将权力委托给委员会,委员会必须

---

① "Draft Treaty Establishing a Constitution for European", 13 June and 10 July 2003, Art. I-24, par. 1, p. 311.

② Ibid.

在行动前与管理委员会进行恰当的协商。管理委员会只对各种事务发表看法,不干预委员会的提案内容,但如果理事会在一个月之内对提案表达了消极看法,则可以要求推翻委员会的决策。委员会在投票前接受修正案,理事会主席判断哪些修正案能够满足成员国的需要。管理委员会由委员会农业总司的官员担任主席。对管理委员会程序的控制,加强了 CAP 政策执行过程中农业总司的权力。《单一欧洲法案》将本属于理事会的更多部分权力授予委员会,管理委员会程序延伸到共同体活动的更多领域。在农业和食品领域,尽管 CAP 市场和结构政策的执行方式并未改变,但与食品相关的法律协调权力还是移交给委员会了。

《单一欧洲法案》虽然没能从根本上改变理事会与委员会在农业政策领域的相对地位,但委员会要求增加相关政策领域权力的意愿实现了。委员会在 1988 年农业价格一揽子交易中获得更多农业领域的权力,CAP 农产品定价以市场为导向发展。委员会获得管理农产品市场的权力。那些本属于成员国的权力大部分参考管理委员会的程序行使,在这种"转移"的权力下,没有条款明确规定可以由议会进行监督,也没有提及应与利益集团或政党进行协商。

(三)对该阶段共同农业政策的评价

随着欧共体的扩大,西班牙、葡萄牙和希腊入盟,共同农业政策的花费增加,收益不公平的现象恶化。通过补贴农产品价格,食品价格亦随之增长。英国食品价格在入盟后的十年中增长了 190%。[①] 尽管世界市场商品价格上涨是主要原因,但共同农业政策也要承担一部分责任。

理事会每年都在谷物销售季到来之前规定"最低补贴价格",如果低于这个标准,共同体就会用财政补贴的形式资助各成员国的农民,相反则来年补贴的价格相应下调。由于成员国在谷物价格制定的问题上存在巨大分歧,难以调解,且全体一致表决机制赋予每个成员国否决提

---

① B. Guy Peters and Christian Hunold, *European Politics Reconsidered*, New York and London: Holmes & Meier, 1999, pp. 42-43.

110

案的权力,因此成员国都不想作出让步,决策常常陷入僵持局面。1982年,英国利用全体一致表决机制投票否决了"一揽子交易",除英国之外的其他九国都对提案投了支持票,九国对英国拖延共同农业政策决议的行为极其不满,决定放弃"卢森堡妥协"规定的全体一致表决方式,采用有效多数投票,这一举动印证了"卢森堡妥协"并非法律形式,不具有合法性,各国没有义务遵守。成员国仍然坚持国家利益至上,在理事会内部制度与自身利益相冲突时往往选择背叛超国家制度。九国放弃了全体一致表决机制转而采用有效多数投票,这也为《单一欧洲法案》废除"所有决策领域必须采用全体一致表决"的规定、推广有效多数投票埋下伏笔。

理事会不能在销售季到来之前确定谷物共同价格,使其威信大大降低,信用也受到影响。虽然《单一欧洲法案》着力推动有效多数表决机制适用于各个政策领域,但共同农业政策属于极度敏感的领域,所以尚未采用这一决策方式。《单一欧洲法案》希望加强欧洲议会的权力,却收效不大,欧洲议会在这一阶段作为欧共体的关键立法机构还名不副实。委员会抓住这一权力真空的时机乘虚而入,积极争夺本属于理事会的权力范围,独立行动执行一揽子协议确定谷物价格,并在欧共体范围内贯彻下去。在 CAP 领域,理事会由于内部矛盾斗争导致分裂,权力大大削弱,决策的能力降低,最后只能允许将部分决策权让渡给委员会行使。

影响欧盟农业政策制定的制度因素有:首先,CAP 要求每年重新确定农产品价格,要么维持原有水平,要么委员会利用紧急权力进行干预。而理事会希望尽量避免后一种情况发生。其次,理事会农业部长经常会面、协商,农业部长理事会较容易达成一致。决策的制约因素主要集中在国家层面,多样化的国家政策需要协调。再次,由于理事会自身缺乏行政能力,CAP 必须获得农民的认可方可加强合法性,农业利益集团是政策过程的一部分。

理事会的全体一致表决机制受到有效多数投票机制的挑战。理事会的属性决定其很难达成一致,各国始终最关注本国的国家利益。全体一致削弱了理事会的决策能力与效率,让委员会"钻了空子"。委员会抓住机遇"抢夺"理事会的权力,这在 CAP 决策过程中体现得淋漓尽致。欧洲议会采取直接选举,其重要性增加,但此时还未能真正地与理事会分享立法权,尚不具备与理事会争权的实力。

二、通信政策:最典型的共同体政策超国家化

通信领域的一体化自 20 世纪 80 年代以来逐渐发展起来。

(一)主要机构在通信领域的权力

委员会第四总司的自由化政策主要依据《欧共体条约》第 90 条,这个条款允许委员会推翻由成员国在理事会中已通过的与特别权力相关的(如垄断权)政策措施。[①] 例如,1988 年,委员会发现国家主导的网络运营权力分配违背了共同体条约,于是引用 90 条撤销了这些权力。90 条款允许委员会在没有理事会同意授权的情况下强迫推行自由化措施,给予委员会相当大的自主权。然而,委员会不能在 90 条的基础上在遭到强有力成员国反对的情况下推行自由化措施,忽视成员国的意愿将会削弱委员会的提案权。

90 条和 85 条授予第四总司决定市场供应结构的权力。然而,理事会和第八(通信)总司在竞争型市场转型过程中制定法律时比第四总司发挥更重要的作用。跟转型相关的措施都是理事会而非委员会颁布的。理事会的调节措施表达了成员国之间的政治妥协,理事会还要考虑议会的意见。理事会在界定向竞争型市场转型的法律框架方面发挥着比委员会更重要的作用。

成员国希望委员会将其调节权力扩展到成员国掌控的领域,即委员会作为超国家机构权力扩大不能超越成员国可以接受的底线。国家管制局(NRA)希望成为向竞争型市场转型的主要调节机构。成员国的国家利益和国家管制局的扩张与委员会试图掌控竞争权相冲突。"委员会使理事会在明确的超国家压力之下贯彻调节措施,委员会发起了意义深远的政策讨论,明确阐明自己的态度,却没能兼顾成员国的政

---

① Thomas Kiessling and Y. Blondeel," The EU Regulatory Framework in Telecommunications-A Critical Analysis", *Telecommunications Policy*, 1998.

府间立场。"①通信领域的一体化模式不仅揭示了委员会与成员国之间的合作关系,也夸大了它们之间的冲突程度。

(二)通信领域的自由化过程

自欧共体创建以来,六个创始国就着手探讨在邮政和通信领域进行合作的可能性。1959 年,欧洲邮政与电信会议(CEPT)机制诞生,它对各国的邮政通信部门没有约束力。从 1959 年到 1977 年,欧共体 PTT(邮政、通讯和电报)部长只会面两次。直到 20 世纪 80 年代,通信领域在欧共体层面的合作才取得显著进展。委员会与成员国之间的合作表现为三个阶段:在《单一欧洲法案》之前欧共体引入通信规定(1979~1987 年);1987~1992 年进入有限的自由化与再管制阶段;第三个阶段是欧共体协调机制扩展(1993~2000 年)。②

1979~1987 年间,欧共体在通信规则制定方面迈出第一步。成员国接受了委员会在通信领域作为立法行为体的事实,并且对欧共体通信法令的未来发展达成共识。理事会邀请委员会制定特别提案,委员会向理事会提交了三个相关的指令议案。制定欧共体政策的行为体既包括委员会还包括国家官员。委员会 1980 年提案敦促通信机构统一标准,开放国家通信设备市场,理事会接受了委员会的提案,但是却对这一提案"打了折",通过了毫无约束力的指令(1984 年 11 月)。1983年,委员会提出六项行动纲领,包括 1980 年开放市场目标,增加了改善跨国基础设施和欠发达地区通信设备的内容。

1980 年,理事会通过了"通信行动计划",共同的欧洲标准是国家之间相互承认的前提。③ 在 1988 年《欧共体条约》第 90 条基础上,委员会首次在技术设备领域实施市场自由化的措施。1990 年,委员会在

---

① Schmidt, S. K. , "Sterile Debates and Dubious Generalisations: European Integration Theory Tested by Telecommunications and Electricity", *Journal of Public Policy*, Vol. 16, No. 3, pp. 244-245.

② Mark Thatcher, "The EU Comission and National Governments as Partners: EC Regulatory Expansion in Telecommunications 1979-2000", *Journal of European Public Policy*, Volume 8, Issue 4, August 2001.

③ Ibid. , p. 2.

90 条基础上引入了"自由化法令",除声讯之外的大部分通信部门实现了自由化。然而,尽管 1990 年"服务法令"被合法解释为所有服务部门的自由化,但成员国仍然维持着控制非声讯领域服务部门的垄断权力。[①] 移动通信领域是委员会自由化措施最突出的例子。1990 年"服务法令"涵盖了通信领域自由化,20 世纪 90 年代委员会为保证公平竞争,多次干预成员国移动运营商;1993 年 4 月,委员会提议欧盟内部跨国通信服务部门自由化;同年 7 月,理事会确定 1998 年 1 月 1 日作为所有剩余垄断部门自由化的最后期限,这个日期是成员国共同确定的。[②]

在委员会的努力下,通信领域逐渐统一标准,在超国家层面实施共同通信政策。成员国政府也接受了欧共体法令的扩展。委员会与成员国合作扩展委员会的超国家权力。委员会提出提案,成员国并未阻止其在理事会中获得通过。欧共体法令对成员国具有法律约束力,并且在政策垄断的基础上反对传统的制度框架。当然,委员会与成员国之间除了合作还有分歧。成员国不关心欧共体法令的核心原则,只关心变革的速度和自由化与再管制的程度。冲突不是发生在委员会与成员国政府之间,而是成员国之间存在分歧,成员国支持在一些领域实行更高程度的一体化,却要求限制另一些领域的一体化与再管制。欧共体立法规定与成员国权力的平衡分配是成员国与委员会之间能够和睦相处的重要原因。直到 1992 年,欧共体采取相对温和的行动,成员国保留了大量权力,它们在"保留服务"领域拥有垄断权,控制欧洲 85% 的通信部门。[③]

① Mark Thatcher, "The EU Comission and National Governments as Partners: EC Regulatory Expansion in Telecommunications 1979-2000", *Journal of European Public Policy*, Volume 8, Issue 4, August 2001, p. 7.

② Thomas Kiessling and Y. Blondeel, "The EU Regulatory Framework in Telecommunications-A Critical Analysis", *Telecommunications Policy*, 1998, p. 8.

③ Mark Thatcher, "The EU Comission and National Governments as Partners: EC Regulatory Expansion in Telecommunications 1979-2000", *Journal of European Public Policy*, Volume 8, Issue 4, August 2001, p. 7.

(三)成员国与委员会之间的关系

成员国反对委员会过度干预其国内通信市场的运行,保护本国通信运营商的利益。理事会代表成员国利益的同时,也要推动共同体目标的实现。理事会本应支持委员会采取更加激进的措施克服效率低下的问题,但情况恰恰相反,因为理事会代表了保守的成员国意见。

新功能主义认为,委员会是强有力的超国家政治行为体,即使在面对成员国反对的情况下也追求自己的偏好;政府间主义者却认为委员会仅仅是成员国政府的服务机构。从通信领域一体化可以看出,成员国与委员会合作扩展欧共体法令,对于两者之间的关系,应从如下方面加以认识:①

首先,权力的制度分配与实际政策之间有重要区别。大部分政府间主义者关注对行为体进行权力分配的条约,新功能主义者则倾向于日常政策的制定。在通信领域,委员会和成员国之间在制度分配方面分歧巨大,但它们在实质问题上却往往能达成共识。制度主义者的分析体现了制度设计问题与权力分配问题可能产生严重冲突,影响政策的发展。成员国政府担心条款无限扩展到通信领域之外的部门。相反,在实质政策问题上,委员会和成员国政府能够作为合作伙伴共同完善共同体的法律框架,在有分歧的时候达成各方可以接受的妥协。

其次,委员会与成员国之间并非是谁主导谁的关系。委员会有自己的偏好与方向,但并非我行我素地制定提案,或者将各项政策强加给成员国政府。委员会与成员国是伙伴关系,它们之间有持续频繁的互动,官员之间共事合作。委员会不会盲目违背成员国政府的意愿立法。通信领域是委员会权力扩张的典型案例,委员会颁布共同体法令违反了传统的国家结构,共同体法律框架通过委员会与成员国之间的合作获得发展。

再次,委员会与成员国之间的伙伴关系需要时间来巩固。欧共体

① 成员国与委员会之间的关系参考 Mark Thatcher, "The EU Comission and National Governments as Partners: EC Regulatory Expansion in Telecommunications 1979-2000", *Journal of European Public Policy*, Volume 8, Issue 4, August 2001, pp. 18-19.

在通信领域扩展影响力,是用了超过 20 年的时间逐渐实现的。欧共体法令的完善逐渐减少了委员会与成员国之间的冲突,它在有限领域增加了妥协的可能性,为成员国调整国内政策提供了足够的时间。欧共体法令的扩展是个长期现象,它们可能在委员会与成员国的激烈斗争中被否决,然而,激烈的变革意味着共同体政策需要时间进行评估,委员会与理事会之间的关系特征也需要长期考察。法律草案被否决之后,成员国针对共同政策在国内作出相应调整,便可以获得通过。委员会与成员国及其公共通信管理局在诸多方面开展合作,达成双方都能接受的妥协。共同体法令允许成员国在执行上有较大自主权。许多成员国希望制定共同体的统一政策,以便打开境外市场。

通信领域为委员会与成员国政府之间的合作伙伴关系提供了绝佳案例。成员国政府在委员会之外都有正式或非正式的制度安排,委员会非常在意成员国对通信法令内容的偏好与见解。委员会与成员国政府加强沟通,为发挥共同体调节作用制定详细提案,得到成员国政府的大力支持。

在明知共同体法令的扩展会威胁本国国家主权的情况下,为什么成员国还愿意接受它呢? 首先,国家政策的制定者可能从合作中受益。大国往往在经济领域占据优势,通信领域也不例外。共同体通信法令要求各国开放通信市场,对大国尤其有利。其次,共同体法令可以增强成员国之间的承诺。法令具有法律约束力,违背该法令的国家将会受到其他成员国的联合抵制与惩罚。再次,成员国政府利用欧共体法令作为反击国内反对力量的武器,使其国内统治更具合法性。[①]

第三节　条约改革对欧盟理事会及其成员国的影响

条约与法案的颁布导致投票程序发生根本变化,对欧盟核心机构的运行产生重大影响。

---

① Jeremy Richardson, *European Union: Power and Policy-making*, London: Routledge, 2005, pp. 371-378.

一、条约改革对欧盟主要机构权力的影响

英国首相撒切尔反对赋予 QMV 合法地位,并且不希望确定建立经货联盟的截止日期,以避免国家主权被严重侵蚀,但英国的反对态度并未阻止《单一欧洲法案》的签署与欧洲一体化前进的步伐。《单一欧洲法案》结束了"卢森堡妥协"在决策过程中的垄断地位,积极推广 QMV 在欧共体各个政策领域的使用,提高了理事会的决策效率。《马斯特里赫特条约》是一体化进程的里程碑,是向布鲁塞尔超国家机构授权的重要一步。[①] 新功能主义者宣称《马斯特里赫特条约》是"具有联邦目标向联盟逐步前进的新阶段"。《马斯特里赫特条约》的共同决策程序使欧洲议会与欧盟理事会分享立法权,进一步确立了欧洲议会的法律地位,理事会的核心立法地位受到威胁。由于欧盟不断扩大,理事会中的成员国数量逐渐增加,全体一致的弊端越来越突出,新成员国与老成员国之间在经济水平、政治体制和文化背景等方面差异巨大,寻求共同国家利益的难度也相应增加,成员国在决策过程中运用否决权的次数大大增加,理事会决策效率极大地降低了。因此,废除全体一致表决机制在理事会中的垄断地位势在必行。《马斯特里赫特条约》没能解决"民主赤字"的问题,桑蒂委员会着手起草的推动共同体民主化的提案未能获得通过。[②]

条约签署引入新的决策机制,进而导致共同体超国家层面主要机构之间的关系变化。在合作程序中,理事会要求所有与内部市场、区域发展、社会政策相关的立法提案采用 QMV 决策,而设置二读程序扩大了欧洲议会的影响力。有新功能主义学者指出,合作程序和委员会的权力增加是"外溢效应"的最重要表现。[③] 然而,尽管《单一欧洲法案》

① Van Tartwijk-Novey, Louise, *The European House of Cards: Towards a United States of Europe?*, New York: St. Martin's Press, p. x.

② Mark Spencer Stephens, A Supranational Elite Theory of Neofunctionalist European Integration, PhD Dissertation, The University of Texas at Austin, 2004, p. 248.

③ Tranholm-Mikkelsen, Jeppe, "Neo-Functionalism: Obstinate or Obsolete? A Reappraisal in the Light of the New Dynamism of the EC", *Journal of International Studies*, Vol. 20, No. 1, 1991.

政策制定程序修正案和所谓"狄洛斯影响"存在,但理事会还是保留了最终决策权。欧洲议会的权力增加只局限于某些领域。

二、"委员会制"体系下欧盟理事会与欧盟委员会的关系

在这一时期,理事会与委员会之间的关系成为关键。理事会设计了周密的委员会体系,即"委员会制",召集了"各国专家"对委员会提案发表专业意见。在这些程序下,"委员会制"进行了权力分配。立法者(成员国政府)可以监督委员会的行政执行权,然而,在其他程序下,"委员会制"还利用成员国联合起来向委员会施加压力。"委员会制"体系是理事会,包括咨询、管理和调节委员会。在咨询程序下,委员会有最大限度的自由,尽管需要参考各国专家的意见,但这些意见常被忽视,这个程序适用于共同体竞争政策的大部分领域,如委员会可以决定企业合并和国家对工业的财政支持力度;管理委员会的程序适用于约束最多的共同农业政策,尤其是针对中东欧的援助政策;调节程序是20世纪60年代末发展起来的,用于农业之外的领域,成员国政府希望对委员会施加更多控制权。[①] 管理和调节程序的基本区别与委员会作为理事会"看门人"的作用相关。委员会采用保护措施保障欧盟或成员国的利益,这些程序用于共同商业政策领域,主要是与非欧盟国家签署联合协议。[②] 在特别敏感的领域,理事会掌握执行权。

理事会与委员会之间的关系复杂甚至矛盾。它们在欧盟制度框架内将彼此看作伙伴,互相依赖,同时也是竞争对手,维护不同的利益。它们之间的关系受到多种因素影响,如提案的目标、成员国对提案和委员会的态度、委员会的政治技巧以及政治环境等。理事会扩展自身的内部结构,加强了自身地位并防止委员会权力增加。尽管委员会出席所有的理事会会议,但 Coreper 的准备和过滤功能允许理事会管理自己的政策议题。《单一欧洲法案》承认欧洲理事会和欧洲政治共同体,《马斯特里赫特条约》关于共同外交与安全政策的条款限制了委员会介

---

① Simon Hix, *The Political System of the European Union*, New York: Palgrave Macmillan, 2005.

② Ibid., p. 42

入这一领域。委员会不能完全参与欧盟外交政策制定,虽然得到政治承认,但在谈判过程中其政治地位取决于成员国的态度。[①] 议会有权否决理事会的共同立场(绝对多数),迫使其放弃提案。《欧盟条约》引入调解委员会(conciliation committee)制度以避免理事会和议会就某些提案产生冲突,调解政策经常用于促进理事会和议会达成预算协议。

三、新的三边关系:欧洲议会的权力增加

为了应对"民主赤字"问题,欧洲议会在制度变革中逐渐受到重视。传统的理事会与委员会的双边关系因欧洲议会的介入而变为复杂的三边关系。理事会承认委员会为政策制定提供专业意见,委员会在起草提案阶段考虑成员国国家利益,寻求成员国对提案的支持,以提高理事会接受提案的可能性。委员会参加从工作小组到外交部长层面的所有正式的理事会会议,它旨在推动提案获得通过,但同时根据提案的主题采取灵活的态度。委员会试图在成员国之间进行调解,理事会主席和委员会在寻找针对特定难题的解决方式时密切合作。

狄洛斯出任委员会主席之后,委员会与理事会常务秘书处之间的协商与合作迅速增加。在委员会常务秘书处,有专门处理理事会与委员会关系的特别功能处。它们对所有理事会会议的草案概要负责,为委员会主席准备发言大纲。在《单一欧洲法案》框架下,欧洲议会在共同体政策制定过程中的输入与影响仍然有限。"合作程序"通过赋予议会二读权力而加强了议会的影响力,理事会要与议会频繁和深入地打交道;议会成员关注与理事会之间的关系,同时维持与委员会的传统伙伴关系;理事会主席是理事会与议会之间的桥梁,其对议会的关注多于对个体成员国代表的关注,理事会主席确保议会修正案提交讨论,避免在政策制定过程中被耽误。[②] 议会经常拖延提案的通过以争取更多的讨价还价筹码。议会不能参加理事会会议或者与理事会进行协商。在每一次议会全体成员出席的会议中,有向理事会和委员会的"提问时

---

① Simon Hix, *The Political System of the European Union*, New York: Palgrave Macmillan, 2005, p. 18.

② Ibid., p. 20.

间",但这一时间逐渐缩短,议会成员提出的问题只能由理事会主席回答,但由于理事会主席不具备专业技术知识,所以通常对某些具体问题难以作出令人满意的解答。

共同决策程序由《马斯特里赫特条约》于 1993 年引入,在 1999 年《阿姆斯特丹条约》中得到加强。成员国认为理事会与议会从 1987 年开始的深入合作对共同体政策制定的有效执行益处良多。从 1993 年 11 月到 1995 年 3 月,在共同决策程序中共有 53 个案例,其中 51 个案例达成一致,理事会接受议会修正案的有 14 起,19 起在调解委员会解决。① 共同决策程序的使用没有直接导致理事会与议会的持续对抗;调解是最后使用的程序,理事会和议会都在通过谈判寻找解决方式而非诉诸调解委员会。

《阿姆斯特丹条约》之所以没能收到最初设想的效果,是因为欧盟主要机构平衡的变化极其复杂。首先,欧洲议会不可能获得超越欧盟理事会的权力地位,所有的条约签署与进一步改革都必须经过理事会中成员国政府的谈判。两个机构在共同决策程序下难以取得平等地位。其次,欧洲议会没有意愿取代欧盟委员会的提案权。提案权的变化将会造成制度平衡的极大改变,如果议会掌握了提案权,委员会就成了"空架子",这对于同是超国家机构的议会而言完全没有必要。议会和委员会两个机构本质上是"同盟"关系,在各种政策领域拥有相同或相似的立场与态度,且欧洲议会要从根本上改变工作结构也不现实。因此,委员会拥有议程设置权、理事会与议会分享立法权的机构分工更容易被接受。②

四、条约改革对成员国的影响

20 世纪 80 年代至 90 年代,经济发展是所有成员国的首要关注点,经济复苏带来的经济增长与就业增加是成员国的共同利益。建立

---

① Simon Hix, *The Political System of the European Union*, New York: Palgrave Macmillan, 2005, p. 23.

② Michael Nentwich and Gerda Falkner, "The Treaty of Amsterdam: Towards a New Institutional Balance", *European Integration online Papers*(*EIoP*), Vol. 1, 1997, pp. 15-16.

经货联盟(EMU)和政治联盟是 90 年代初的主要议题。实现建立 EMU 的目标必须要克服英国和丹麦的障碍，而且要面临 1992 年 9 月汇率机制的波动。[①] 1991～1993 年间，理事会经历了不稳定的时期。许多成员国政府被国内事务高得焦头烂额，成员国国内政治发生变化，如德国统一的压力、意大利的政治危机、法国和西班牙社会党政府的支持率下降、爱尔兰公民丧失投票信心。理事会的部长们在政府间会议议程设定以及讨论问题的广度与深度上存在竞争。尽管法德关系继续保持原来的状态，但法国对德国的约束越来越少；意大利为国内事务所困扰；英国发现它在货币危机期间的政府间会议上被围攻，没能融入共同体的主流讨论中；丹麦就《马斯特里赫特条约》进行全民公决。成员国开始为货币危机寻找替罪羊，委员会成为被抨击的主要目标。

　　理事会依赖委员会在政策提案初始阶段努力寻找成员国建立伙伴关系的基础与共同点。然而，出于维护重要国家利益的目的，国家通过理事会框架制约委员会的野心。《单一欧洲法案》的执行使理事会与议会之间的关系得到发展，通过合作程序或共同决策程序，在一些政策提案上达成非正式的妥协，但成员国仍不愿意承认议会的权力。[②] 此外，成员国的政府首脑借机从各国国内的官僚机构、政党以及利益集团中获得极大的自主权。共同体政策不能与其关键领域的利益分割开来是法国支持共同体的前提；德国则将欧洲一体化看作推动两德统一的契机。

　　虽然《马斯特里赫特条约》在主权共享方面又前进了一大步，但成员国可以自由退出条约并保留最终否决权。"所有国家根据本国宪法条款签署条约，并且条约不能超越国家宪法，除非宪法本身改变。事实上，共同体法律必须由成员国法院执行，而成员国法院不能违反国家宪法。"[③]"共同体并非国家权力的替代物，而是治理的另一层面，国家创

　　① Helen Wallace, "The Council and the Commission on the Brink of Maastricht", *Annals of the American Academy of Political and Social Science*, Vol. 531, p. 26.

　　② Ibid., pp. 32-33.

　　③ A. J. R. Groom, *The European Community in Context*, Australian Foreign Policy Publications Programme, ANU, Canberra, 1992, p. 20.

造出来并由国家自己管理。"[1]"共同体……是超越联邦主义或者政府间主义进程的创新合作框架。"[2]

① Hugh Miall, *Shaping the New Europe*, Royal Institute of International Affairs and Pinter Publishers, London, 1993, p. 54.

② A. J. R. Groom, *The European Community in Context*, Australian Foreign Policy Publications Programme, ANU, Canberra, 1992, p. 7.

第五章 欧盟理事会权力的新发展
（2000 年至今）

　　《阿姆斯特丹条约》签订以来，欧洲一体化的外部环境发生剧烈变化，直接导致理事会投票机制以及票数比例分配作出重大调整，理事会的权力面临巨大挑战。

第一节　欧盟理事会权力的新发展

　　欧盟的历次扩大，尤其是向中东欧国家的"东扩"，是欧洲一体化向前发展的重要举措。随着欧盟向东扩展，诸多前苏联成员国被吸纳进来，这些国家在经济水平、政治制度还有文化历史等方面与欧盟原有成员国存在巨大差异。因此，"东扩"给欧盟治理带来了诸多问题。随着大批新成员国的加入，理事会原有的投票表决机制已经不能适应新的变化，新老成员国之间的国家利益差别很大，全体一致决策框架下，新法案的通过愈发困难。原有的票数比例分配对新加入的小国很有利，老成员中的大国表示不满，因此需要按照成员国人口占欧盟总人口的比例重新分配票数。有效多数表决机制的适用范围越来越广泛，但随着新成员数量增加，它们之间的利益与价值观相近，与老成员之间存在许多矛盾，因此新成员在理事会中组成反对联盟阻碍决议达成的可能性也增加了。理事会决策的效率降低，其权力面临新的挑战。但扩大是一把"双刃剑"，它在带来挑战的同时也为理事会内部机制改革提供了契机。由于欧盟扩大引发的诸多问题在理事会现有的机制框架下已经无法解决,即使是理事会内部的保守派也不得不同意对现有机制进行改革。"共同决策机制"引入后,欧洲议会确立了与理事会分享立法权的合法地位,委员会作为超国家机构也逐渐找到了自己的定位:一方面,多年来逐渐扩大自己的权力与影响力,垄断了动议权,并主导欧盟竞争政策;另一方面,尽可能避免与理事会争夺超国家权力的行为,逐步尝试与理事会在多个领域开展合作。

一、欧盟理事会机制变革的历史背景

1958 年《罗马条约》确立了协商程序,委员会拥有有效的议程设置权。这个程序要求在理事会采用 QMV 将提案变成法律,但在实践中只能通过全体一致进行修订。1986 年《单一欧洲法案》确立了合作程序,在《马斯特里赫特条约》的框架下,合作程序获得推广。现在这个程序适用于包括社会政策、区域基金的执行以及环境问题在内的诸多领域。协商程序与合作程序之间最大的差别是议程设置权在委员会和议会之间分享。合作程序增加了议会的权力,但并没有延缓一体化的发展速度。委员会和议会的立法权由于 1992 年《马斯特里赫特条约》签署引入共同决策程序而被削弱。虽然议会有权无条件否决理事会的提案,但否决权却不可能轻易使用。

戴高乐时期的法国政府坚持在影响法国利益的领域掌握否决权。在 1966 年"卢森堡妥协"中国家否决权被其他成员国政府作为决策的普遍原则广泛接受。"卢森堡妥协"产生了深远的影响,理事会成员国政府及其代表必须全体一致通过才能修改《欧共体条约》。在《罗马条约》中,委员会垄断了提案权,但却无权使提案避开欧共体决策议程。理事会可以全体一致表决修订所有委员会的提案,这就削弱了委员会的权力。同意程序由《单一欧洲法案》引入,在《马斯特里赫特条约》中得到修正,它要求委员会提案在理事会全体一致决策,但若要成为法律必须由欧洲议会多数通过,适用于新成员入盟、预算等议题。然而,议会对理事会决策否决权的引入是脱离"卢森堡妥协"朝纯粹政府间主义发展的重要一步。在实践中,议会不太可能使用否决权,因为理事会的一半措施都倾向于维持现状、反对改革。

协商程序适用于《罗马条约》规定的大部分政策领域,内部市场和经货联盟除外。理事会的成员国根据人口分配投票权,理事会若要修改委员会提案必须采用全体一致表决。由于提案不能被理事会的单个成员国否决,委员会在协商程序中比"卢森堡妥协"时的权力更大。在欧盟,至少有三个最大成员国联合起来才能阻止提案变成法律,如果小国反对委员会的议程,则只能依靠联合更多成员国组成反对同盟。协商程序通过理事会和委员会之间分享权力脱离了纯粹的政府间主义属性。议会可以在委员会提案提交理事会之前表达自己的观点,但没有任何约束力。

在合作程序中议会作为"有条件的议程设置者"发挥建设性作用,因为它可以修订理事会的共同立场。如果议会修正案被委员会接受,新提案返回理事会,采用 QMV 通过提案或者全体一致修正提案。委员会与议会的联盟可以强迫理事会按它们的意愿决策。理事会被迫在委员会与议会的提案和保持现状之间作出选择。

共同决策程序扩展了合作程序,将议会拉回到立法程序中。如果议会否决了理事会的共同立场或者不接受理事会对共同立场的修正案,则调解委员会的作用就凸显出来。调解委员会由理事会所有成员以及来自议会同等数量的代表组成。调解委员会的任务是在理事会采用 QMV 和在议会采用绝对多数方式通过联合文本。如果议会接受了理事会的"共同立场",则"共同立场"就成为法律,否则法案搁置。

共同决策程序、合作程序和协商程序有三个重要区别。[①] 首先,委员会对立法结果的影响大不如前。委员会的提案确定之后,欧盟法令对理事会和议会改变立法的能力未加限制。其次,议会在共同决策程序中被赋予了无条件的否决权。乍一看,这体现了议会的权力增加,然而,在大多数情况下,议会很少否决理事会的决策。最后,在共同决策程序下,有效的议程设置权赋予了理事会而非委员会或者议会。

"合作程序"(Cooperation Procedure)(Art. 252,TEC)与"共同决

① Robert Thomson,and Madeleine Hosli," Who Has Power in the EU? The Commission, Council and Parliament in the Legislative Decision-making", *Journal of Market Studies*, Vol. 44, No. 2, 2006, p. 232.

策程序"(Co-Decision Procedure)的使用使欧洲议会与欧盟委员会之间的关系经历了实质性的改变。欧洲议会试图与欧盟委员会建立同盟关系。相对于共同决策程序中议会与理事会的关系,欧洲议会更多地依赖于委员会中较为"友好的"委员,委员会在与议会的关系中明显处于优势。欧洲议会与委员会官员之间的关系在合作程序中被视为互助互惠。在共同决策程序中,委员会委员发挥的作用更加有限,可以从其二读欧洲议会法案的权力中体现。在合作过程中,欧洲议会能否合并其修正案以获得委员会的支持是其权力能否有效行使的关键。在共同决策过程中,委员会可能表达对欧洲议会修正案的态度,但是理事会和欧洲议会可以不被委员会的看法所左右。条约明确规定[1],协调欧洲议会与理事会之间的关系是委员会的主要任务之一,在条约中没有规定委员会在行政管理层面被代表。但是在实践中,委员会经常由其相关委员代表,代表委员会履行职能的官员有:欧盟委员会各总司(DG)的负责人、负责起草提案的官员、委员会秘书长。[2]

共同决策程序下,如果在没有修正的情况下欧洲议会和欧盟理事会采纳了一个提案,则法律在这一阶段就获得通过了;如果理事会接受了所有欧洲议会的修正案,则法律获得通过;如果理事会不能接受欧洲议会的所有修正案,欧洲议会必须形成共同立场,以修正委员会文本的形式对提案表达自己的立场。共同决策程序 I(见《马斯特里赫特条约》)规定,如果欧洲议会决定修改共同立场,委员会在重新提交理事会法案之前决定是否接受或拒绝欧洲议会的修正案;而欧洲议会如果否决委员会的提案必须明确陈述原因。共同决策程序 II(见《马斯特里赫特条约》)规定,如果调解委员会没能在规定时间内提出共同文本,在三读程序中,理事会可以选择有效多数表决程序重申其共同立场,除非欧

---

[1] Co-Decision Procedure, Art. 251(4), TEC, 1992.

[2] G. F. Schaefer(ed.), *Governance by Committee*, *the Role of Committees in European Policy-Making and Policy Implementation*, Final Report for the European Commission, 2002, p. 55.

洲议会以绝对多数投票反对,否则理事会的共同立场便能通过成为法律。① 欧盟委员会、欧盟理事会和欧洲议会三方协调工作非常困难,尽管三方对话会议没有正式条约的规定,也没有体现在欧盟机制的程序规则中,但在协调工作的准备阶段三方会议的重要作用还是凸显了出来。

共同决策的引入使欧洲议会、委员会秘书及其在委员会(理事会)中的对应部门之间的关系明显改善。② 欧洲议会试图打破欧盟体系中权力共享的结构,委员会对欧洲议会负责,议会设法扩大其正式的权力范围,对委员会主席任命投票表决,可以对即将上任的新委员进行审查,并且在委员会任命前进行二次投票。普罗迪表示,任何失去议会支持的委员会委员都有可能被要求辞职。欧洲议会与欧盟委员会之间的平衡至关重要,两个机制的属性相似,因为它们都不直接反映国家政府的利益,且两个机制都在决策过程中发挥独立作用。一般认为,加强欧盟委员会和欧洲议会是强化欧盟的"超国家特性",它们不直接被成员国的行政机构控制。数年来,它们之间的关系在决策过程中是竞争与合作并存。

总之,在最初准备阶段,欧盟委员会在官僚体系层次发挥积极的领导作用;委员会在理事会、议会正式决策阶段的作用是消极的,主要任务是维护其原始提案。欧盟理事会是正式决策阶段的主导机构。欧洲议会在执行和管理阶段较为消极,主要在正式决策阶段发挥作用。在第二阶段议会日益与理事会通过共同决策过程的互动发挥作用。理事会中经常形成政策联盟。英国和丹麦最看重主权,是最不支持欧洲一体化的国家。荷、比、卢三国以及奥地利通常与德国一起在大部分问题领域加速一体化步伐。欧洲南部成员和爱尔兰分享来自经济发展及政治领域的政策偏好。委员会的委员由各国政府任命,任期四年。政府

---

① Simon Hix, *The Political System of the European Union*, New York: St. Martin's Press, 2005, p. 102.

② Herwig C. H. Hofmann and Alexander H. Turk, *EU Administrative Governance*, MA: Edward Elgar, 2006, pp. 54-56.

选择自己的心腹作为委员,不再任命那些不按照其利益行事的委员。但事实上,委员并未完全按照自己国家政府的利益行事。尽管欧洲议会成员是在成员国国内通过选举直接选出来的,但他们不对选民负责。[①]

二、欧盟东扩促使条约改革

欧盟东扩之后出现的新趋势是,一些成员国根据共同关注的问题以及相似的政策立场组成政策联盟,支持有利于自身的共同政策。如1995年欧盟扩大之后,德国、荷兰、比利时、卢森堡、丹麦以及一些新成员国(瑞典、奥地利和芬兰)倾向于实施更严格的环境政策。斯堪的纳维亚国家(瑞典、丹麦和芬兰)在社会政策和征税方面持有相似立场。[②]但通常是,新成员国由于历史原因,加上地理位置等因素,在很多政策领域拥有共同利益,这成为它们合作的基础。[③]

成员国通过全体一致表决机制决定它们是否愿意将自己的部分主权让渡给欧盟,以及是否授予欧盟新的权力。[④]《尼斯条约》扩展了QMV的使用范围。现在,贸易谈判、签证问题以及移民政策、欧盟贫困地区结构花费等都使用 QMV 表决,原来实行全体一致决定的内部市场与社会规则领域也采用 QMV 决策,议会在这些领域的权力增加。[⑤] 全体一致仍然用于税收、社会安全以及共同外交与安全和司法与内务领域,还适用于文化和音像问题、公民健康和教育、防御与军事

① Herwig C. H. Hofmann and Alexander H. Turk, *EU Administrative Governance*, MA: Edward Elgar, 2006, pp. 298-299.

② Hosli, M., Coalitions and Power: "Effects of Qualified Majority Voting in the Council of the European Union", *Journal of Common Market Studies*, Vol. 34.

③ G. Michael Winkler, "Coalition-Sensitive Voting Power in the Council of Ministers: The Case of Eastern Enlargement", *Journal of Common Market Studies*, Vol. 36, No. 3, 1998, p. 399.

④ Bernard Steunenberg, "Enlargement and Institutional Reform in the European Union: Separate or Connected Issues?" *Constitutional Political Economy*, Vol. 12, 2001, p. 355.

⑤ Bruno De Witte, "Anticipating the Institutional Consequences of Expanded Membership of the European Union", *Internaitonal Political Science Review*, Vol. 23, No. 3, 2002, p. 236.

领域。①

然而,最主要的改变并非投票规则,而是票数比重的重新安排。票数比重是成员在投票总数中占据的比例。1973年以后票数比重分配的方式一直未变,尽管欧盟先后经历了三次扩大。结果是,票数分配只是在新成员加入时按照原有规定给予新成员相当比例的票数。东扩之后,欧盟决定改变这一体系。在《尼斯条约》之前,小国相对于它们的人口比例享受更多的票数,大国则情况相反。②《尼斯条约》之后票数比例发生改变,投票权数量分配更好地反映了人口规模。票数比例重新分配降低了扩大的成本,减少了各方的权力损失,对现有成员国而言更容易接受。《尼斯条约》试图增强理事会的决策能力,委员会和议会的权力间接遭到削弱。

欧盟扩大能使成员国维持甚至改变现有的权力地位,是机制改革的强大推动力。如果现有的成员国因为共同体扩大而失去了权力,则引入更多有效多数表决机制是对此进行补偿的一种方式。损失也不是公平分配的,对大国的影响比小国要多。③欧共体建立初期,法德两国几乎掌握了一半的票数,在诸多领域开展合作,而1986~1994年间法德联盟的影响力降到四分之一,2004年东扩之后降低到大约23%。④在欧盟东扩之前,大国并没有对投票权力分配提出过多异议,原因是为了打消候选国的顾虑,减轻新成员国担心欧盟是大国说了算的恐惧。但在东扩结束后,小国在理事会中的投票权力大大增加,大国要求在理

---

① Yener Kandogan,"Power Analysis of the Nice Treaty on the Future of European Integration", *Applied Economics*, Vol. 37, Issue 10, 2005, p. 7.

② Jonathan Rodden, "Strength in Numbers? Representation and Redistricution in the European Union", *European Union Politics*, Vol. 3, No. 2, 2002, p. 152.

③ Bernard Steunenberg, "Enlargement and Institutional Reform in the European Union: Separate or Connected Issues?" *Constitutional Political Economy*, Vol. 12, 2001, p. 362.

④ Madeleine O. Hosli, "Power, Connected Coalitions, and Efficiency: Challenges to the Council of the European Union", *International Political Science Review*, Vol. 20, No. 4, 1999, p. 379.

事会决策过程中重新分配投票权①,《尼斯条约》作出了相应调整。

尼斯政府间会议之后机制改革问题提上欧盟的议事日程,机制调整的目的是使新成员国尽快融入联盟机制而不是为了使体系运作更加有效。爱尔兰全民公决失败后,增强欧盟的合法性成为关注的重点。机制的有效性与合法性是当前欧盟改革急需解决的主要问题。欧盟合法性的理论研究包括输入民主和输出民主两个方面,前者关注欧盟超国家机制框架,欧洲公民多大程度上认同它;后者关注理性共同利益,欧盟的合法性建立在欧洲公民可以获利的政策基础上。此外,各成员国政治阶层参与超国家决策过程的程度不同。成员国政治精英(包括反对党)参与欧盟各项工作,影响各个国家与欧盟相关的行政决策。他们可以通过由成员国议会代表组成的欧洲议会发挥影响力,并通过对成员国政府施加政治影响力在欧盟治理上发挥作用。

欧盟治理结构发生了重要变革。但毋庸置疑,在"高级政治"领域仍然是"卢森堡妥协"发挥主要作用,在条约改革和新成员入盟等问题上,仍然采用全体一致决策,委员会和议会的权力极其有限。到现在为止,有关欧盟演变阶段的条约修订主要由主权国家之间的现实政治状况决定。欧盟日常事务的管理与"卢森堡妥协"程序的不同体现在两个方面:理事会中的有效多数投票;委员会和议会在立法进程中有重要影响。在不同的决策程序中,理事会与其他欧盟机构之间的关系各异,QMV 的投票结果也产生变化。

欧盟扩大导致理事会内部机构关系调整,常设代表委员会和理事会工作小组的构成与职能都发生了变化。理事会的代表总数在不到三年的时间里几乎翻倍。杰弗瑞·里维斯(Jeffrey Lewis)提出疑问,常设代表委员会是否还能"在拥有 27 个甚至更多成员国的欧盟发挥同样作用"?② 在 2000 年的政府间会议上,来自欧盟成员国和候选国的代

① Matti Wiberg, "New Winners and Old Losers: A Priori Voting Power in the EU25, Center for European Integration Studies", *Discussion Paper* C149, 2005, p. 14.

② Jeffrey Lewis, "National Interests: Coreper", in John Peterson and Michael Shackleton (eds.), *The Institutions of the European Union*, Oxford: Oxford University Press, 2002, p. 295.

表、政治学家和公众讨论指出,欧盟制度、决策程序以及指导方针都需要广泛且深入的改革,这是欧盟东扩的前提。[①] 2004 年 10 个新成员国入盟,导致欧盟大部分机制(尤其是理事会)的功能受到严重影响。欧盟理事会的立法数量从 1999~2003 年每个主席任职期间的 93 件下降到欧盟扩大之后的 67 件[②],但这并非完全是欧盟扩大导致的,也跟委员会为了避免法规泛滥而减少向理事会提交的提案数量有关。由于扩大之前与之后的机制改革及时,2004 年欧盟扩大之后,在理事会投票过程中,尽管理事会全体一致投票的立法占 29%,但通过率高达 90%。新成员国并未像之前预想的那样反对理事会决议,从 2004~2006 年弃权票比例比扩大之前还低。2001~2003 年间反对票和弃权票超过 16%,2004~2005 年间这一数字低于 16%,2006 年只有 16.9%。[③] 因此,认为新成员国投票反对或者弃权比老成员国更多的说法是错误的。新成员国入盟并未影响理事会的决策进度。一方面,理事会投票表决的次数减少,成员国对委员会提交理事会的法案在进入表决程序之前达成一致意见;另一方面,委员会和理事会主席努力促成所有代表之间达成一致,不管是采用全体一致还是有效多数投票。[④] 相对而言,原来采用全体一致表决的政策领域在欧盟东扩之后决策采纳率下降。而原本就采用有效多数表决通过的领域(或超国家性较强的政策领域),东扩带来的影响则相对较小。例如,共同农业政策、司法与内务、共同外交与安全政策等领域一直采用全体一致表决,2004 年伊始,该类政策

① Jakob Lempp and Janko Altenschmidt, "Suprantionalization through Socialization in the Council of the European Union", European Union Studies Association (EUSA), Biennial Conference, 2007 (10th), May 17-19, 2007, pages 20, Montreal, Canada. p. 2.

② http://consilium. europa. eu/cms3 _ fo/showPage. asp? id-551&lang = en, 5. 5. 2007.

③ Fiona Hayes-Renshaw, Wim van Aken and Helen S. Wallace, " When and Why the EU Council of Ministers Votes Explicitly", Journal of Common Market Studies, Vol. 44, No. 1, 2007, p. 183.

④ Bruno De Witte, " Anticipating the Institutional Consequences of Expanded Membership of the European Union", Interaaitonal Political Science Review, Vol. 23, No. 3, 2002, p. 242.

的通过率大幅下降;而环境、交通与通信等领域由于一直采用 QMV 表决,因此受欧盟东扩影响不大。①

三、欧盟理事会内部仍然存在的问题

欧盟扩大直接导致成员国数量增加,联盟行动范围扩大,同时也会造成理事会效率降低,如不及时采取措施,将导致理事会运行缓慢。欧盟理事会内部存在的问题有②:

第一,总理事会的协调能力下降。

总理事会之所以存在,一是协调和连贯的需要。理事会行动和联盟政策连贯性之间的协调需要足够的时间以便对相关事宜进行讨论,其主要任务是负责欧洲理事会会议的准备工作。二是处理非部门事务的需要。部长论坛通常需要讨论与联盟组织和行动有关的事务,如上面提到的准备欧洲理事会会议,既不属于对外工作也不是欧洲货币金融事务,而是处理与其他机制之间的关系,此外还包括修订条约的政府间会议或是新成员入盟的问题。三是仲裁的需要。欧盟理事会部门之间的持续分歧,需要理事会发挥仲裁者的作用,以协调部门之间的关系。③

外交事务部长发现横向事务的协调日益困难。这些困难产生的原因有④:首先,外交部长没有时间处理纷繁复杂的具体事务,理事会的许多细节性问题不归他们负责。外交部长紧密的时间表被联盟对外关系事务所占据。其次,外交部长们没有精力处理联盟的日常事务。总理事会的横向议题不再吸引外交部长的注意力,他们更关注外交政策和防务安全领域。再次,外交部长在本国没有约束其他部长的权力。共同体活动不再被看作是外交性质的活动。在本国政府中,除了外交

① Sara Hagemann and Julia De Clerck-Sachsse, "Decision-Making in the Enlarged Council of Ministers: Evaluating the Facts", *Center for European Policy Studies*, No. 119, Jan. 2007, p. 7.

② 关于欧盟理事会内部存在的问题,可参考 Stefan Frohlich, *The Difficulties of EU Governance: What Way forward for the EU Institutions?*, Frankfurt: Peter Lang, 2004.

③ Trumpf-Piris Report, 10. 03. 1999, Nr: 2139/99, pp. 23-24.

④ Ibid, p. 23.

政策事务,外交部长没有仲裁的权力,他们亦不能享受凌驾于其他机构之上的政治权力,也没有对财政、司法、内务或农业事务的干预权。

《马斯特里赫特条约》签订后,总理事会协调作用进一步弱化。理事会虽然在共同外交与安全和司法与内务领域负有责任,但其权力构成发生变化。经济财政部长理事会的作用加强。多年来制定经济、货币和财政政策的权力一直掌握在成员国手中。《欧洲联盟条约》是一个转折点,使经济财政部长理事会在处理与经货联盟相关的问题上拥有特殊作用。经济财政部长理事会日益参与到经济和财政领域的所有决策,包括影响其他政策领域。

第二,常设代表委员会被削弱。

常设代表委员会由在布鲁塞尔工作的全职专家组成,近年来,常设委员会的作用减弱。由于联盟权力范围的扩大及工作小组数量的激增,常设委员会不再负责解决所有日常事务。一些联盟新的权力范围所涉及领域的具体技术属性导致高层次专门委员会的权力增大,高层次专门委员会的委员绕过常设代表委员会直接对其主管部长负责。常设代表委员会的协调能力弱化和被侵蚀,虽然目前还没有表现出明显的消极影响,但它的有效性随着总理事会的功能衰竭和联盟扩大而面临危险。[①] 共同商业政策委员会和共同农业政策特别委员会存在已久,经货联盟经济与财政委员会、共同外交与安全政策政治委员会、就业委员会等都是依据条约建立的,这些独立部门的工作协调和政策持续性都存在问题。

第三,与主席作用相关的问题日益突出。

六个月轮值主席的优点是,把成员国置于平等地位,给予每个成员国影响联盟事务的机会。这一政策由于政治控制的单一性,使整个共同体的运作更加连贯。由于每个轮值主席国在任期间都有自己的执政特色,从而使轮值主席制度不断创新。

这种六个月轮值主席的制度体系本身既有优点,也有缺点。主席

---

① Stefan Frohlich, *The Difficulties of EU Governance: What Way forward for the EU Institutions?*, Frankfurt: Peter Lang, 2004, p.63.

的工作增加导致了理事会及其预备部门协调和组织功能的削弱,原因有①:首先,这与主席的任期短暂有关。联盟成员每六个月就要面对一个新主席,一旦成员国行政制度发生变化,根本无力应对,准备工作常常不足。六个月轮值主席制度对理事会工作尤其对委员会及其工作团队的持续性造成很大的阻碍。技术专家处理特定领域的议题可能需要六个月以上的时间,主席制度在一定程度上被认为是浪费的和无效的。其次,主席制度的重要性增加,成员国之间的竞争导致办事效率低下。六个月任期结束的压力可能导致决策发生转变或是不良法案增加。政府首脑力图对主席制度予以创新并进行改革,以呈现强烈的个人色彩。最后,轮值主席制度损害对外代表的效率与可信性,模糊其对外形象,尤其表现在共同外交与安全事务领域。条约把主要权力赋予主席,第三国对欧盟轮值主席的关注程度取决于哪个国家担任主席国。

这些问题早在欧盟只有 15 个成员国时就已存在,欧盟扩大后变得更加严重,不仅对主席协调工作形成更大挑战,而且新加入成员以小国为主,行政机构相对欠发达,对共同体机制缺乏经验。此外,由于成员国数量增加,每个成员国轮值一次主席要 12~13 年,这意味着成员国不可能从前次轮值经历中获得任何好处。如果主席继续尝试通过制定特殊优先议题的方式来使其任期更加精彩的方法,最终会导致破坏持续性、连贯性进而影响联盟政策。② 此外,在理事会担任主席的政府首脑承担特殊的工作内容,如以个人身份召开会议,其工作常常呈现出强烈的个人色彩。③

四、欧盟理事会内部机制的调整

针对欧盟理事会内部机构存在的问题,相应的调整措施包括:④

---

① 原因参考 Stefan Frohlich, *The Difficulties of EU Governance: What Way forward for the EU Institutions?*, Frankfurt: Peter Lang, 2004, p. 61。

② The Council Secretary-General Report to the Goteborg European Council, June, 2001, pp. 11-12.

③ Stefan Frohlich, *The Difficulties of EU Governance: What Way forward for the EU Institutions?*, Frankfurt: Peter Lang, 2004, p. 62.

④ 调整措施参考 Stefan Frohlich, *The Difficulties of EU Governance: What Way forward for the EU Institutions?*, Frankfurt: Peter Lang, 2004。

第一,与部长理事会相关的改革

法国前总理利奥内尔·若斯潘提出应该建立一个永久负有协调责任的独立理事会,由副总理级别的官员组成,这些成员在本国国内政府负责协调与欧洲相关的事务。常设代表委员会分为两部分:一部分负责对外关系与安全问题,另一部分是共同体事务。一些成员国反对这种强调外交部长地位的形式,它们认为任何巩固外交部长地位的解决方法都忽视了外交部长借外交事务主导决策和协调欧盟政策的能力与目的。根据大部分提案,一个新的常设代表委员会对建立和掌控联盟政治议题负责,协调部长理事会工作,准备欧洲理事会会议,与欧洲议会一起参与共同决策,监督新的共同体法律的质量。另一方面,它也有权力限制或选择优先讨论的议题。然而,这可能导致布鲁塞尔官僚精英的产生,使成员国失去控制力。理事会的权力构成是复杂的,它根据成员的偏好制定不同提案。一个有实权的总理事会拥有仲裁权,欧洲事务高级部长的任命增强了成员国处理欧洲事务的能力。由副总理担任理事会成员的提案遭到否决,原因是这个提案干涉了成员国的内部管理,与它们的宪法规定相悖,同时也导致其他问题产生。政府首脑负责处理属于国家主权范围内的事务(对外关系、防务、司法和内部事务),增设一个副总理的职位意味着它会与政府首脑产生竞争,在一些国家,如负责农业、财政、劳务的高级部长本身不能接受政府首脑之外任何人的领导。

第二,改革轮值主席机制

即加强合作,改善轮值主席国之间由于过渡产生的连贯问题。前一任主席在任期内要为继任主席接替工作作准备,两个主席要尽可能在更多问题领域达成一致。Trumpf-Piris 报告建议将部门的工作计划延伸到前后两个六个月任期,以保证工作的持续性和连贯性。通过建立正式的理事会副主席机构,减轻理事会主席的工作任务,在具体工作中协助主席找到妥协的方法和替代措施,对下一任主席布置任务(与持续性原则一致)。有政治家在赫尔辛基欧洲理事会上建议,在任主席临近卸任时,应指导下一任主席在某些工作领域取代主席行使权力,既分担行政压力,又增强理事会工作的持续性。加强理事会秘书长的作用以更好地协助主席工作。秘书长参与主席决策。在主席的领导下,秘书长协助他发挥"良好部门"的功能。欧盟扩大后,秘书长负责准备并公布作为理事会谈判基础的"具体且细致"的文件内容。[①]

限制主席的作用。"架空"主席的部分权力,回归到以前的简单的任职状态,主席根据委员会设定的议程在无法妥协的情况下进行仲裁。共同外交与安全政策高级代表的产生就是朝这个方向努力。如果以这种方式限制主席的野心,可以在一定程度上弥补轮值主席的制度缺陷,这就必须削减主席主持理事会会议的权限。这种选择有利于保障工作的更大持续性,保证任务的更加理性的分配,减少主席的行政负担,从而维持促进轮值制度发展的政治动力。六个月一次轮值的制度尚未完善,经济和财政委员会及政策委员会仍没有能力改变这一制度。[②] 六个月轮值的理事会主席保留其政治责任,负责监督组织工作,特定部门在工作协调方面发挥重要作用(第一常设代表委员会和第二常设代表委员会等)。

设立部门主席。理事会按照一定的标准被划分出许多部门,每个部门都由南和北、东和西、穷和富的各成员国政府组成,每个部门主席任期两或三年。扩大后的欧盟依赖于成员国之间的紧密合作,简化理事会决策程序。这种方法给予理事会更多领导权,并且能够满足各成员国不必经过漫长等待便可执掌权力的要求。通过以组织部门为基础的主席数量多样化,可以消除六个月任期的缺陷。一国可以做主管教育事务的主席三年,同时另一国做主管农业政策的主席三年。某国首脑负责文化事务,经济财政事务被另一国官员掌握,外交与安全事务则由第三国主导。然而,这种设计的理念是将主席的领导权分割,但在实践中很难做到,不仅易造成各个部门职权扩张进而要求独立,还会导致理事会工作协调变得困难,部门之间"各自为政",考虑问题的出发点多是本部门的利益,不会从宏观角度制定政策,难以保证决策质量。

---

① The Council Secretary-General Report to the Goteborg European Council, June, 2001, pp. 11-12.

② Trumpf-Piris Report, 10. 03. 1999, Nr: 2139/99, p. 86.

第二节　案例分析

　　欧盟东扩候选国大多是以农业为主要经济支柱的国家,是受 CAP 补贴的对象。欧盟东扩对 CAP 产生的影响有:首先,新成员国更加关注农业问题,老成员国也不肯放弃对农业政策的决策权,因此,全体一致仍然是 CAP 的主要决策方式。其次,新老成员国农业经济发展水平的差距甚大,老成员国要为新入盟国家的农业发展买单,这使得原来就已经因 CAP 而负担沉重的老成员国更加不堪重负,纷纷要求对 CAP 进行制度改革。再次,欧盟东扩使得共同农业政策又一次成为各成员国的聚焦点,因此理事会牢牢抓住这一政策的决策权,委员会和议会的发挥空间受限。在这一阶段,由于新加入的成员国与一些老成员国将环境问题放在优先位置,CAP 的制定也越来越关注环境问题。环境领域的政策原本属于成员国国内管辖,但随着欧盟的扩大与深化,环境问题逐渐成为所有成员国的共同关注。新成员国入盟本应对共同环境政策产生消极影响,因为与 CAP 相似,新加入国家多是环境状况较差且没有能力支付更多资金改善环境的,但由于欧盟制度革新及时,政策灵活性增加,环境政策并没有像 CAP 那样在理事会中采用全体一致,而是采用 QMV 表决方式,东扩并未对理事会环境政策的决策产生太大影响。一般来说,大部分案例中授权给欧盟委员会的都是涉及技术领域问题的,而那些有关利益冲突的政治议题,成员国在理事会中难以就这类敏感议题达成共识。欧盟环境政策属于前者,而共同农业政策属于后者。[①]

一、回归政府间决策的共同农业政策

　　CAP 的制定是主要行为体之间讨价还价的过程,主要行为体不是

---

　　① Herwig C. H. Hofmann and Alexander H. Turk, *EU Administrative Governance*, London: Edward Elgar, 2007, p. 118.

生产者、纳税人和消费者,而是成员国。① CAP 仍然是欧盟公共政策领域最重要的案例②,它对欧盟成员国的经济与环境以及农业出口国家的经济都有重要影响③。

(一)共同农业政策的决策过程及制度基础

欧盟委员会和农业部长理事会在 CAP 决策过程中发挥重要作用。委员会的委员有提案权。如果理事会拒绝了提案,委员会需要(与理事会合作)起草新的提案直到最终达成妥协。理事会成员维护其国内利益,因为部长们的政治前途最终由国内选举决定。委员会的管辖权取决于欧盟决策的制度结构,即理事会采用的投票程序和外部环境的变化。

决策过程分为两个阶段。在第一阶段,国家政府选择最有利于它们的政策;在第二阶段,欧盟层面的最终价格支持水平取决于欧盟理事会成员国政府的共同决策及委员会与理事会之间的互动。CAP 的制度结构对欧盟共同干预价格的选择有影响,理事会全体一致表决方式容易形成维持现状的政策协议。政治与制度变革对委员会及其对 CAP 的态度有影响。欧盟扩大可以改变委员会的构成以及 CAP 对制度的依附程度。奥地利的农业委员费舍尔(Franz Fischler)支持推广有利于生态发展的小规模农业。委员会环境总司越来越多地关注现代农业和 CAP 对出口价格进行补偿引发的环境问题。④

由于欧洲议会权力有限,它对农业问题的影响受到限制。《马斯特里赫特条约》给予欧洲议会共同决策的新权力,在具体政策领域采用 QMV 投票修改或拒绝立法,但这一权力并未扩展到 CAP 的决策过

① Heather Field, "EU Politics, Eastwards Enlargement and CAP Reform", *Contemporary European Studies*, 2006, p. 257.

② Jyrki Niemi and Jukka Kola, "Renationalization of the Common Agricultural Policy: Mission Impossible?", *International Food and Agribusiness Management Review*, Vol. 8, Issue 4, 2005.

③ Heather Field, "EU Politics, Eastwards Enlargement and CAP Reform", *Contemporary European Studies*, 2006, p. 256.

④ Ibid. p. 259.

程。欧洲议会通过多种因素对农业利益产生影响。欧洲议会的议员从属于成员国的国家议会,制约国家政党,控制它们在欧洲议会中的代表权。无论哪个政党执政,英国政府都对 CAP 持坚决反对的立场,但英国驻欧洲议会代表议员则可能出于自身的农业利益或者农村选民的利益的考虑而支持 CAP。①

(二)成员国自下而上影响共同农业政策的制定

在欧盟层面,成员国农业和农民利益集团由农业组织委员会(COPA)代表,COPA 影响着欧盟层面农业政策的发展,并与欧盟委员会和欧洲议会保持密切联系。当收到农业提案时,委员会与 COPA 进行协商。然而,COPA 仍然是个相对较小的代表处,农业规模和结构限制了它对农业政策的影响力。除了 COPA,还有百余个欧盟层面的农业利益集团。

成员国对 CAP 的立场受到诸如国家利益、农业投票规模、执政党对农业的影响以及农业利益集团对农业部和政府的影响等因素制约。菲尔德和富尔顿指出,政府中的政党如何变化以及它们在选举中的立场可以影响德国政府对 CAP 的态度。② CAP 对两个最重要的欧盟成员国——法国和德国的国内政治和经济有重要影响。德国通过 CAP 价格支持和财政转移有助于基社盟和自由民主党联合少数派作为占多数的基民盟联合政府的合作伙伴,而法国却将 CAP 作为总统选举的重要砝码。

从政策制定的更广泛的制度背景看,利益集团的游说作用不可忽视。以成员国为单位的利益集团在欧盟理事会和欧盟委员会进行游说,不断要求制定符合本国特定集团利益的政策,利益集团对本国的部

---

① Heather Field, "EU Politics Eastwards Enlargement ang CAP Reform", *Contemporary European studies*, 2006, p. 250.

② Field, H., and Fulton, M., "Germany and the CAP: A Bargaining Model of EC Agricultural Policy Formation, *American Journal of Agricultural Economics*, Vol. 76, 1994.

长们施加压力,希望欧盟共同政策能够为自己谋福利。[①] 相对于其他利益集团而言,各成员国的农业利益集团力量强大,在各国国内根基稳固且较为成熟,是影响各国决策的强大力量(尤其是法、德),CAP 政策制定过程呈现出政府间主义的色彩。

(三)欧盟东扩与共同农业政策改革

欧盟东扩之后,由于参与 CAP 决策的国家数量增加,新成员国多依赖农业作为主要收入来源。CAP 不仅与国家经济利益密切相关,还与欧盟农民的集体利益相关。主要成员国法国和德国国内政治变革对农业政策的变化有重要影响。将 CAP 扩展到中东欧国家以及入盟之前缩减 CAP 的适用范围,都是事关欧盟东扩成败的关键问题。现有的制度安排以及理事会中的票数分配增加了它们对决策的影响力,有利于它们形成反对联盟。[②] 新成员国抱怨"委员会和议会在理解新成员国特殊困难和提供必要帮助方面总是晚了一步"以及"共同体规定不能充分适应特定市场的新环境。"[③]

全球贸易发展的大趋势使农业部长理事会意识到必须融入这个进程中才能使欧盟整体获益。农业贸易作为全球贸易的重要组成部分,CAP 改革迫在眉睫。[④] 欧盟农业经济与农产品在国际市场上竞争力较弱,并逐渐引发经济危机,危机越严重则改革内容越接近实质。[⑤] "麦

① Jeffrey Harrop, *The Political Economy of Integration in the European Union*, London: Edward Elgar Publishing, 1999, p. 97.

② Heather Field, "EU Politics, Eastwards Enlargement and CAP Reform", *Contemporary European Studies*, 2006.

③ Edward Best and Pierpaolo Settembri, "Surviving Enlargement: How has the Council Managed?", paper presented to the EUSA Tenth Biennial Internatitonal Conference, Montreal, 17-19 May 2007.

④ Jyrki Niemi and Jukka Kola, "Renationalization of the Common Agricultural Policy: Mission Impossible", *International Food and Agribusiness Management Review*, Vol. 8, Issue 4, 2005.

⑤ Carsten Daugbjerg and Alan Swinbank, "The Politics of CAP Reform: Trade Negotiations, Institutional Settings and Blame Avoidance", *Journal of Common Market Studies*, Vol. 45, No. 1, 2007, p. 3.

克萨里改革"主要在四个方面对 CAP 进行改革[①]：将农产品价格降低至更接近世界市场价格；直接补贴农民收入；物品储备计划；引入新的援助计划推动乡村发展，保护环境，退耕还林。"费舍尔计划"是对"麦克萨里改革"的扩展。"费合尔计划"提出 CAP 从价格支持政策转变为收入支持政策。在"麦克萨里改革"和"费舍尔计划"的基础上，农业产品价格日益由市场来确定。通过转向直接进行收入支持，再分配的功能变得极为重要。公共项目由税收资助取代了向消费者要高价，建立补贴低收入农民的机制。CAP 在实施过程中暴露出农业生产的市场失灵。环境破坏和乡村地区欠发展都是农业市场交易"消极外部性"的体现，在提供农业产品的过程中，"信息不对称"，消费者缺乏有关食品质量与安全方面的信息。"议程 2000"试图为欧盟扩大铺路，确保欧盟达到乌拉圭回合协议农业规定的标准，减少 CAP 预算的压力。此次改革不像之前采纳的措施那样范围广泛，也没有欧盟委员会 1997 年提出的改革提案触及实质。但"议程 2000"是从 1999～2006 年关于欧盟财政、农业问题的有效提案，最为关注的是欧盟向中东欧扩大引发的预算问题。新加入国家在接受欧盟一系列要求达到最低质量标准的规定与规则方面较为困难。[②]

比较"麦克萨里改革"、"议程 2000"和"费舍尔计划"，"麦克萨里改革"改变了 CAP 的结构，从价格支持转变为补贴收入。一方面防止主要成员国对 CAP 价格补贴"无底洞"式的投入，降低了 CAP 的成本，缓解了预算压力；另一方面增加农民收入，改善农民福利，还有利于稳定新加入国家的国内社会秩序。"议程 2000"的改革提案照搬"麦克萨里改革"的模板，进一步降低干预价格，增加直接支付作为补偿。如果某国农民没能达到需要补贴的标准，则成员国可以降低直接支付水平以重新在成员国分配欧盟预算资金。CAP 改革的目标是将对农产品的

---

① Simon Hix，*The Political System of the European Union*，New York：St. Martin's Press，1999，pp. 252-256.

② Carsten Daugbjerg and Alan Swinbank，"The Politics of CAP Reform：Trade Negotiations，Institutional Settings and Blame Avoidance"，*Journal of Common Market Studies*，Vol. 45，No. 1，2007.

关注转移到对农民的援助上来。"议程 2000"的改革可以被理解为"麦克萨里改革"的深化,是对现有政策机制的调整而非改变。"议程2000"确保欧盟达到 GATT 乌拉圭回合协议中农业规定的标准,同时降低 CAP 的预算压力。"费舍尔计划"是对政策机制的改变,直接援助转变为新的单一支付计划(SPS)。[1] "议程 2000"是对现有政策机制的调整,"麦克萨里改革"和"费舍尔计划"是政策机制的转变。[2] 三项改革都带有明显的政府间属性,其中"麦克萨里改革"和"费舍尔计划"是由农业部长理事会推动实行的,而"议程 2000"则是由欧洲理事会负责。

(四)共同农业政策体现的机构间关系

农业政策是由农业部长、委员会农业官员与欧洲层面农民利益集团"铁三角"共同制定,跟 CAP 相关的机构间关系为[3]:

第一,农业部长理事会至少每月会面一次,欧洲议会的作用被限制在 CAP 协商程序中。农业部长来自农民支持的政党,代表农村地区,农业部长理事会的工作与农业特别委员会配合,农业特别委员会的官员来自国家农业部,常设委员会成员是职业外交官。财政部长只干预涉及 CAP 财政的主要问题。政府首脑在欧洲理事会中只负责就"一揽子"改革的内容开展谈判。

第二,农业利益因委员会管理 CAP 而受到保护。农业委员负责起草 CAP 改革提案并执行改革措施,农业部长通常是来自农业国家,或是来自与农业利益密切相关的政党。农业总司是委员会的最大总司,较少听取消费者、环境和经济事务总司的意见。各部门都是由专家组

---

① Cunha,A.,"A Role for Direct Payments? The Doha Round,EU Enlargement and Prospects for CAP Reform",in Swinbank,A. and Tranter,R.(eds.),*A Bond Scheme for Common Agricultural Policy Reform*,Wallingford:CABI Publishing,2004.

② Carsten Daugbjerg and Alan Swinbank,"The Politics of CAP Reform:Trade Negotiations,Institutional Settings and Blame Avoidance",*Journal of Common Market Studies*,Vol. 45,No. 1,2007,p. 9.

③ 机构间关系参考 Simon Hix,*The Political System of the European Union*,New York:St. Martin's Press,2005,pp. 285-288。

成,专家大部分由国家农业部长任命并对他们负责。

第三,在大多数国家,农民联盟与农业部长之间的关系密切,以确保农民在制定国家农业政策方面发挥核心作用。在欧洲层面,农业组织资源最丰富,职员配备最充足,是所有超国家部门协会组织最完善的。然而,社会、经济和政治变化削弱了农业利益集团的权力。20世纪90年代以来,国家经济体制中的农业地位发生剧烈变化,成员国从事农业的劳动力比例迅速下降,农业收入占成员国国家收入的百分比也相应减少。外部压力为CAP改革创造了新的动力,然而,东扩使欧盟农业土地和农业劳动力数量大幅增加。若没有改革的支持,欧盟扩大会使共同体财政面临破产的风险。农业部长们更倾向于延缓扩大进程以保护自身利益,但这并不是他们所能左右的。农业部长理事会是负责共同农业政策改革的主要机构,"农业部长理事会像是专门为农业服务的理事会,而不只是农业部长参加的理事会会议而已。"[①]

现在的CAP由理事会与委员会共同发挥作用。欧洲议会对CAP的作用极其有限,它通过各成员国在欧洲议会的议员表达自己的利益和看法,但议员的双重身份使其常常陷入两难境地。成员国国内政治也常常成为影响CAP的重要因素,CAP有时成为政治选举的重要筹码。外部因素也不容忽视,全球化经济迅速发展,在加入GATT的乌拉圭谈判中,也要求CAP政策进行改革。欧盟东扩后新加入的国家多是农业经济占主导的国家。它们的加入给CAP带来巨大的财政负担,老成员国也不愿意继续为新成员国的农业发展买单。

二、欧盟环境政策:东扩后较成功的共同体政策

欧盟"不是一个民族国家,却制定了比任何一个民族国家更积极的环境政策"[②]。许多学者预言,欧盟扩大将会延缓甚至阻碍欧盟环境政

---

① Swinbank, A., "The CAP Decision-making Process", in Ritson, C. and Harvey, D. (eds.), *The Common Agricultural Policy*, Wallingford: CAB International, 1997, pp. 63-64.

② Jordan, A. J., "The Implementation of EC Environmental Policy: A Policy Problem without a Political Solution?", Environment and Planning C, *Government and Policy*, Vol. 17, No. 1, 1999, p. 69.

策的发展。① 环境政策的社会要求降低、环境组织力量薄弱以及行政能力差造成新成员国的环境政策差强人意;弱政策加上低 GDP 水平导致新成员国在欧盟决策过程中选择"落后的"立场。由于欧盟层面的制度改革不能充分应对新形势,因此欧盟新法案的通过将会减速。② 面对这些情况,从以前的扩大过程中吸取教训,对于欧盟环境政策的制定来说有深刻的影响。③

(一)新成员国的环境状况

新成员国的环境状况普遍较差。1989 年之前,由于重工业的发展和依赖褐煤作为主要能源,空气污染是北部地区(捷克、波兰和前东德)的主要问题。所有中东欧国家都存在水污染的难题。随着社会经济进步以及环境政策的推行,环境恶化的状况得到一定缓解。20 世纪 90 年代初期,中东欧国家政府和公共舆论高度关注环境问题。1992 年之后,公众对环境质量的关注度下降④,主要原因是 90 年代的环境状况得到改善,欧盟开始尝试在环境问题上采取共同行动。在中东欧国家,跨国公司比本土公司更加关注环境问题。跨国公司大多加入了将环境问题视为重要议程的欧洲商业协会,主张发展节约型技术。20 世纪 90 年代欧盟新的出口市场迫使中东欧国家接受高标准的环境指标。中东欧国家入盟后将面临比它们之前更高的环境要求。来自西欧的跨国公司进入中东欧国家之后,为这些国家的本土企业设置了更高的环境标

---

① S. Qilkinson, C. Monkhouse and D. Baldock, *The Future of EU Environment Policy: Challenge&Opportunities. A special report for the All-party Parliamentary Environment Group.* London: Institute European Environmental Policy, 2004.

② Jon Birger Skjarseth and Jorgen Wettestad, "EU Enlargement and Environmental Policy: The Bright Side", The Fridtjof Nansen Institute, *FNI Report* 14/2006, p. 1.

③ Schreurs, M., "Environmental Protection in an Expanding European Community: Lessons from Past Accessions", in Special Issue: EU Enlargement and the Environment: Institutional Change and Environmental Policy in Central and Eastern Europe, *Environmental Politics*, Vol. 13, No. 1, pp. 27-52.

④ Homeyer, I., "Differential Effects of Enlargement on EU Environmental Governance", in Special Issue: EU Enlargement and Environment: Institutional Change and Environmental Policy in Central and Eastern Europe, *Environmental Politics*, Vol. 13, No. 1, pp. 52-77.

准。在欧盟东扩的背景下，新成员国面临本国环境差、环境保护组织弱的状况，中东欧国家政府主管环境的部门人员匮乏，缺少经过专门训练的专业人员。老成员国将污染严重的工业部门转移到新成员国，成为新成员国环境恶化的一个主要原因。

（二）新成员国入盟后的共同体环境政策

有学者认为，新成员国将会协调彼此的立场，组成环境政策的"拖后腿"集团，阻碍新法律通过或者施加压力要求降低环境标准。然而，成员国都希望主导环境政策的发展方向。德国一直是欧盟环境政策的领导者，但20世纪90年代以来，德国在制定环境"指令"时的主导作用逐渐发生改变。中东欧国家与欧盟谈判时将经济增长与入盟作为压倒一切的目标，对环境政策并没有清楚的利益界定。入盟之后，新成员国有更多资源和政治机会追求自身利益，根据成本—收益组成联盟。[①]尽管服从欧盟环境标准对中东欧成员国来说会有预期500～800亿欧元的支出，占据它们GOP的2%～3%，但对新成员国而言，到2020年在健康、资源和生态体系方面的收益预期有1300～6810亿欧元。[②]

环境政策的制定在理事会中采用有效多数表决通过。即使中东欧新成员国出于各种原因组成反对环境政策联盟，试图阻止理事会通过环境法案，但由于新成员国在各种具体问题上的价值和利益多样化，难以统一立场，因此反对联盟很难形成气候。

（三）制度变革对环境政策的影响

欧盟委员会与成员国对于环境政策有各自的想法。欧盟委员会一直希望进入环境政策的核心领域，而成员国则是将采纳《环境法》作为

---

① Jehlicka, P. and Tickle, "Environmental Policy and EU Enlargement: A State-Centered Approach", in S. Crisen and J. Carmin(eds.), *EU Enlargement and Environmental Quality: Central and Eastern Europe & Beyond*, conference proceedings, Aug. 2002, Woodrow Wilson International Center for Scholars.

② Jon Birger Skjarseth and Jorgen Wettestad, "EU Enlargement and Environmental Policy: The Bright Side", The Fridtjof Nansen Institute, *FNI Report* 14/2006, p. 8.

贸易壁垒保护本国的经济。① 欧盟与传统机制不同的，是通过 QMV
采纳法律无须成员国的批准。在欧盟，也会出现传统环境合作中"最没
有热情的行为体"对合作形成挑战，这被称为"共同决策陷阱"，将会阻
止欧盟推行必要的改革措施。② 然而，欧盟采取一系列制度安排避免
这种困境发生，如 1987 年的《单一欧洲法案》、1993 年的《马斯特里赫
特条约》、1999 年的《阿姆斯特丹条约》和 2003 年的《尼斯条约》，尤其
是《单一欧洲法案》在环境政策领域给予委员会更多的权力。1992 年
之前，委员会以及成员国环境部长是该领域的主要推动力，1992 年之
后欧洲议会成为了主要动力之一。环境领域与农业领域紧密相关，农
业是导致环境问题产生的原因之一，但欧盟委员会中的环境总司不如
农业总司强。环境保护渗透到其他政策中，农业总司中有专门的环境
部门。③ 虽然欧盟委员会在环境政策形成过程中发挥积极作用，但政
策主要还是由国家机构而非欧盟委员会执行，欧盟委员会有监督欧盟
环境政策在成员国具体执行的权力。成员国是环境政策的主要执行
者，并非一体化弱势的体现，而是政府间机构与超国家机构分工合作的
突出表现。1995 年，倡导环境保护的三个国家（奥地利、芬兰和瑞典）
加入欧盟，环境政策的制定并非朝着预期方向发展，作为环境政策领导
者的德国在理事会中的影响力削弱。④ 欧洲议会比欧盟理事会和欧盟
委员会更加支持环境保护，在合作与共同决策程序下，委员会和理事会
不得不考虑欧洲议会的意见。

自《单一欧洲法案》之后，理事会中 QMV 的引入和扩展被视为应
对"拖后腿"国家的有效形式。在《阿姆斯特丹条约》引入"共同决策"程
序作为环境立法的标准程序之后，理事会不再是法律提案的唯一决定

① Helen Wallace and William Wallace, *Policy-Making in the European Union*, Oxford: Oxford University Press, 2000, p. 296.

② Scharpf, F. W., The Joint Decision Trap: Lessons from Gernan Federalism and European Integration, *Public Administration*, Vol. 66, No. 3, 1988, pp. 239-278.

③ Helen Wallace and William Wallace, *Policy-Making in the European Union*, Oxford: Oxford University Press, 2000, p. 299.

④ Ibid., p. 301.

者。欧洲议会是欧盟机构中最注重环保的机构，迫使成员国政府接受更严格的环境政策标准。但欧洲议会开始越来越多地关注经济增长和竞争事务，而且新成员国占据了议会选举中部分席位，原来主张环保的国家席位减少。委员会在欧盟环境政策的制定与执行上发挥主要作用①，被视为"一体化的发动机"，其议程设置权对于增加环保领导者对欧盟环境决策的影响力至关重要。委员会吸纳成员国官员作为委员、委员会增强调节能力、欧盟决策分工导致不同总司之间竞争、利用专家及其他资源影响政策制定等因素，都对欧盟环境政策产生影响。② 总之，欧洲议会是最支持环境政策高标准的欧盟机构；委员会积极推动共同环境政策的制定与执行：在理事会中，德国在一些绿色国家的支持下推动环境领域的政策与"指令"通过。

新成员国在入盟初期主要忙于适应欧盟法律，降低了它们支持和采纳新法律的能力和意愿。然而，由于其他成员国可以拒绝引进不符合本国要求的产品，以出口为导向的中东欧国家有动力服从生产标准。③ 欧盟通常采取"强迫执行"和"经济援助"相结合的方式推广环境政策。一方面，成员国被强制要求遵守环境政策，否则将要受到其他成员国制裁；另一方面，老成员国对欧盟新成员国在环境保护方面进行援助，到 2006 年为止，援助金额高达 80 亿欧元。④

欧洲环境机构（EEA）的评估显示，欧盟制度在广度和深度上都推行影响深远的环境政策，通过了大概 300 个有关环境的规定、法令和决策，但欧洲环境质量却在恶化。成员国具体部门和相关团体在推行环

---

① Mark Kesselman, Joel Krieger, *European Politics in Transition*, Boston and New York: Houghton Mifflin Company, 2006, p. 73.

② Wurzel, R. *Environmental Policy-making in Britain, Germany and the European Union*, Manchester: Manchester University Press, 2006.

③ Homeyer, I. "Differential Effects of Enlargement on EU Environmental Governance", in Special Issue: EU Enlargement and the Environment: Institutional Change and Environmental Policy in Central and Eastern Europe, *Environmental Politics*, Vo. 13, No. 1, pp. 52-77.

④ Tallberg, J., "Paths to Compliance: Enforcement, Management, and the European Union", *International Organization*, Vol. 56, No. 3, 2002, pp. 609-643.

境法令的过程中执行和监管不力是主要原因。

担任理事会轮值主席的国家致力于解决与本国利益相关的问题，CAP 改革的压力和动力来自欧盟扩大前的候选国。环境政策在 20 世纪 80 年代开始提上日程，并得到欧洲议会的大力支持，与经济一体化诸多领域密切相关。《单一欧洲法案》和《马斯特里赫特条约》为环境政策提供了坚实的法律基础。《马斯特里赫特条约》推动跟环境问题相关的事务与单一市场挂钩并采用 QMV，《阿姆斯特丹条约》扩展了环境政策的有效多数投票的适用范围。[①] CAP 和环境政策是受到欧盟东扩冲击最大的政策领域。它们作为同一时期的欧盟超国家政策，都受到欧盟东扩的影响，共同农业政策从第三阶段在理事会中部分决策使用多数同意表决退回到全体一致表决，而环境政策采用 QMV；共同农业政策通过的决策数量在欧盟扩大后急剧下降，环境政策决策受到欧盟扩大的影响较小。新加入成员国大多是以农业经济为主的国家，且农业发展水平较低，因此从共同农业政策获得的财政补助增加，老成员国的负担更重了。新老成员国在共同农业政策问题上的矛盾随着欧盟扩大而升级。新老成员国都不愿意放弃对这一政策的话语权，欧盟委员会在共同农业政策问题上的影响力大不如前。欧盟环境政策采取施加压力与增加补贴相结合的方式。由于许多老成员国的跨国公司在新成员国国内投资，它们通常把经济投资或者产品出口与环境问题挂钩，对新成员国施压，要求新成员国接受更高标准的环境政策，但同时也增加对新成员国的环境保护资金援助，有利于新成员国取得长期的经济收益。随着共同决策程序的推广，欧洲议会在理事会决策过程中的影响力增加。但在 CAP 的决策过程中，成员国都希望掌握决策主导权，不愿意与欧洲议会分享权力，议会发挥作用的能力有限。欧洲议会是最关注环境保护的欧盟机构，但随着新成员国逐渐占有越来越多的议会席位，欧洲议会推广环保的努力也逐渐力不从心了。

作为同一阶段的欧盟共同政策，为什么理事会要牢牢抓住制定共

---

① Jeffrey Harrop, *The Political Economy of Integration in the European Union*, London: Edward Elgar, 2000, pp. 314-315.

同农业政策的主导权,而环境政策却能在委员会的领导下取得进展?无论是共同农业政策还是环境政策,都是大国买单,两个政策的推广和发展都使大国的负担加重。但共同农业政策的实质是拿富裕国家的钱补贴贫穷成员国,无论是之前的补贴农产品还是改革后的对农民直接进行补助,对富裕国家而言,成本大于收益,有些国家甚至是纯贡献国。而环境的改善对欧盟所有成员国都有益处,且富裕国家可以通过在相对贫穷国家投资环境产业的方式一举两得,既能帮助改善环境又能换来经济效益。在共同环境政策颁布后,如果一些国家严格遵守了高标准的环境保护规定,而另一些国家却违反了这些规定,根据环境污染的特性,遵守规则的成员国将会遭受巨大损失,所以欧盟委员会这种超国家机构的监督执行工作就变得尤为重要。因此,两个政策在欧盟东扩之后呈现出截然不同的效果。CAP 从第三阶段的委员会夺得一部分决策权,到现阶段的理事会收回决策权力,成员国寻求不增加自身负担的合理解决方式;而环境政策则利用委员会等超国家机构的优势,根据各国具体的环境状况,"因国而异",宏观调控。

第三节 新时期欧盟理事会、欧盟委员会与欧洲议会之间的权力斗争

欧盟扩大作为欧洲机制变革的外部环境至关重要。东扩吸纳进来的前苏联加盟共和国在很多方面都与欧盟老成员国存在巨大差异,理事会成员翻倍,成员国利益更趋多元化,理事会通过决议的速度降低,新老成员国之间的矛盾升级。在这种背景下,理事会不得不进行改革。理事会内部机制的改革涉及投票表决机制、成员国投票比例分配以及决策程序等方面。小国为单元代表权作斗争,大国倾向于采纳以人口规模为基础的代表权。欧共体成立之初,大国尤其是德国明确牺牲了在欧盟决策机制中的部分投票权以实现它们对一体化的承诺,减轻小国的恐惧。欧盟扩大使代表权朝着对小国有利的方向发展。但尼斯峰会改革激起了小国的恐慌与不满,在理事会中关于票数分配比例的争论经常破坏协议达成。

一、欧盟主要机构之间的权力关系

欧盟理事会、欧盟委员会和欧洲议会在政策制定的不同阶段发挥不同的作用。在政策的准备阶段,欧盟委员会发挥积极作用,而在正式决策阶段其主要任务是保护原创提案得以通过。委员会可以参加理事会的各种会议,但它在理事会中没有决策权力。欧盟理事会是正式决策阶段的主要机构,欧洲议会在特定程序下与理事会分享立法权。欧洲议会在政策准备阶段作用甚微,在政策执行和管理阶段也不如理事会重要。[①] 欧盟理事会与欧洲议会的权力是以欧盟委员会为代价逐步增强的。在欧盟机制核心"第一支柱"之外的政府间合作加强,票数权重也作了相应调整。[②]

(一)欧盟理事会与欧盟委员会之间的关系及遭受的批评

欧盟委员会所有的重要职务(包括委员会主席、秘书长、副秘书长和其他常务成员等)一经任命,委员会就成了独立的行为体。委员会与理事会之间存在"汇报关系",理事会布置任务给委员会,并检查其执行情况。与委员会对比,理事会如今是欧盟活动合法性的主要来源,改变了传统的程序特征和制度平衡。

成员国愿意把管理权授予欧盟委员会的主要原因有:首先,成员国政府需要某个欧盟机构提供立法观念。欧盟委员会拥有资深的技术专家和丰富的信息优势,由委员会提出联盟的提案能够降低立法成本和减少决策时间。由统一的机构综合考虑各成员国的利益诉求提交提案,可以从宏观视角提出大部分国家政府能够接受的议案。其次,一旦法案获得批准,就需要特定的机构执行法律。成员国内部的政治结构复杂多变,欧盟法律即使获得通过,能否有效执行仍是个难题。委员会作为一个相对中立的机构,地位超然,能够协调各方多样化的要求,推动决策的执行。再次,将提案权与执行权授予特定超国家机构的另一

---

① Herwig C. H. Hofmann and Alexander H. Turk, *EU Administrative Governance*, London:Edward Elgar, 2007, p. 16.

② Andrew Moravcsk, "The European Constitutional Settlement", *World Economy*, Vol. 31, Issue 1, January 2008, pp. 158-183.

动力是成员国政府希望在国内选举中获胜。相对于将行政权授予欧盟委员会带来的长期影响，成员国政府更加关注它们的决策对选举是否有帮助、能否获得利益集团支持。当政策受到国内民众欢迎的时候，它们就以加入欧盟为荣，将功劳独揽；而当政策受到负面评价、民众怨声载道的时候，它们就将所有责任推卸给欧盟委员会。①

欧盟理事会授权给欧盟委员会以及理事会允许委员会自由行事的程度，在不同政策领域是有变化的，受到诸多因素的影响，如成员国之间政策分歧的程度、特定领域的专业信息水平等。在成员国政府偏好相似、需要高水平专业性的领域，成员国政府倾向于授权给欧盟委员会而非它们自己的行政机构，在政策执行过程中赋予欧盟委员会更多自主权。相反，当成员国政府政策偏好差别很大或不需要太多专业技巧的领域，成员国政府更倾向于将执行权授予国家行政机构或在"委员会制"程序框架下授权给权力受限的委员会。② 例如，成员国政府在共同农业政策问题上分歧很大，由于农业领域专业性强，共同农业政策的执行权被赋予欧盟委员会。委员会在执行农业政策的过程中常常偏离成员国政府的设计初衷，因此引入"委员会制"程序限制委员会的自主权。

加强欧盟的政府间属性和委员会权力被削弱的发展趋势遭到很多批评。这一方面与以全体一致为基础的决策方式的缺点相关，另一方面与共同体方法的特殊性和理事会的工作性质有关。首先，政府间合作导致决策者犹豫不决和能力不足。如欧盟缺乏能够快速对巴尔干战争作出反应的机制或方法，在共同社会经济政策缺乏的情况下欧盟市场继续低估欧元的作用，至于公共健康和环境、持续的食品危机和《京都议定书》的顺利执行等，又都需要欧盟的共同行动。

第二，绕过委员会直接赋予理事会权力导致普通民众对欧盟"不理解"，也导致了机构的无效。众所周知，这个问题跟共同外交与安全政策高级代表相关。实际上权力重叠的问题在成员国努力创建由理事会

---

① Simon Hix, *The Political System of the European Union*, Basingstoke: Palgrave Macmillan, 1999, p. 63.

② Ibid. , p. 66.

授予行政权的机构时尤为突出,进而对联盟快速连贯的运作产生障碍。集合欧盟理事会主席与委员会主席于一人,能够使协调超国家和政府间合法性机制取得平衡。考虑到现在的一体化水平,单一主席将其忠诚置于成员国的政治代表之上,但这样会使委员会降级成为从属机构。当欧盟一体化达到了政治联盟的水平时,两个主席的职能就可以合二为一了。

第三,加强欧盟的超国家性,与欧盟独立公正的机制中独一无二的动议权和控制提案权的实施相关,委员会在成员国不同利益者和少数群体利益保护者之间发挥协调作用。欧盟扩大之后,这个特殊作用变得更加重要,不仅仅在多数投票背景下有效,也在弱势成员国不得不跟随大多数的政府间谈判时存在。《里斯本条约》下的理事会采用"新开放协调的方法",在各个层面体现了国内市场治理的有效多样性和政策管理方法的复杂性。

(二)欧盟理事会与欧盟委员会的权力既相互渗透又独立运行

近年来,欧洲理事会(又称欧盟高峰会议)作为欧盟的最高决策机构权力加强。它由成员国国家元首或政府首脑和欧洲共同体委员会主席组成,讨论的议题由它自行安排,避免了部长理事会等待委员会提交议案的麻烦。但是欧洲理事会从法律意义上并没有取代部长理事会,需要部长理事会通过正常的立法程序和行政措施,赋予其决策以法律效力。欧洲理事会与部长理事会不是竞争关系,它也是政府间性质的欧盟机制,建立的目的是将国家元首或政府首脑会议定期化和制度化,与部长理事会一起作为政府间机制平衡超国家性质的委员会,防止委员会权力扩张。轮值主席国制度正在失去成员国的信任,轮值主席国的政府借共同利益为掩护推动自己的议题,常常造成第三国抱怨它们不得不每六个月就面对新的优先议题和新的工作人员。

理事会扩大权力的同时,委员会的作用也在加强。委员会在为理事会制定政策和掌控长期议题上发挥有效作用。更重要的是,成员国的政治家承认他们支持理事会与委员会建立积极与互补的关系。布莱尔在华沙演讲中表示,委员会主席应该在起草理事会议程上发挥重要作用,并提出议案供政府首脑讨论、修正和签署。为了使体系运作正常,在学术界和成员国中"支持一体化"的国家联合呼吁建立一个强大的委员会。委员会尽管没有在理事会预备部门中担任主席,但仍然在理事会工作小组中发挥作用。委员会官员在理事会工作小组中了解提案的输入与输出,因为他们参与决策形成与立法的准备过程。考虑到委员会有权力在任何阶段修正提案,理事会在未经过委员会同意的情况下必须全体一致才能通过修改委员会提案的议程。委员会官员的讨价还价资源使他们在起草文本时可以选择接受或拒绝变革。委员会的作用深受出席理事会工作小组会议的委员个人的影响。"政府间主义"者支持强大的理事会,"超国家主义"者则推动委员会和欧洲议会发挥更大作用。

(三)欧盟委员会主席由欧洲议会选举产生

欧洲议会与欧盟委员会之间关系的转变首先从欧洲议会选举委员会主席开始。任何政党在欧洲议会竞选时,需要选出委员会主席的候选人来代表它们的选民。当一个选民投票选择其国内执政党的同时也选择了下任委员会主席。成员国政府任命得票最多的政党主席候选人之前必须考虑欧洲选举的结果及选民的偏好。提案设计应兼顾委员会的民主合法性,赋予欧洲议会选举更重大的意义,关注候选者的提议,使欧洲选举更具可行性,保证他们在遵守欧洲共同标准的同时增加委员会对欧洲议会选民的政治责任,这样也可以增加人们对欧洲事务的兴趣。同时,作为理事会成员国国家元首强大的伙伴,直接选举的委员会主席更具政治影响力,委员会的政治合法性及地位增强。直接选举委员会主席的想法过去被拒绝是由于主席与成员国关系密切不利于保持委员会的超国家属性。

不同政党选出不同的主席候选人,意味着主席与议会党团之间比与委员会或其他部门之间的关系更密切,在实际工作中可能会有失公正。这个选择不是故意违背委员会的独立原则。选举的过程给予主席足够的权力。这个选择的支持者建议,理事会应该具有解散欧洲议会的权力。① 即使这些步骤被采用,委员会的政治化仍是不能解决问题,因此在政党基础上选举委员会主席没有意义。② 如果这个解决方法成功,则放弃了委员会政治独立的原则,且会产生新的问题。一个发展完善的欧洲政党体系和欧洲政党的需要之间仍然存在矛盾。成员国政党是否愿意分享欧洲层面的利益还不可知。可以确定的是,国家政党可能还没有做好"给予"的准备。成员国保留它们独立选择委员会成员的权力。③

(四) 欧盟委员会的权力削弱

关于欧盟制度框架未来发展的争论是政府间主义与超国家因素长久以来紧张关系的反映。有人认为,欧盟框架的发展最终会弱化欧盟治理体系中的政府间主义因素;也有人认为,欧盟仍然是建立在现有的民族国家基础上,任何组织形式都不可取而代之。政府间主义与超国家因素的平衡和在欧盟扩大背景下二者之间关系的演变颇受关注。内部市场的完善与货币联盟的建立在很大程度上改变了欧洲政策议题的属性。欧盟委员会和欧洲法院为了推动"公平竞争",单方面强迫实行一些政策,这些政策的依据是成员国生产者和消费者从欧洲大市场中获益的期望。在统一的欧洲市场中,即使国家及其政府可能在技术细节上有不同的解决方法,但是共同利益保证了合理的欧洲规则能够被广泛接受。而一些提案不能得到所有成员国认可的原因是,现在的福利国家和劳资关系制度在各个成员国存在很大差别。英国的选民不能承受维持瑞典福利国家的高税收水平,瑞典家庭不能接受德国提供的教育和社会服务水平,德国医生和病人会联合起来反对英国的国家保健服务。随着欧盟扩大,这些多样性的问题会在穷国与富国之间显著增加。

20 世纪 90 年代初,共同外交与安全和司法与内务领域的显著成

---

① Stefan Frohlich, *The Difficulties of EU Governance: What Way forward for the EU Institutions?*, Frankfurt: Peter Lang, 2004, p. 45.

② Ibid.

③ Ibid., p. 46.

就促进了《欧盟条约》三个支柱体系的建立和经货联盟特殊治理程序模型的形成,这是欧盟政府间解决方式的尝试。尽管委员会的任务随着联盟责任的增加而增加,但它的政治权力却相对削弱。"1999 年危机"①及其产生的后果使委员会受到重创,但这次事件却促使委员会进行了 25 年来的首次实质性改革。委员会权力削弱的原因有②:首先,单一市场的形成后,委员会没有勾画出一体化未来发展的宏伟蓝图,一体化意味着在欧盟超国家机制框架下权力的集中。而在现今条件下,超国家机制在一些敏感领域加强的想法仍遭到成员国的抵制。第二,高度集中的传统立法工具或欧盟协调机制并非实现欧盟目标的最佳途径。欧盟的就业政策使用"办调的公开方式",委员会在社会与就业领域最重要的工具不是协调而是建议。第三,即使有更深入的"硬性一体化",委员会也不会是受益者。欧盟在单一市场的监管方面扩展权力,可能产生或增加独立的新机构而非加强委员会权力。第四,第二、三支柱赋予委员会优先权力,欧盟在经济管理、防务、外交政策和打击犯罪方面与成员国密切合作,但在这些领域,成员国并没有让渡权力给欧盟委员会、欧洲议会或欧洲法院。第五,在共同决策过程中,理事会和议会的双边关系发生了变化,委员会被边缘化。委员会仍然有唯一的动议权,但对提案的控制权开始被削弱。理事会与议会之间有直接谈判的程序,委员会不再是提案的掌控者。事实上,欧洲议会不再需要委员会帮助协调与理事会的关系。委员会仍出席调解会议却失去了防止理事会采取特定多数表决机制的机会,即使妥协的文本偏离委员会原始提案的本质。③ 最后,公众心目中的委员会一直缺乏合法性,即欧盟政治精英与普通民众之间存在的矛盾仍未解决,阻碍委员会成为独立强大的政治权威。

①　指的是 1999 年 3 月桑特委员会被迫辞职。

②　Stefan Frohlich, *The Difficulties of EU Governance:What Way forward for the EU Institutions?*, Frankfurt: Peter Lang, 2004, p. 24.

③　Nicole Fontaine, Renzo Imbeni and Joseph Verdil Aldea, *Codecision Procedure under Art.* 189b *of the Treaty of Maastricht.* Activity Report of the Delegations to the Conciliation Committee, Nov. 1st, 1993-Apr. 30th, 1999, p. 236.

委员会进行改革是内外压力共同作用的结果。1999 年桑特委员会辞职后,继任的普罗迪委员会将委员会改革作为首要任务。委员会的改革包括微观与宏观两个层面。微观层面主要是内部审计,宏观层面主要指委员会与欧洲议会关系的调整。这与新任委员会主席、委员会与欧洲议会之间的安排有关,也与条约改革的议题有关。对委员会进行改革的措施主要有:①

首先,使欧盟委员会对欧盟理事会和欧洲议会负责。委员会前副主席达维格农强调,委员会应该对理事会负责。假设委员会被国家和政府首脑边缘化,与理事会的有效伙伴关系将受到影响。成员国的国家元首绕过委员会决策,他们不想给予这一具有独立地位的超国家实体更大权力。如果委员会通过主席对理事会负政治责任,便会加强主席操纵委员会的能力,使其获得在所有政策领域参与的权力,这是委员会在所有政策领域回到核心位置的关键一步。委员会放弃作为独立权威的政治地位,可以制衡理事会中成员国政府的代表,使其降低到仅仅作为成员国秘书或服务者的地位。委员会的担心是,这可能会威胁对其动议权的垄断。委员会通过对立法动议权的垄断推动利益的获取。

其次,通过条约的方式对委员会进行改革。《阿姆斯特丹条约》和《尼斯条约》对委员会进行的改革是:由选举产生的即将上任的主席必须同意对其他委员会成员的任命,委员会在主席的"政治指引"下运作,主席对委员会委员个人的工作分配有很大发言权。所谓"政治指引",主要指任命一定数量的"委员群体",将众多委员聚集在一起监督特定领域的发展状况,委员会主席保留了参与和领导这一群体的权力。②

《尼斯条约》改革涉及委员会规模以及委员会主席和成员的任命。关于委员会的规模,自 2005 年开始,每个成员国在委员会中只允许有一个代表,大国失去了"第二委员"的特权,大国的让步与妥协是适应理事会与议会增加相对投票权的需要。委员会改革是大国与小国之间在

①　Jeremy Richardson, *European Union: Power and Policy-making*, London: Routledge, 2006.

②　Ibid., p. 52.

《尼斯条约》中的斗争。理事会有权选择委员会主席。理事会采用特定多数表决机制通过委员会的委员名单，经由欧洲议会同意后，再由理事会通过特定多数表决机制正式任命。这种改革会削弱成员国对委员会委员的控制力，委员能否得到欧洲议会的支持很重要。改革后，委员会主席采取独立行动，成员国对委员会委员和高级官员两个层面的任命程序都失去控制。条约改革给予委员会主席新的权力，一旦主席被任命，则直接对欧洲议会负责，成员国对委员会的作用被边缘化。

欧盟政治家必须在现实的可能性之间作出选择：要么通过政党原则选举委员会主席，但这对于委员会实际的政治化没有有效作用；要么保留现有体系。① 关于委员会未来的讨论②，一方面，一些人希望委员会成为文职机关，这种转变会剥夺委员会的议程设置权；另一些人认为委员会应该改变长期以来对制定规则的管理机构的警惕态度。欧盟委员会未来会如何发展，仍不明确。但在实践中，委员会在司法与内务领域逐渐获得权力，在欧盟治理新模式中发挥关键作用。欧洲治理机制自准备、建立直至发展，体现了不稳定中求稳定。③ 欧洲治理机制试图在政府间主义与超国家主义之间寻求平衡，政策制定在灵活性中保持连贯。

（五）从投票程序考察三个机构之间的关系

委员会可以在协商程序中加快一体化的速度。理事会的 QMV 与委员会的议程设置权同时存在，为政策"外溢"提供坚实基础。协商程序和合作程序最重要的制度差异是议会在合作程序中发挥更多咨询作用，可以否决或者修正理事会的"共同立场"。议会在合作程序中发挥建设性作用主要是依靠它修订理事会"共同立场"的能力，议会修正案不是直接返回理事会，而是提交委员会接受或者直接否决。但在共同

① Stefan Frohlich, *The Difficulties of EU Governance*：*What Way forward for the EU Institutions?*，Frankfurt：Peter Lang, 2004，p. 47.

② Alberta M. Sbragia，*The Treaty of Nice*，*Institutional Balance*，*and Uncertainty*，Governance, Vol. 15，No. 3，2002，pp. 4-20.

③ Jeremy Richardson，*European Union*：*Power and Policy-making*，London：Routledge，2006，p. 114.

决策程序中,委员会的权力被极大地削弱了,因为议会的立法修正案先返回理事会而非委员会。而议会与理事会的作用截然相反,理事会拥有议程设置权,然后将提案交给议会"无条件"表决。委员会在共同决策程序中是权力较弱的行为体。议会立法修正案在理事会考虑之前不会返回到委员会。议会和理事会有机会在调解委员会提出自己的立法提案,委员会不能发挥正式作用。制度革新导致委员会不能影响议会和委员会的决策,因此委员会的政策偏好常被忽略。委员会影响欧盟立法的反对者随着共同决策的引入而势力壮大。在共同决策程序中,如果调解委员不能达成共同文本的协议,议程设置的权力就移交给理事会,理事会可以制定提案给议会,议会必须无条件接受或者否决。

理事会无条件的议程设置权取代议会的有条件议程设置权,权力可能完全转移到倾向于维持现状的核心成员国,议会接受接近现状的任何提案,使其在共同决策程序下成为法律。共同决策的政策结果跟其他程序相比有重要差异。假设议会和委员会比理事会中的新成员更加支持一体化,那么欧洲一体化的步伐在共同决策程序之下比协商或者合作程序更慢,这是由于有效的议程设置权从合作程序中的委员会和议会转移到共同决策程序中的理事会。结果,共同决策程序强调议会对理事会提案的绝对否决权,但这种否决权是在牺牲控制理事会议程的代价下获得的。跟合作程序相比,在共同决策程序下,议会是效率较低的决策。

欧盟机制变化的表现为[1]:第一,委员会对制定提案的垄断权随着立法程序的修正案而逐渐消失。在合作程序中,委员会与议会分享议程设置权。两个机构的偏好分歧都会削弱委员会的影响。最终,在共同决策程序中,委员会在讨价还价之前成功脱身,这与新功能主义者描绘的依靠增加委员会的权力来推动一体化进程完全不相符。第二,议会在过去十年成为具有影响力的政策制定者之一。在协商程序中,议会的作用是纯粹咨询性的;合作程序中,议会的议程设置者在同意和共

---

①   Simon Hix, *The Political System of the European Union*, Basingstoke: Palgrave Macmillan, 1999.

同决策程序中,议会拥有无条件否决理事会提案的权力。从议程设置到否决权,议会影响成员国决策的能力降低了。第三,在共同决策程序下,理事会的立场比它在其他程序中以 QMV 通过的措施执行力更强。在协商与合作程序中,理事会被迫在委员会和议会的提案之间作出选择,但是在共同决策程序下,理事会有权选择它倾向的一体化发展方向。这不代表欧盟退回到"卢森堡妥协"时的一体化水平,成员国不能阻止改革的发生。① 第四,成员国政府在欧盟事务中掌控着关键的执行功能。纯粹政府间主义反对授权给超国家机构任何权力,纯粹的联邦主义者认为应该设置专门的联邦行政机构,欧盟的政治家在两者之间找到第三条道路,即"执行性联邦主义",次单元政府机构在政治体系中发挥主导作用,包括联邦层面动议法案的采纳以及地方层面联邦政策的协调与执行。②

二、票数比例重新分配与表决机制的改革

票数比例一直以来是按照成员国人口占欧盟的比例进行分配。这种分配方式对贡献大但人口少的成员国极为不利。欧盟扩大所吸纳的新成员国经济水平大多相对较低,但按人口比例分配票数的方式对人口众多的新成员国有利。因此,在新成员国入盟之前,理事会对票数比例分配方式进行了改革,使其不仅与人口比例相关,还与各国占欧盟总GDP 的比重有关。

无论理事会如何重新分配投票权,都不可能从根本上改变理事会在"制度三角"中的地位,更不可能改变联盟整体决策体系的机构特征。学者关于理事会定位的讨论出现两极:或是把理事会看作完全的代表,或是将其看作是所有成员国拥有相同票数的美国式参议院机构。这两个观点都是极端的,前者遭到小国的坚决反对,大国则会激烈抵制后者。因此,改革只能是走中间道路,在兼顾各方利益的同时,保证理事

---

① Geoffrey Garrett, "From the Luxembourg Compromise to Codecision: Decision Making in the European Union", *Electoral Studies*, Vol. 14, No. 3, 1995, pp. 305-306.

② Simon Hix, *The Political System of the European Union*, Basingstoke: Palgrave Macmillan, 1999, p. 40.

会的基本功能和决策效率。①

从《单一欧洲法案》到《马斯特里赫特条约》、《阿姆斯特丹条约》，再到《尼斯条约》，有效多数表决机制不断得到扩展与完善，这也是欧盟提高决策效率与扩大深化的主要手段。几乎每次条约的修订都要涉及这方面的内容。但是，在全体一致表决机制下，弃权票不对决议通过产生任何影响，因此，如果有成员国不愿意得罪国内利益集团又不想阻碍提案通过，便选择弃权。而在有效多数表决机制下，弃权票等同于否决票。因此，在特定情况下，有效多数表决机制不一定比全体一致更容易达成一致。在成员国数量较少的情况下，达成一致难度不大，签署条约制定决策实施起来也较为顺畅。随着欧盟不断扩大，成员国数量迅速增加，在所有领域采用全体一致将会导致理事会决策陷入瘫痪，有效多数表决机制兼顾人口、票数和多数成员国的利益，相对于全体一致机制较容易达成政策决议。但有效多数表决机制牺牲少数国家的利益通过决议，反对决议的国家在实施过程中必将消极应对。② 一些在法律上已赋予联盟的权力，必须在成员国同意配合的条件下才能有效行使，如果成员国反对或者抵制，则权力是难以行使下去的。③

在这一阶段，委员会的权力和影响力被削弱，议会在立法过程中的地位逐渐巩固，理事会由于获得了原属于委员会的议程设置权而影响力增加。《马斯特里赫特条约》为欧盟继续扩大作了准备，理事会中的成员国数量几乎翻倍，新老成员国利益差别巨大，若要提高决策效率，必须先在理事会内部进行讨价还价与达成妥协。新成员国加入导致欧盟成员国数量剧增，原有的老成员国也感到恐慌，希望理事会掌握更多决策权。近年来委员会的影响力逐渐扩大，超国家力量有超越政府间力量的趋势，作为欧洲一体化进程最重要行为体的成员国，着力"抢夺"更多权力，巩固自己的主导地位。欧盟理事会作为政府间机构，就深化

① Michael Nentwich and Gerda Falkner, "The Treaty of Amsterdam: Towards a New Institutional Balance", *European Integration online Papers* (*EIoP*), Vol. 1, 1997, p. 16.

② 张海冰：《欧洲一体化制度研究》，上海：上海社会科学院出版社，2005 年，第 156 页。

③ 伍贻康：《新颖的体制独特的结构——评欧共体的机构和法律》，载《国际问题研究》，1985 年第 1 期。

合作达成协议以及就敏感事务进行立法。欧盟理事会代表成员国利益，又制约了欧盟层面超国家属性的发展。以欧盟目前的立法机制看，一体化的最终动力来源显然不是欧盟层面，而是成员国之间的协调与合作。① 20 世纪从 90 年代至今，权力向政府间主义机构倾斜，这与前两个阶段欧盟委员会的影响力不断扩大形成鲜明对比。这种转变的主要原因是一体化发展到目前阶段，在外交政策、防务、移民、司法与内务以及欧盟扩大等事务上越来越接近国家主权的核心了。② 欧盟政府间机构，尤其是欧盟理事会，其议程日益复杂且重要。成员国在关系到国家核心利益的领域，对于让渡主权和授予权力更加谨慎。因此，到这个阶段，一体化发展主要呈现政府间属性。

谁是议程设置者、谁行使否决权改变了立法过程中讨价还价的动力。政策改革也只有符合议程设置者的心意才有可能发生，否则就不能进行改革。有意投否决票的行为体越多，议程设置者改变现状的难度越大。如果每个行为体都有权投否决票，则政策变革便不可能发生了。尽管立法者尽可能地使法律政策更接近自己的意愿，但他们也不确定法律工具是否能达到最终的政策效果。所有的立法者都有动力通过法律的专门化推动政策朝技术含量更高的方向发展，政党则致力于维护法律的稳定性。每个立法者都不可能通过单独行动来实现自己的政策目标。立法者往往通过建立正式关系将个体联系起来，并通过联盟的方式降低交易成本开展合作，但每个政策同盟都是单独谈判的。由于对其他立法者的偏好以及立法决策影响的不确定，有相似政策偏好立法者从将信息收集与专业化政策制定分离的制度安排中获益。欧盟理事会和欧洲议会两个机构通过不同的决策程序、投票程序共同立法，制约了政策选择的可能性并简化了立法过程中的讨价还价。③

总之，欧洲治理机制的创新之处在于，它改变了传统的立法与行政

---

① 张海冰：《欧洲一体化制度研究》，上海：上海社会科学院出版社，2005 年，第 153 页。

② Mark Kesselman，Joel Krieger，*European Politics in Transition*，Boston and New York：Houghton Mifflin Company，2006，p. 73.

③ Hix，Simon，*The Political System of the European Union*，New York：St. Martins Press，2005，pp. 74-76.

职能被三个核心力量划分的局面——欧盟委员会独享动议权,欧盟理事会拥有决策权,行政权由欧盟委员会与成员国分享。[①] 欧盟理事会自身存在局限性,因而不能集动议权、政策制定权和行政权于一身,在欧盟扩大及一体化发展过程中,仍需要超国家机制减轻成员国负担,推动成员国之间就某些问题领域达成妥协。关于欧盟理事会与欧盟委员会之间关系的讨论认为,未来几年,欧盟理事会不可能允许将所有行政权力都赋予欧盟委员会,欧盟委员会始终与欧洲议会一起,作为欧盟超国家机制发挥作用,而不会成为一个真正的"欧洲政府"。然而,欧盟理事会与欧盟委员会之间权力的明确划分会造成两个机构之间的紧张关系。欧盟委员会权力旁落多年,如今决不会放弃独一无二的立法动议权。欧洲一体化的发展过程验证了成员国政府首脑在欧盟体系中是最重要的立法者和最有权威的决策者。欧洲议会地位的逐渐上升,与超国家主义和政府间主义之间的斗争与妥协密不可分,同时也是解决欧洲治理"民主赤字"问题的迫切需要。但是,有学者指出,欧洲议会在一定意义上是对成员国议会的重复,造成资源浪费。因此,如何处理欧洲议会与成员国议会之间的关系,对欧洲议会与成员国议会的职权范围进行划分,避免机构重复的状况出现,是欧洲治理当前亟待解决的问题。

---

① Jean-Louis Bourlanges, in: Arnaud, 2001, p. 9.

第六章 欧盟理事会权力嬗变的表现与原因

自欧盟理事会建立至今，其权力发生了显著变化。理事会是在欧盟（欧共体）层面代表成员国利益的政府间机构，与之相对应的是代表欧盟（欧共体）超国家利益的委员会，两大机构在欧盟（欧共体）重大问题的决策过程中常常出现矛盾与斗争，也在特定决策程序框架下共同制定与执行政策，体现了政府间主义机制与超国家主义机制之间的竞争与合作。

第一节 欧盟理事会权力变化的表现

欧盟的制度关系主要呈现为欧盟理事会、欧盟委员会和欧洲议会之间的"三边关系"：成员国依托欧盟理事会，与欧盟委员会、欧洲议会在某些领域争夺权力，三个机构在一些领域也通过合作实现"共赢"。

一、欧盟理事会权力变化的具体表现

政府间主义者对制度变革的解释为，政策制定者通常在政府间会议（IGC）上就制度变革问题"大规模地讨价还价"，成员国政府在政府间会议中是主导性力量，所有决策都是建立在相近的国家利益基础上，这就使得超国家行为体在制度变革中的作用甚微。新制度主义者指出，条约改革是一个长期的过程，超国家行为体确实在条约变革中发挥

了作用。[1] 欧洲议会和欧盟委员会向欧盟理事会提出与欧盟机制改革相关的提案，理事会根据提案的重要性决定是否召开由成员国政府各级代表参加的政府间会议。在政府间会议即将结束之际，欧盟政府首脑全体一致表决是否需要修订以及如何修订条约。在条约正式签署之后，根据各成员国国内不同的政治安排，由成员国议会或者以全民公决的形式决定是否采纳条约。条约被欧盟所有成员国批准之后才能生效。[2]

自理事会建立至今，其权力发生了巨大变化。从欧共体创建之初六个创始成员国控制理事会的各项决策并主导欧共体的发展方向，到委员会与议会逐渐独立发挥作用并与理事会共享立法权与执行权，再到近期代表成员国利益的理事会收回授予委员会和议会的部分权力，成员国再次掌握决策权。理事会的权力在不同阶段或增强或减弱。政府间主义力量与超国家主义力量之间的斗争与妥协推动欧洲一体化不断前进。欧洲一体化的向前发展伴随着一系列欧盟（欧共体）条约的签署，欧盟（欧共体）条约的本质是共同体政治与行政权力从国家政府向欧盟（欧共体）委员会授权。一旦条约获得批准，成员国政府无法准确预期条约具体条款与决策的影响，亦不能预估委员会如何运用获得的新权力。

理事会的权力变化主要表现在投票程序、决策程序以及票数分配等方面。

首先，政府间主义和超国家主义在投票程序问题上一直争论不休。政府间主义者主张理事会投票采用全体一致表决机制，保证成员国在共同体发展问题上的主导权，在全体一致表决机制中每个成员国对共同体的各项决策都有"一票否决权"，充分保护了成员国的主权。"卢森

① Daniela Kietz and Andreas Maurer, The European Parliament in Treaty Reform, Predefining IGCs through Interinstitutional Agreements, Working Paper, FG1, 2006/02, Jan. 2006, SWP Berlin, p. 3.

② Almut Metz, Strengthening Capacities for the Reform-Perspectives of Institution Building in the European Union, EU-China European Studies Centres Programme, CAP Working Paper, Dec. 2006, p. 5.

堡妥协"之后,全体一致表决机制垄断了理事会的几乎所有决策。有效多数表决机制可以避免因一国一(否决)票而导致决策系统效率低下甚至瘫痪,近年来,随着条约改革和制度革新,它广泛应用于理事会的各种决策中。在有效多数表决机制的框架下,成员国失去否决权,必须几个国家联合起来组成反对联盟才能阻止一项提案通过成为法律。只要达到规定的赞成票比例,提案即可通过。有效多数表决机制大大提高了理事会的决策效率,单个成员国对决策的影响力下降。全体一致适用于成员国数量较少的时期,如欧共体刚刚起步阶段;随着成员国的数量增加,国家之间的利益与偏好差异越来越大,以有效多数表决机制通过的法案数量大大增加,但成员国的不满也随之增加。在全体一致表决机制下,有些成员国对某个或某些决策持怀疑或犹豫态度,由于弃权等同于同意,当在规定时间内必须作出选择时,这些成员国往往选择否决。即使成员国并非出于本意反对某项政策,但一些小国通常对某项政策公开表示反对,目的是为了获得其他成员国在其他政策上的让步,或者其他成员国为通过某项政策而对持反对态度的国家开出有利条件,这就诱使一些成员国故意反对某个或某些政策以方便讨价还价。在有效多数表决机制下,成员国失去了一票否决权,必须联合特定数量的国家才能阻止决策通过,这就增加了反对的难度。在这种情况下,成员国容易根据共同利益寻找同盟,与全体一致投票时成员国"各自为战"的情况不同,理事会出现持有不同看法的"集团",成员国以联盟为单位进行利益交换。但目前为止,采用有效多数表决机制的提案大约有40%,其余还是使用全体一致表决,尤其是在涉及成员国重要国家利益的领域,各国都不愿放弃主导权。特定领域有效多数表决机制的使用增加了理事会通过新法律的可能性,以推翻委员会自作主张执行政策的行为。在全体一致表决机制下,即使只有一个成员国从执行旧政策中获益,引入新法律的提案也会被否决或抵制。因此,委员会在全体一致表决机制下的政策执行自由度比在有效多数表决机制下要高。①

　　其次，决策程序体现了理事会、委员会和议会之间的三边关系。欧盟（欧共体）决策程序主要包括咨询程序、合作程序、共同决策程序、同意程序和调解程序。同意程序主要适用于联盟扩大等事务，理事会与委员会磋商并征得议会同意后全体一致表决。理事会在面临重大问题时发挥决定性作用，但仍然尊重委员会与议会的意见。调解程序主要协调议会与理事会之间的立法活动，议会的预算权增加，委员会参与调解委员会的工作。调解程序的目的是，当欧盟主要机构出现重大矛盾时，能够协调主要立法机构的立场，避免造成立法僵局。从咨询程序（《欧洲经济共同体条约》和《欧洲原子能共同体条约》）、合作程序（《单一欧洲法案》引入）到共同决策程序（《欧洲联盟条约》引入，《阿姆斯特丹条约》修改）的发展过程可以看出，委员会一如既往地垄断提案权。作为超国家机构的主要代表，委员会利用自身优势，从宏观角度制定适合在欧盟范围内推广的提案，经由理事会表决通过后即成为欧盟层面的共同政策。提案权在一定程度上引领着欧盟的发展方向。理事会作为政府间机构的主要代表，从欧共体建立至今，一直把握着共同体的立法决策权。委员会提交提案，设定决策范围，而真正决定提案能否通过成为法律或政策的是理事会。在咨询程序中，欧洲议会对欧共体立法根本没有影响力；直到合作程序，欧洲议会的立法权达到顶峰，与理事会共同分享立法权。跟合作程序相比，共同决策程序中欧洲议会的立法权被削弱了，"有条件的议程设置权"被否决权取代。事实上，否决权极少被使用，欧洲议会在立法过程中的影响力减弱。从几个决策程序可以看出，欧盟政府间机构与超国家机构之间一直试图达到某种平衡。超国家机构欧盟委员会掌握提案权，设定欧盟共同政策的发展方向；欧盟理事会作为政府间机构代表成员国决定提案能否通过成为法律；随着欧盟"民主赤字"问题越来越突出，为了解决这一问题，由欧洲公民直接选举的欧洲议会逐渐参与到欧盟理事会的立法过程中，与理事会共

---

　　①　Simon Hix, *The Political System of the European Union*, Basingstoke: Palgrave Macmillan, 1999, p. 67.

享立法权。但随着欧盟的扩大与深化,成员国之间的差距拉大,主权让渡也越来越接近核心利益,成员国希望控制决策权,一体化每走一步都格外艰难。共同决策程序削弱了欧洲议会的立法权,欧盟理事会的立法权力相应增加。

再次,由于欧盟的不断扩大,理事会内部的成员国数量也随之增加。新老成员国就票数分配问题产生分歧,导致理事会内耗严重,影响了决策效率。新成员国的加入威胁到老成员国在理事会中占据的票数比例,且新成员国之间利益偏好比较接近,与老成员国之间矛盾较多,常常形成对峙局面。《尼斯条约》之前的票数比例按照人口分配,人口众多的新成员国占据优势,激起贡献大的老成员国的不满。《尼斯条约》之后,新老成员国票数比例分配相对合理,暂时保持平衡。

二、与欧盟理事会权力变化相关的问题

在第一、四阶段,理事会的权力都呈增加趋势,这两个阶段都是欧洲一体化的政治动力占主导地位。欧洲一体化进程实际上是以法、德为首的大国积极推动的结果。无论是第一阶段欧共体创立初期,还是第四阶段欧盟东扩的关键时期,法、德联盟轴心在共同体各项决策以及欧盟发展方向问题上都发挥着举足轻重的作用。法国一直倡导政府间合作方式,第一阶段就是在法国的强烈坚持下回归到纯粹政府间主义的决策方式。第四阶段涉及成员国核心利益且任务艰巨,成员国都不愿过分让渡主权。联盟中权力相对较小的国家往往采取"追随"战略,即通过让渡部分权力,获得在其他领域的补偿。权力让渡对于小国来说不一定是自愿的。因为欧盟具有排外性,小国与其被欧盟机构完全排除在外,还不如参与到决策过程中。在第二、三阶段,经济因素越来越重要,应对经济危机和发展共同市场,这几乎是所有成员国的共同愿望,对各成员国而言都是"共赢",且经济领域让渡权力并不是那么难以接受,还可以获益良多。经济领域的超国家合作依赖超国家机构发挥领导作用。

成员国让渡主权的实质是什么?主权让渡是在欧盟层面共享,也

就是说,主权的所有权仍然属于国家,让渡不是转让或放弃。① 主权让渡也是国家行使主权的结果。② 因此,主权让渡并不能简单地判断是增强还是削弱主权,这与国家利益有关。让渡主权可能会增强国家利益和提高国际地位,在这种情况下,国家愿意让渡或者共享主权。欧洲一体化的每一次深化,都伴随着国家主权的让渡。成员国愿意让渡部分主权,可以用俱乐部理论进行说明。俱乐部是共同得益于生产和分享集体产品的志愿组织。加入俱乐部是受到限制的,因为新成员不仅是俱乐部产品的贡献者,而且还是享有俱乐部资源(产品)的老成员国的竞争者。俱乐部理论的核心假设主张,直到新成员加入的成本负担等同于边际收益时俱乐部才会停止扩张;俱乐部是志愿组织,所有新老成员必须从扩大中得到积极回报,否则他们就会投否决票。③ 欧盟就是一个典型的排外俱乐部,在这个组织之内,可以享受所有成员的"福利";组织内成员联合起来与组织外行为体在国际经济政治舞台上展开竞争。当然,加入这种组织的门槛也很高,新加入组织的成员在分享权利的同时必须承担相应义务,当组织成本过高时便停止扩张。组织有自身的规则与制度,加入成员必须遵守,否则会受到集体惩罚。成员转让自己的部分权力给组织行使,组织协调成员之间的关系。

　　成员国愿意授权给欧盟超国家机构的原因是什么?成员国政府授权给欧盟委员会以克服集体行动产生的问题,降低交易成本,并提高政策的可信赖性。成员国政府通过引入"委员会制"体系防止委员会偏离政策初衷,通过任命委员会主席和选用委员的方式警惕委员会的垄断行为。欧盟委员会呈现出"超国家政府"的特征。在政治层面,欧盟委员会的委员与成员国政府内阁协商行事,当然委员在所属国国内也属于不同的政党,拥有其自己的政见和意识形态目标。在行政层面,委员会的总司更像是准部委,委员会处于欧盟调节机构网络的核心位置,每

---

① 张海冰:《欧洲一体化制度研究》,上海:上海社会科学院出版社,2005 年第 145 页。

② 曾令良:《战后时代的国家主权》,载《中国法学》,1998 年第 1 期。

③ Jeremy Richardson, *European Union*, *Power and Policy-Making*, London:Routledge, 2006, p. 80.

个委员会部门都有自己的部门文化、制度利益、政策目标和各自支持的社会群体。因此,委员会有强烈的动机和重要的政治与行政资源追求独立于成员国政府的议程安排。成员国政府一直致力于维持联盟层面机构的权力平衡。在委员会主席的选择上,更加重视他是否关心成员国的国家利益。

为什么欧洲层面的规则与规定能够受到成员国的欢迎?成员国政府可以将欧盟或者其他成员国作为国内失败政策的替罪羊。[①] 成员国希望通过参与决策过程对其他成员国产生一定影响,从而得利。欧盟规则可以增强成员国之间的相互信任,制裁违反规则的国家,降低因不确定性和不信任而产生的成本。委员会由于处于欧盟管理网络的核心位置并拥有立法提案的垄断权,在竞争与合作过程中发挥关键作用。在这种情况下,成员国就要快速行动,先于其他成员国向委员会提出有利于本国利益的草案文本。委员会不可能接受削弱自己权力的提案。在成员国向欧盟行动提供建议的基础上,欧盟制定规则的动力增强了。成员国的公司为了谋利,当然希望制定较低的标准,一旦开放市场,就能利用自身的优势提高竞争力,但这样一来成员国之间就形成了恶性竞争,不利于一体化的健康发展。只有制定各国公司必须遵守的共同规则,才能保证开放市场之后在欧洲层面的公平竞争。

为什么在有些领域一体化程度比其他领域高?为什么即使在同一领域,其不同时期的超国家性程度也有差异?在一些领域成员国政府的权力占主导地位,而在其他领域欧盟组织拥有管辖权,还有一些领域是成员国与超国家两种力量协调,共同发挥作用。政府间主义理论将国家行政机构之间的讨价还价作为从国家向超国家层面转移权力的关键手段。有些领域随着超国家制度的完善,国家政府对政策的管辖权及影响政策结果的能力下降。[②] 成员国推行一体化也是有问题领域选

---

① Gerald Schneider, "The Limits of Self-Reform: Institution-Building in the European Union", *European Journal of International Relations*, Vol. 1, No. 59, 1995, p. 78.

② Wayne Sandholtz and Alec Stone Sweet, "European Integration and Supranational Governance Revisitedt: Rejoinder to Branch and Ohrgaard", *Journal of European Public Policy*, Vol. 6, No. 1, 1999, p. 145.

择的,正如霍夫曼区分的"高级政治"与"低级政治"领域,成员国在涉及自身核心国家利益的领域,不愿意放弃主导权,国家独立与自主仍然是高于一切的利益。而那些未涉及成员国核心利益的领域,且成员国有利可图的时候,它们倾向于授权超国家机构代替它们行事,获得更大利益。即使是同一个政策领域,不同阶段执行的效果也不同。只有当外部环境允许、时机成熟,成员国做好了应对共同政策的准备,不会因为共同政策的执行而使国内蒙受巨大损失,成员国政府才会选择支持该政策,如案例中的环境政策。

欧洲超国家主义与政府间主义机制之间的关系究竟是互补还是对立?虽然在治理机制发展、完善的过程中,欧洲政治家力图实现超国家力量与政府间力量之间的平衡,并使两种力量相互促进、互为补充,但在实践中,这种设想难以变为现实。欧洲治理主要机构之间多是竞争关系,在特定环境下两种力量进行妥协。近年来,由于《马斯特里赫特条约》、《阿姆斯特丹条约》等改革导致欧洲议会权力增加,作为政府间机制的欧盟理事会面对超国家主义扩张的威胁,对自身机构进行改革,调整与欧洲议会和欧盟委员会之间的关系,不仅使欧盟理事会权力上升,还使欧盟委员会的力量相对减弱,从而确保各成员国在欧洲一体化发展进程中的主导地位。

欧盟机制的权力变化体现在维持、改变或者放弃某些权力,那么如何确定维持哪些,改革哪些又放弃哪些呢?理事会代表成员国的利益,因此理事会的权力变化是成员国主动或者被动选择的结果。权力变化的衡量标准有哪些? 一是成员国自身的主权和独立。二是能否取得长远收益,既包括绝对收益也包括相对收益。因为有些决定可能短期内会对某些国家造成损失,但长期来看受益颇多。相对收益如果过于不平衡(超出一些国家的承受范围),对某些国家造成威胁,则共同政策难以继续。三是是否有利于一体化的政治目标。无论外部条件如何改变,成员国继续保有的那部分权力,一定是关系到自身安全与生存的领域,在这些领域,成员国决不放弃全体一致表决,如共同外交与安全政策。在那些只有超国家机构才能宏观调控的领域,成员国放弃相应的权力能够换来更多利益,既能共同应对危机又能通过超国家机构的资源再分配减缓部分国家因分配不均产生的恐慌，如建立欧洲中央银行。在那些需要成员国与超国家机构共同管辖才能利益最大化的领域，改革此前理事会垄断决策权的状况，促使其与超国家机构委员会或者议会一起推动这些领域的一体化，如共同农业政策。

欧盟理事会自身存在局限性，因而不能集动议权、政策制定权和行政权于一身，在欧盟扩大及一体化发展过程中，仍需要超国家机制减轻成员国负担，推动成员国之间就某些问题达成妥协。关于欧盟理事会与欧盟委员会之间关系的讨论认为，未来几年，欧盟理事会不可能允许将所有行政权力都赋予欧盟委员会，欧盟委员会始终与欧洲议会一起，作为欧盟超国家机制发挥作用，而不会成为一个真正的"欧洲政府"。然而，欧盟理事会与欧盟委员会之间的权力明确划分会造成两个机构之间的关系紧张。欧盟委员会权力旁落多年，如今决不会放弃独一无二的立法动议权。欧洲一体化的发展强调，成员国政府首脑在欧盟体系中是最重要的立法者和最有权威的决策者。欧洲议会的地位逐渐上升，与超国家主义和政府间主义之间的斗争和妥协密不可分，同时也是解决欧洲治理"民主赤字"问题的迫切需要。

第二节　欧盟理事会权力变化的动因

导致理事会权力变化的原因有政治动因、经济原因以及机制内部动力。其中，政治动因作用较为突出地表现在第一、四阶段，经济原因在第二、三阶段表现较为突出，机制内部动力则贯穿始终，其作用随着机制的独立与完善而逐渐加强。

一、政治动因

战后欧洲各国实习遭受重创，将法、德约束在政治框架内防止再次发生战争成为各国的首要目标，欧洲国家必须联合起来才能在国际政治中占据一席之地。欧共体六个创始国希望先在一些功能领域实现一体化，进而扩展到其他领域，最终实现政治一体化的目标。也就是说，经济一体化也是为实现政治一体化的目标服务的。从表面看，欧盟发展一直围绕着经济问题展开，但政治问题始终都没有离开讨论的核心，并且作为幕后的动力时隐时现,左右着欧洲一体化进程。[1] 共同利益是西欧各国联合的基础。战争使西欧各国沦为二三流国家,它们都不具备依靠自身力量从根本上改变目前处境的条件。从现实利益出发,它们只能选择协调合作,共同发展。此外,战后西欧出现了大致均势,霸权因素减弱,这也为西欧联合扫清了障碍。

每个西欧国家都对一体化抱有不同的想法。法国希望借助一体化将德国束缚在自己可以掌控的范围内,避免德国再次崛起,威胁法国的安全;德国、意大利希望通过一体化消除其他国家的顾虑,重塑自己的政治形象,提高自身的国际地位;荷、比、卢等小国则期望遏制德国,同时也力图通过一体化增强自身在共同体中的话语权,摆脱作为小国在国际政治中影响甚微的尴尬局面。总之,欧共体每个创始国都怀有不同的政治意图,但却选择了一体化作为相同的实现途径。

在欧洲一体化发展的最初阶段,欧共体理事会是超国家层面的核心机构。在这一阶段,无论是欧共体理事会还是委员会抑或是议会,都处于刚刚建立的初始阶段,机制尚未成熟。虽然欧共体的建立是基于各成员国的一系列政治目标,但却需要以经济合作为起点和途径。一些成员国甚至为了长远的政治目标暂时牺牲短期的经济利益。然而,初始阶段的一体化实践,虽然大多是经济领域的合作,但每项经济活动背后无不渗透着政治意图,对成员国而言都是至关重要的。因此,成员国牢牢掌握了控制权,一切行动和共同决策都要通过欧共体理事会进行表决,委员会只是理事会的附属机构。

1960 年之后欧共体的政治一体化陷入了停滞。1973 年,随着丹麦、爱尔兰和英国的入盟,欧洲制度框架开始逐渐发生变化。1986 年,《单一欧洲法案》对《罗马条约》进行了重大修订,在单一市场等重要领域采用有效多数表决机制,《马斯特里赫特条约》又向政治联盟迈出了重要一步。[2] 在理事会中采用全体一致还是多数同意,是政府间主义

---

① 张海冰:《欧洲一体化制度研究》,上海:上海社会科学院出版社,2005 年第 78 页。

② Peter A. Kraus, *A Union of Diversity: Language, Identity and Polity-Building in Europe*, Cambridge:Cambridge University Press, 2008, p. 4.

与超国家主义在决策方面冲突的最重要表现。理事会发展的第二、三阶段,有效多数表决机制在欧盟范围内推广,合作程序进一步巩固了欧盟委员会和欧洲议会在决策过程中的重要地位,代表超国家力量的机制占据了上风。这两个阶段主要是经济动因作用的结果。

发展到第四阶段,受到1989年苏东剧变的影响,原来苏联的加盟共和国纷纷脱离苏联而独立。这些国家的经济发展水平低,政治制度较为落后,历史文化也同传统的欧洲相去甚远。但这一地区战略地位突出,是欧盟与俄罗斯之间的安全缓冲区,对于欧盟的军事安全至关重要。该地区的大量合法与非法移民涌入欧盟国家,在带来廉价劳动力的同时,也为欧盟国家埋下了社会安全隐患,亦对欧盟国家福利制度提出挑战。东欧国家既是欧盟邻国,对欧盟成员国而言又是尚未开发的巨大市场,存在无限商机。统一后的德国对欧盟的影响力毫不逊色于法国,无论在经济还是战略位置上逐渐成为欧盟的核心,以法国为首的欧盟其他成员国自然感到了威胁,希望将德国牢牢束缚在欧盟一体化框架之内,避免再次发生争霸战争,也能防止一体化事业前功尽弃。欧盟共同外交与安全政策首次被置于欧洲政治议程的核心。欧盟一体化自欧洲防务联盟失败之后再次成为政治领域的聚焦点。

从20世纪90年代至今,欧盟东扩是一体化发展的主要议题。东扩问题极其复杂,涉及成员国的政治安全利益,且这一时期一体化在扩大的同时也在深化,一体化已经进入到成员国关注的核心领域,此后的道路举步维艰,成员国在这一时期不可能轻易让渡国家主权。因此,理事会共同决策程序出台,委员会和议会的权力都不同程度地被收回,理事会再次掌握了决策的主导权。但由于东扩之后成员国数量不断增加,成员国的利益和偏好差异越来越大,如果退回到欧共体建立初期的"卢森堡妥协"模式,只能造成理事会瘫痪,所以不能重蹈覆辙走回老路。有鉴于此,理事会在收回决策权的同时,对决策事务进行了分类。对成员国而言利益攸关的领域,仍然采用全体一致表决,而一体化较为成熟的领域则继续坚持多数投票。

总之,理事会权力发展的每个阶段都存在政治动力,在第一、四阶段政治因素的作用表现得最为突出。在政治动力占据主导地位时,由于涉及成员国的核心国家利益,成员国在这种情况下不愿意让渡国家主权,不放弃对共同政策的权力,理事会的作用就凸显出来,全体一致成为各国推崇的表决方式。

二、经济动力

经济因素是欧盟理事会权力变化第二、三阶段的主要推动力。经济因素是一把双刃剑。一方面,跨国经济活动的增加和经济全球化的发展促进了经济一体化和欧盟机构的超国家化;另一方面,经济危机沉重打击了欧盟各成员国的国内经济,为了更好地追求共同经济利益以及共同应对各种压力,欧盟成员国积极发展共同货币与单一市场。

欧盟范围内跨国活动的增加产生了对共同规则的需要。成员国出于自身利益考虑不会反对制定共同规则,更不会"在其领土范围内抑制那些依赖于欧洲交易的行为体财富增加"。① 跨国交易导致了对共同体规则与规定的需求,而这些规则只有超国家机制可以提供。那些在跨国买卖或者投资中获益的公司施加压力消除国家之间的障碍,要求建立区域规则与标准。同时,一体化的成果对工人与消费者个人来说并不明显,这也就解释了为什么欧洲的公司比劳工或消费者对一体化的兴趣及影响更大,但这并不等于说在没有跨国交易的领域,一体化就得不到发展。事实上,欧洲机制与成员国一直致力于弥补跨国交易的缺失。比如说,为了保障内部市场发展不以牺牲就业者利益为代价,欧盟机制制定了一系列社会标准保障欧盟范围内劳动者的利益。随着共同体能力以及多数表决机制在社会领域的扩展,跨国交易推动了经济一体化的发展,其中欧盟委员会的作用功不可没。总之,跨国活动的增加催生了对欧洲层面共同规则与规定的需求,跨国活动推进了共同体决策机制的完善,跨越边界的交易与联系促使欧共体规则的社会需求增加。

20 世纪 70 年代的石油危机导致全球性经济危机的爆发,欧共体成员国也未能幸免。经济危机对欧共体成员国打击沉重,导致欧共体

---

① Alec Stone and Wayne Sandholtz, "European Integration and Supranational Governance", *Journal of European Public Policy*, Vol. 4, No. 3, 1997, p. 306.

国家重新思考欧洲一体化问题。它们认为,建立欧洲范围内的共同市场迫在眉睫。成员国急需扩大市场以缓解生产过剩的危机,共同市场以及随后的单一货币降低了成员国之间的交易成本,随着成员国跨国交易的日益频繁,共同市场的优势更加突出。超国家机构积极促成共同市场的构建并推动经济一体化发展,它们利用自身优势对共同体层面的有限资源进行分配与再分配,并且促进各国技术共享,使得共同体制度有了高度的合法性。欧共体超国家机构在应对全球性经济危机和促进经济发展方面比成员国政府拥有明显的优势,因此取得了更高的政治地位。

经济利益在欧洲一体化进程中发挥了重要作用,如法国的农业利益,德国的工业利益,以出口为导向的荷、比、卢三国的自由贸易。成员国将欧洲建设作为在相互依存的世界中加强影响力的工具。一体化进程的重要转折阶段都与成员国核心利益息息相关。国家希望维持对一体化进程的控制力,导致制度演变过程曲折。在决策过程中,部长理事会被常设代表委员会、政府间委员会或欧洲理事会的结构所巩固,《马斯特里赫特条约》之后外交政策高级代表的产生,则是由于成员国不愿意放弃在敏感领域的权力。大多数机制内谈判的主要任务是维持成员国之间的力量平衡。部长理事会特定多数表决机制是以平衡成员国地位和人口规模为基础的体系,既要避免三个最大成员国通过欧盟治理机制垄断立法权和决策权,同时又要防止三个最小国家形成阻碍决策形成的少数联盟。委员会组成(是否应该包含每个成员国还是规模可以减小)、联盟主席国制度(成员国轮值主席国制度体系应该被维持还是应该被常任主席所取代)、特定多数表决机制改革(尼斯会议上作出修改的投票机制应该继续下去还是应被按比例分配的双重多数表决机制取代)[①]等制度将如何发展,都被成员国政府在欧盟决策过程中利益最大化的意愿所左右。各个成员国要确保它们的利益在欧盟机制内受到更好的保护,这些机制必须促进谈判妥协(委员会对动议权的垄断)

① John Peterson and Michael Shackleton, *European institutions of the European Union*, Oxford: Oxford University Press, 2006, pp. 29-30.

或者共同决策被执行（委员会和法院的执行权）。正式或非正式的超国家权力也是在符合或推动成员国自身利益的情况下获得强化。在第二、三阶段，经济危机以及跨国活动的增加促进了共同市场的建立和经济一体化的进一步发展。只有超国家机构委员会具有宏观调控欧共体范围内经济发展和资源配置的优势，因此在这两个阶段，委员会获得了一些原属于理事会的管辖权力。

总之，经济动力贯穿理事会权力变化的各个阶段，在第二、三阶段其作用表现得尤为突出。与经济相关的领域相对来说较为复杂，在理事会中若采用全体一致表决则很难达成一致，有效多数表决机制大多扩展到这些领域中。委员会制定超国家政策的提案，往往从符合大多数成员国利益的角度出发，因此欧盟一体化的超国家化一般都是发生在这些领域。

三、机制内部动力

欧盟机制是创始成员国以维护自身利益为初始目的建立起来的。制度逐渐完善之后可以独立发挥作用，却不一定按照创建者的初衷继续发展，即制度有"自我维持"的能力。成熟的制度限制并约束成员国在其结构框架内行事。制度本身随着成员国需求以及现实的改变而变化，但也保持一定的持续性。在不触及欧盟主要成员国根本利益并保证欧盟各种力量平衡的情况下，制度具有自我革新的能力，能够不断推动欧盟决策机构更加高效地运作，使决策更具合法性，超国家政策能够最大化成员国的共同利益。制度影响政策结果，并不是简单地反映政治权力与偏好的分配，它们对政策路径的选择有独立影响。① 具体而言，一方面，制度主要起制约作用，如将理事会的权力变化限制在一定范围内。制度为各方提供信息，保证信息充足，降低决策与讨价还价的成本。另一方面，制度推动改革，如设置强势有野心的委员会主席，极力扩展委员会的管辖范围，不遗余力地增强欧盟的超国家属性。

---

① Sophie Meunier and Kathleen R. Mcnamara, *Making History：European Integration and Institutional Change at Fifty*, The State of the European Union, 2007, Vol. 8, p. 4

成员国政府并非完全按照自己的意愿行事。① 欧盟的制度与规则都是成员国政府代表坐在一起谈判制定、自愿签署的,具有法律效力,如有违反必然受到其他成员国的联合制裁与惩罚。因此,成员国必须在规则框架内"合法"行动。成员国聚在一起制定规则并共同遵守,期望利用规则约束彼此的行为,减少不确定性和相互猜疑,进而有利于国家之间的合作。制度界定"游戏规则",对在规则框架下行动的行为体进行限制,同时也为它们创造各种机会,促使行为体根据规则调整利益和行为。欧盟制度能够自我产生动力。当面对规则的约束时,行为体想方设法通过解释规则或者试图修改规则的方式迎合自身目标,这就逐渐形成"制度环路"。采纳新规则或者重新解释、修订现有规则,改变了行为体的环境,最终对行为体的行为造成影响,行为体要求变革,当规则的承受能力达到极限时,以签署新条约的方式推动变革再次发生。

是否采用全体一致决策取决于现状与成员国偏好之间的差距,当最接近现状的成员国与现状之间的距离增加或者理事会成员国之间差距减少以及现状并非理事会的最佳选择时,全体一致表决方式的使用较多。② 小国必须慎重使用否决权,充分考虑决策的成本收益,有时妥协比敌对更容易实现利益,这就是荷、比、卢三国在尼斯会议上,波兰在2004 年政府间会议上开始强烈反对一些提案,但最后仍能达成协议的原因。③ 考虑到欧盟制度的复杂性,欧盟机制只能在协调各方利益和权力的现实中摆动。理事会是欧盟最希望维持现状的机构,委员会则倾向于改革。比如在协商程序下,委员会提交提案,理事会多数投票通过,全体一致修改,委员会在理事会中寻找同盟,推动支持一体化的议

① T. Christiansen, Gerda Falkner and Knud Erik Jorgensen, "Theorizing EU Treaty Reform: Beyond Diplomacy and Bargaining", *Journal of European Public Policy*, 2002, p. 17.

② Mikko Mattila, Why So Much Unanimity Voting in the Council of Ministers, Paper presented at the 4th Biannual workshop of WG-7 Mariehamn, Aland, August 5-9, 1998, p. 12

③ John Peterson and Michael Shackleton, *European Institutions of the European Union*, Oxford: Oxford University Press, 2006, p. 30.

程获得通过。在协商程序下,委员会的权力比在"卢森堡妥协"下大很多,其提案不会被理事会个体成员国否决。在合作程序下,同为超国家机构的委员会和议会共同分享议程设置权,不会影响一体化进程。理事会表决后形成"共同立场"提交议会,议会否决后理事会需要以全体一致表决推翻议会的决议。委员会和议会联合起来对付理事会,理事会必须在委员会、议会与维持现状之间作出选择。《马斯特里赫特条约》之后的共同决策程序下,理事会收回议程的设置权。议会的权力以否决权代替,但很少使用。① 共同决策不会导致欧盟一体化的倒退,因为议会可以随时否决它们反对的法案。随着立法程序的修改,理事会权力增加,但并未恢复到"卢森堡妥协"时期的垄断地位。

从以上欧盟主要机构之间的关系以及决策程序的变化可以看出,每一次条约改革或者新规则出台,都是成员国之间根据欧洲一体化发展现状与实践需要讨价还价共同决定的结果。一方面,每次条约改革都是由于原条约制定的规则不符合现实发展或者违背主要成员国的国家利益,即欧盟制度发展偏离了创建者的初衷,成员国需要将其拉回到它们认可的轨道中来,这正说明了制度规范有其独立性。另一方面,无论成员国还是欧盟机构都会利用欧盟既定的制度框架为自身牟利,在制度框架范围内最大化自身利益。自从有效多数表决机制在理事会决策过程中的使用越来越普遍后,委员会在理事会中寻找与其见解相近的成员国,组成政策同盟,推动委员会的提案在理事会顺利通过,逐步加强欧盟决策的超国家性。欧盟一体化的深化进入关键时期,成员国希望掌控欧盟未来的发展方向,不愿意让渡更多主权,于是大力推广共同决策程序的使用,将决策权牢牢握住,在决策过程中排挤委员会和议会,削弱超国家机构的影响力。但无论如何,制度规范发展到现在的成熟阶段,不可能退回到"卢森堡妥协"时期的纯粹政府间主义性质。欧盟委员会和欧洲议会既然已经被纳入欧盟决策过程中,就有了制度与规则保障,不可能任成员国为所欲为。成员国如果有倒退的举动,欧洲

① Geoffrey Garrett, "From the Luxembourg Compromise to Codecision: Decision Making in the European Union", *Electoral Studies*, Vol. 14, No. 3, pp. 293-295.

议会还拥有否决理事会决策的权力。因此,制度和规范是欧盟超国家主义巩固和扩大自身力量的保障。成员国也要在其框架范围内行事,必须等待时机,伺机改变,但改革也有制约因素,不能随意进行,要尊重原有规则。

四、观念的重要性

除了国家利益和机制自身因素,观念有时对塑造欧盟制度体系也发挥作用。欧盟政治体系的所有行为体对体系框架都有自己的想法。联邦主义思想在一些成员国尤其是欧共体建立之初的几个创始国仍然是有影响力的。欧盟亦被一些人视为功能性组织,其建立目的是在日益相互依存的世界中最大化成员国的经济利益。关于欧盟存在理由的讨论或积极或消极,已持续多年,国家的制度观念反映了该国的政治文化。德国领导人支持欧盟采用议会制,实现联邦共和国的三权分立的权力制衡;法国政治家将欧洲理事会看作"机制之首",将委员会—欧洲理事会的模式看作第五共和国二元行政机构的相似物;挪威坚持加强欧盟体系的透明度。[①] 每个成员国都希望欧盟未来的发展模式沿用自己国家的制度框架。考虑到欧盟制度要适应多个成员国利益的复杂性,欧盟机制只能在协调各方利益和权力的现实中摆动。

五、其他原因

以上因素是在理事会权力变化的每个阶段都产生影响的共同原因。事实上,领袖个人的作用在理事会权力变化的过程中也不可忽视,但这并不是存在于每个阶段的共同原因。在理事会权力变化的过程中,作用最为突出的个人是霍斯特恩和狄洛斯。两人都是富有野心的政治家,都希望扩大欧盟委员会的权力范围,增强欧盟的超国家属性。霍斯特恩利用欧共体各项制度尚不完善的时机,提出扩大欧共体委员会影响力的超国家性极强的提案,公开与当时的欧共体领头羊法国为敌,结果被迫辞职。狄洛斯可以说是受命于危难,在欧共体面临严重经济危机的背景下上任,提出推动内部统一市场的提案,为《单一欧洲法

---

① John Peterson and Michael Shackleton, *European institutions of the European Union*, Oxford: Oxford University Press, 2006, p. 31.

案》的出台奠定了坚实基础。但由于狄洛斯野心膨胀，其提案遭到一些成员国的强烈反对，狄洛斯的下场与霍斯特恩相似。由此可见，领袖个人能够趁机发挥作用，要么是在机制不完善之时，要么是在共同体发展面临危机之时，一旦领袖个人过于激进，超过了成员国能够承受的范围并威胁到成员国的利益，其最终的结局都是被淘汰出制度体系。

利益集团一直是活跃在国家层面、影响国家决策的特别组织。在欧共体建立初期，超国家利益集团尚未形成规模，对欧共体层面的超国家决策影响甚微。随着一体化的不断深入，拥有相同利益与目标的成员国利益集团逐渐联合起来，在共同体层面游说，对本国代表施加压力，要求通过或否决某项提案。其中最为著名的就是农业利益集团。各成员国都拥有规模巨大且组织有序的农业利益集团，一些成员国在共同农业政策问题上存在相似的立场，因此联合起来，推动该政策的发展。例如，一些依赖农业作为国家经济支柱的国家或者农业生产欠发达的国家，希望能够得到欧盟更多的农业补助或提高农产品价格，这些国家的农业利益集团每年都极其关注农产品定价，积极促成高价格、高补助和高关税的农业政策。

欧盟成员国共同决策，但各国对决策产生的影响并不均衡。一些强有力的大国发挥的作用比力量相对弱小的国家大得多。甚至在特殊时期，个别国家的态度和立场对共同体决策产生决定性的作用。例如，由于法国是创始国中的领导国，在共同体决策中分量很重。农业利益对法国来说至关重要，因此法国在共同农业政策中的态度向来坚决。在"空椅子危机"中，法国宁可与其他五国为敌，也要坚持自己的立场，并且在保持共同体政府间属性方面毫不退让，最终的结果是其他五国作出让步，法国在这场危机中取得胜利。然而，这只是特殊事件，随着制度的逐渐成熟，成员国在各种决策机制框架下共同决策，即使各国发挥的作用并不相同，但小国的利益诉求也尽量不被忽视。

第三节　欧盟理事会权力变化的理论分析

本节对欧盟理事会权力变化采用政府间主义与超国家主义的理论

框架进行分析。作为政府间主义阵营的主要理论,自由政府间主义融合了现实主义的政府间主义理论以及自由主义的国内偏好概念。超国家主义者将内部市场作为验证自己理论的主要案例,除了高交易成本或者信息不对称,超国家主义者还应将其他条件理论化,这些条件使得超国家组织获得各国政府始料未及的自主权,并能影响随后的政府间谈判和议价。[①]

一、政府间主义理论与超国家主义理论的分歧

在政府间主义阵营内部,现实主义与自由政府间主义在成员国政府偏好的决定因素、讨价还价能力以及欧盟制度选择上存在差别。[②]对于自由政府间主义来说,政府偏好和讨价还价能力是针对具体部门而言的,因政策领域的不同而不同,政府关注欧盟规则的制定。对于现实主义来说,行为体的偏好和讨价还价的能力由成员国国家实力及力量对比决定,制度选择反映了成员国政府关注安全与生存等根本利益。自由政府间主义认为,民族国家有具体的问题偏好,针对具体问题讨价还价的权力有大有小。小国出于自身利益考虑站出来与大国在特定问题领域进行谈判。[③] 现实主义将国家作为欧洲一体化的主要行为体,不考虑民族国家的内部结构和国内因素,认为国家偏好源自国家在国际权力结构中的地位,国家利益在于自主和安全。自由政府间主义则认为,国内利益集团因时而异的偏好是根本考虑,国家间的相互依存是催化剂,促进国家将权力委托给可能悖逆政府短期偏好的超国家组织。[④] 因为单个民族国家在制定政策时往往只关注短期收益,很难考虑长远发展。

斯通·斯威特和桑德霍兹分析了欧盟"超国家治理"的动力。他们

---

① [英]安特耶·维纳,[德]托马斯·迪兹主编,朱立群等译:《欧洲一体化理论》,北京:世界知识出版社,2008年,第118页。

② Jeremy Richardson, *European Union*, *Power and Policy-Making*, London: Routledge, 2006, p.79.

③ Ibid., p.82.

④ [英]安特耶·维纳,[德]托马斯·迪兹主编,朱立群等译:《欧洲一体化理论》,北京:世界知识出版社,2008年,第102页。

181

试图与新功能主义作区分。他们认为,一体化是欧共体逐渐而又深入地取代民族国家所有功能的过程。在分析一体化动力时他们与哈斯具有相似之处,认为跨国社会、超国家组织推动一体化向前发展,超国家规则增加等进程逐渐且不可避免地降低了民族国家的控制力。[①] 超国家治理是超国家组织与成员国之间权力划分的具体制度安排。制定有约束力的规则的权力从成员国转向超国家组织。当政策领域被特殊制度安排包含在内时,就可以说实现了该领域的一体化。现在的新功能主义或政府间主义把欧盟(欧共体)整体看作是要么超国家要么政府间,没能抓住一体化在不同领域和时期的多样属性。超国家治理体现了两分法:首先,日益增加的跨国交易促进了制定共同规则的需要;其次,随着欧洲规则的出现,欧洲层面的组织成为政治竞技场,超国家力量塑造了行为体互动的条件。[②] 超国家治理对于解释内部市场的形成很有效,却不能解释由国家推动的一体化进程或者没有跨国交易的初始状态。

在欧洲一体化建设早期,新功能主义与现实主义之间的争论最受瞩目。现实主义者认为,初期的一体化进程受共同体大国(法国、德国)的利益和权力主导;新功能主义则强调私人和部门利益的作用。早期的一体化成功挑战了以领土为基础的国家体系。一体化理论最初寻求的是解释国家层面之上的制度建设进程。新功能主义更关心行为体的作用,特别是推动一体化不断发展的行为体的作用。政府间主义首先将超国家制度建设解释为特定历史环境的产物,因为对于那些能清楚界定其核心利益的相关民族国家政府而言,制度建设的优势颇具吸引力。

(一)两大理论阵营的主要分歧

政府间主义理论与超国家主义理论的根本区别体现在以下几个

---

① George Tsebelis and Geoffrey Garrett, "Intergovernmentalism and Suprantionalism in the European Union", *International Organization*, Vo. 55, No. 2, 2001, p. 361.

② Ann P. Branch and Jakob C. Ohrgaard, "Trapped in the Suprantional-Intergovern-mental Dichotomy: A Response to Stone Sweet and Sandholtz", *Journal of European Public Policy*, Vol. 6, No. 1, 1999, pp. 126-127.

方面：

1. 推动一体化前进的主要行为体不同

欧洲一体化的主要行为本究竟是成员国还是超国家机构，对这一问题的回答是区分政府间主义与超国家主义的关键标准。政府间主义理论认为成员国主导一体化进程，决定一体化进程的速度和实质，代表成员国利益的政府间机构欧盟理事会是欧盟最重要的机构，拥有决策权，其他机构的影响力极其有限。超国家主义认为，超国家机构欧盟委员会、欧洲议会等主导欧洲一体化进程，这些机构或许在创建初期不如理事会的权力大，但它们具有自我强化的能力，会逐渐取代理事会成为一体化最重要的推动力。

传统的政府间主义以及随后不断完善的自由政府间主义都坚持民族国家是欧洲一体化发展的根本决定因素，无论是在《单一欧洲法案》之前由法、德主导的欧共体一体化进程，还是此后超国家机制显著发展的时期，成员国政府尤其是拥有较强国力的大国决定了一体化的发展方向。在超国家机制迅速发展的时期，成员国出于自身国家利益的考虑，推动制度改革与扩大超国家制度的适用范围，但这些都在成员国掌控范围内。一旦超国家机制试图摆脱成员国的控制，成员国就会借助政府间机构欧盟理事会的力量将其拉回到政府间主义的轨道中。

超国家主义者承认，一些成员国按照自己的意愿以实现自身目标为宗旨创建了超国家制度。但他们强调，超国家制度本身在不断完善的过程中逐步脱离成员国的控制而独立发挥作用。超国家制度能够得到发展，一方面是成员国利益驱动的结果，如超国家机制善于调解特定领域的国家间关系或者一些特别的超国家机构（如欧盟委员会）拥有信息优势，能够帮助成员国政府发现有效合作的共同利益及其可能性，促进成员国政府"升级国家利益"，找到讨价还价的解决方式。另一方面，在特定领域、特定时期，当代表成员国政府利益的欧盟理事会无法作出决策或者由于分歧过大陷入决策僵局时，超国家机制充分发挥自己的优势，代替理事会决策，趁机主导了部分决策领域。超国家机制还会利用现有的程序安排，不断与成员国政府争夺话语权。在欧盟层面，政府间主义与超国家主义的斗争主要体现为欧盟理事会与欧盟委员会（某种程度上可以加上欧洲议会）的博弈，欧盟理事会主张尽量维持现状，而欧盟委员会倾向于进行改革。而在欧盟理事会内部决策的过程中，政府间主义与超国家主义之间的斗争体现在全体一致表决机制和有效多数表决机制的使用上。全体一致投票对理事会有两个影响：一方面，它尊重个体成员国的国家主权；另一方面，它削弱了作为集体行为体的理事会的权力。欧洲一体化体现了国家主权的共享，成员国政府不愿意在国家政治突出的领域放弃全体一致表决方式。[①] 然而，随着成员国数量的不断增加，采用有效多数投票替代全体一致投票成为一种趋势，但仅限于部分领域。

2. 对欧盟超国家制度的看法不同

超国家主义与政府间主义的差异还在于它们如何看待欧盟机制。超国家主义者认为，制度是由国家建立的，但其逐渐摆脱国家控制，不断自我强化；制度还可以制约行为体，产生"不能预料的后果"。由于社会进程的复杂性，行为体没有能力预料长期后果，如果发现制度发展偏离了原来的设计初衷，也只能从边缘进行纠正。政府间主义理论指出，制度是由民族国家政府为了维护和实现自己的国家利益而创建，它反映了创建者，尤其是强有力的大国的意图。

不同的制度结构影响行为体的战略以及互动的结果。制度可以被视为自变量，考察它们如何影响结果；或者作为因变量，考察特定制度如何被选择。[②] 政府间主义理论视欧盟制度结构为因变量，是条约讨价还价的产物。但我们不可能在没有理解制度结果的情况下分析制度选择。政府间主义者避开"制度是自变量"的分析减弱了他们理解制度选择的能力。莫劳弗奇克将欧盟制度看作是对一体化的可靠承诺而非分析欧盟四个主要机构之间互动的细节以及它们对政策产生的影响。相反，超国家主义者将欧盟制度看作行为体而非因变量。欧盟委员会、欧洲法院和欧洲议会都承担着影响欧洲一体化方向的责任。超国家主

①　George Tsebelis and Geoffrey Garrett, "Intergovernmentalism and Suprantionalism in the European Union", *International Organization*, Vo. 55, No. 2, 2001, p. 370.

②　Ibid. , pp. 385-386.

义理论借用新功能主义的概念,避开对适用于各种不同行为体的战略分析以及制约因素。对于超国家主义者而言,制度发展是意想不到的结果;而对于政府间主义者来说,签署条约的政府作为一体化的领导者清楚地知道它们要走向何方。[1]

政府间主义假设,制度提供信息,而讨价还价在信息重组的条件下发生。事实上,其过多关注如何设定明确的政策目标而非制度如何执行它们。成员国倾向于维持现状,如果要引入新机制,则行为体为了适应新机制就要不断投资,而投资的成本太高,因此,即使出现更有效的机制,成员国也愿意继续采用原来的旧制度。[2] 政府间主义认为,国家之间合作的收益越大,其他政府不服从规则的成本越高,让渡权力给欧盟以防止潜在背叛者的可能性越大。超国家行为体讨价还价的能力低,因为它们被剥夺了讨价还价所需的稀有且不对称的资源。即使它们获得了更多权力,也只是因为各国政府需要这些超国家机构管理一体化事务。[3]

欧盟法律都是成员国政府为反映它们的偏好与相应的讨价还价能力而制定,欧盟条约的影响通常是成员国政府无法预期的。首先,在条约规则下运作的行为体适应并利用这些规则为自己的利益服务,它们的利益可能与建立这些规则的国家的初衷不一致。在这种情况下,成员国授权超国家组织(如欧盟委员会)应用或者解释规则。超国家组织就会利用自身优势寻找修改规则或者解释规则的"灰色地带",这样一来,它们就掌握了一定的自主权,利用解释规则的权力发展超国家力量。超国家主义指出,一旦一体化达到某种程度,就很难发生逆转。修订或改变条约的规则是非常谨慎的,因为它要求成员国政府全体一致通过,并且每个成员国国内都要批准,条约框架内的政策改变要求至少达到有效多数才能通过。当有少数国家从特定规则中获益的时候,它

---

① Jeremy Richardson, *European Union*, *Power and Policy-Making*, London: Routledge, 2006, p. 385.

② Ibid., p. 86.

③ Ibid., p. 83.

们就会竭尽全力阻止变革发生。国家政治体系日益受到欧盟层面规则的渗透。[①] 新制度主义明确指出,制度不仅是创建者的工具,同时对一体化进程和欧洲治理发展具有重要影响。欧盟扩大导致成员国数量庞大,脆弱的机制之间的平衡将被打破,在这种情况下,扩大不能确保新加入的成员遵循现有规则,因此有必要在一些领域坚持全体一致投票。成员国当然希望代表自身利益的欧盟理事会是欧盟最主要的决策机构,抑制超国家机构欧盟委员会权力的扩张。但在单一市场建立和应对全球经济危机的背景下,采用全体一致表决的欧盟理事会陷入决策僵局,制度改革被迫朝着推广 QMV 的方向发展,欧盟委员会的权力亦借机得到巩固和扩大。

3. 一体化的推动力不同

在推动欧洲一体化不断前进的动力方面,政府间主义与超国家主义理论家的看法也不相同。在超国家主义者看来,从民族国家到欧盟的权力转移过程首先是纯粹功能性的:跨国交换的扩展,用超国家机制取代国家规则,对欧盟组织的行动产生压力。莫劳弗奇克在其自由政府间主义理论中也指出,跨国公司向更大市场扩张的愿望、泛欧洲规则的推广以及稳定汇率都是二战结束以来隐藏在欧洲一体化背后的主要动力。[②]

理性超国家主义者承认,成员国政府在一体化过程中发挥作用,讨价还价是政府之间的互动,但他们否认成员国政府的核心地位,且认为政府间互动不是唯一的谈判模式。理性超国家主义者认为,社会和跨国行为体形成了跨国联盟,绕过国家直接将要求反映给超国家机制。政府间谈判深嵌在跨国与超国家背景下进行,成员国通过政府间会议反对建立跨国联盟,抵制在制度化过程自我强化的动力。超国家组织不仅愿意而且有能力扩展其权力,推动成员国在政府间谈判中就规则

① Jeremy Richardson, *European Union, Power and Policy-Making*, London: Routledge, 2006, p. 89.

② George Tsebelis and Geoffrey Garrett, "Intergovernmentalism and Suprantionalism in the European Union", *International Organization*, Vo. 55, No. 2, 2001, p. 361.

与政策达成一致。① 随着跨国经济交换不断扩大,国家制定规则的成本增加,为了降低交易成本,减少国家间的不确定性,扩大共同体内部市场,在与外部经济行为体的竞争中占据优势,跨国行为体(利益集团、跨国公司)对超国家规则和政策协调的需求越来越强烈。行为体从跨国交易中获得收益的期望越高,统一欧洲规则的优势就越大。跨国行为体直接要求统一的欧洲规则服务于跨国交易,但继续推动欧洲规则的努力却举步维艰,跨国和社会行为体也转向超国家机制表达它们的诉求,这与制度外溢的逻辑一致。②

　　自由政府间主义理论在解释政府间制度结果的实质时尤其有力。理性超国家主义强调超国家行为体与机制的独立影响,在条约重新谈判期间抓住部门一体化、纵向一体化的进程和实质。③ 自由政府间主义认为,国家偏好推动国家让渡权力给超国家层面的机构,成员国在欧盟决策过程中首要考虑的正是国家偏好,且国家偏好主要侧重于经济方面。欧盟成员国政府不希望也不需要超国家制度限定偏好,超国家机制只是提供必要信息促成有效的实质性协议或者设计分配法则。对于强大的国内行为体来说,若遵守协议的成本过高,它们就会施加压力不接受某些制度安排,而且由于政府间控制力太弱,强权国家容易背叛规则。成员国选择让渡部分主权给超国家机构的原因是,政府能卓有成效地使一些问题脱离内政影响,摆脱权力分散的政府间控制。各国政府对权力集中和将主权委托给超国家制度的喜好程度,取决于它们对政策结果的价值判断。某一个合作协议对一国政府而言收益越高,其他政府不遵从协议的风险就越高,政府为预防潜在的失败风险而调整政策,将部分能力让渡给欧盟的意愿就越强。④ 政府间主义者从来不认为民族国家会随着欧盟超国家机制的加强而削弱,他们认为民族

---

① Jeremy Richardson, *European Union, Power and Policy-Making*, London: Routledge, 2006, p. 90.

② Ibid. , p. 88.

③ Ibid. , p. 92.

④ [英]安特耶·维纳、[德]托马斯·迪兹主编,朱立群等译:《欧洲一体化理论》,北京:世界知识出版社,2008 年,第 201 页。

国家让渡部分主权给超国家机构,目的是为了增强自身竞争力和获得不断再生的能力。欧洲超国家机构能够为政府提供制度和信息来源,有助于政府削弱国内议会的控制并应对国内强势利益集团的压力。政府将权力转交给超国家机构的主要原因并非是担心其他国家背叛共同行动,而是因为欧盟的集体行动都涉及协调问题。在许多案例中,政府将决策权委托给超国家组织,目的是减少达成共同解决方案的交易成本,而不是确保履约。^① 国家偏好在一定时间内基本稳定,在一体化的成熟阶段国家受到的制约是各国预料到的,政府仍然牢牢控制着超国家组织。^②

(二)两大理论阵营对欧盟理事会权力变化的分析

超国家主义理论与政府间主义理论的博弈,具体体现在一体化实践中,就是欧洲一体化与国家主权之间的妥协与斗争。从目前欧洲一体化的发展进程看,是在保持主权国家尤其是几个强有力的大国控制与主导的基础上推动一体化向前发展。各个成员国对"损害主权"这一概念的理解不同,导致成员国接受一体化的程度也有所差异,因此向超国家机构转让权力的底线也存在差别。成员国就一体化问题达成各项决策是讨价还价的结果,谈判的能力取决于成员国的相对权力。自由政府间主义者强调,在不对称相互依存环境下的合作中获益相对较多的行为体在谈判时经常作出妥协,因为它们急切希望能够促成合作。当然谈判不是唯一途径,权力相对较大的成员国往往倾向于采取威胁或者排挤不合作者的方式达成目的。总之,只有欧洲一体化前进的目标较为符合成员国的国家利益时,一体化才能继续推进,否则,即使一体化发展到较高水平,一旦这一进程违背了成员国的利益,其发展就会遭遇挫折甚至停滞。

在欧共体建立之初,《罗马条约》反映了政府间主义机制与超国家主义机制的初次合作尝试,两者试图实现平衡,但这种平衡极不稳定并

① [英]安特耶·维纳,[德]托马斯·迪兹主编,朱立群等译:《欧洲一体化理论》,北京:世界知识出版社,2008年,第105页。

② 同上,第106页。

导致了危机的爆发。正如前面所说,这一阶段,委员会只是理事会的"附属机构",委员会有争夺权力的野心,却心有余而力不足,以失败告终。经济危机导致成员国所处的外部环境发生变化,成员国开始追求短期的经济收益,但理事会决策仍然坚持原来的全体一致表决方式,致使决策的通过极其困难。应对经济危机的压力加上成员国对建立单一市场的迫切期望,同时也是为了在经济上联合起来与外部经济行为体展开竞争,各成员国竟然空前一致地推动建立共同市场。在这种情况下,需要改革共同体层面的各种制度与之相配合,所以才有了后来有效多数表决机制的推广以及欧洲议会权力的加强,委员会的权力范围也扩大了。但无论如何,部长理事会的决策权力并未受到根本动摇,"政府间主义"仍然占据主导地位。即使是《马斯特里赫特条约》这样超国家化较强的条约,也在附加条款中强调"辅助性原则",即尊重成员国的国家权力,保证成员国政府在处理重大问题上的主导权和优先权,并明确提出,防止一体化朝着"联邦国家"的方向发展。在欧盟东扩之前,委员会与理事会就欧盟的未来展开激烈争论,委员会主张先深化再扩大,在巩固一体化的成果基础上作好充足准备后再吸纳新成员国;而理事会则坚持先扩大再深化,这主要是几个核心成员国利益妥协的结果。最终理事会的意见占了上风,欧盟实现了历史上最大规模的一次扩大。而且东扩吸纳的新成员国原本就是前苏联的势力范围,它们在经济上依赖欧盟老成员国,欧盟老成员国对新成员国补贴的压力大于扩大市场带来的收益。东扩的意义明显是地缘政治考虑大于经济考虑。由于新老成员国在政治立场、经济水平等诸多方面存在显著差异,加上扩大之后必然进行的制度深化越来越多地涉及成员国的核心利益领域,成员国接下来每走一步都格外慎重。因此,成员国现阶段倾向于从超国家机构收回部分权力,增强政府间合作的性质。与欧共体建立之初相比,一体化取得了巨大进展,超国家程度大大增强,但成员国始终控制和制约着超国家机构权力的扩大。

自由政府间主义指出,英、法、德等大国在谈判的讨价还价过程中发挥着最为关键的作用,即成员国在一体化决策过程中产生的影响力是不对称的。自由政府间主义不否认制度的重要作用,认为制度为成员国之间讨价还价提供了场所,发挥了工具性效用。自由政府间主义归根到底属于政府间主义阵营,其认为成员国在遇到关键问题时首先考虑的都是自身的国家利益而绝非欧盟共同利益。超国家主义者则认为自由政府间主义低估了欧盟委员会和欧洲议会等超国家机构的作用与影响力。

制度主义者强调制度对行为体的制约作用。行为体选择制度以及在制度框架范围内的互动构成了"路径依赖"。不同的制度导致多样的路径,而不同领域的规则与制度不同,使得政策的路径依赖产生差异。早期的制度结果限制成员国下一步的行为选择。制度建立之后,如果产生持续的收益,则行为体更倾向于维持现状。考虑到"沉没资本"的问题,成员国若要推行一项新的制度,必定需要大量投入各种资源,且过去投入在旧制度中的成本太高。因此,无论对于成员国政府还是超国家机构,亦或是各国的利益集团而言,改变制度都需要很高的"制度门槛"。此外,如果个别成员国希望修改某一领域的某项政策,其他成员国考虑到成本与收益的计算,往往反对或者阻止变革发生,这也有助于增强政策的稳定性。正如自由政府间主义者所说,成员国之间的相对权力大小不对称,强有力的大国更容易改变制度,而实力和影响力有限的小国则只能通过向大国施加压力或者制造"麻烦"的方式要求变革制度。欧盟理事会为了加快达成一致的速度,提高决策效率,创建了一系列非正式制度,推动决策的通过与执行,但非正式制度很有可能造成一定的"主权转移"。然而,由于非正式制度没有正式制度的影响那么大,只要这种小规模的"主权转移"并未超出国家可以承受的范围,成员国政府还是会调整自身行为以适应制度规则。

(三)政府间主义理论对欧盟理事会的权力变化更具解释力

政府间主义理论对代表成员国利益的欧盟理事会的权力变化作出了有力的解释。政府间主义理论的基本主张是,理性国家政府是欧盟主要行为体,这些政府有明确的物质偏好,偏好的塑造要么来源于地缘政治考虑(现实主义),要么来自国内经济利益的考虑(自由政府间主义)。政府在各自偏好的基础上参与到"硬议价"过程中,只赞同与其利益相同或相近的提案,利用其持有的政治和信息资源支持与其偏好相吻合的政策。① 传统政府间主义者得出结论,欧洲一体化将会维持较低层次的合作。自由政府间主义者指出,特定的主权共享或者授权给共同机构使得国家政府通过提供可靠承诺克服和协调集体行动中遇到的各种困难。自由政府间主义不是关注日常政策制定的理论,莫劳弗奇克的案例将侧重点放在经济事务方面的全体一致决策,② 自由政府间主义的批评者认为,这一理论过于强调国内经济利益而忽视了国内制度、政治以及跨国动力等因素。③

政府间主义者认为,超国家机构是政策协调者,能够降低与执行相关的交易成本,调控政府间决策。政府间主义者不否认这些机构参与共同体治理的日常决策过程,但认为它们的自主权受到限制。④ 欧洲一体化的理论家忽视了在何种情况下,成员国试图控制那些原本获得一定自主权的超国家机构。⑤ 在欧盟东扩之后,成员国就尝试收回一些已经赋予欧盟委员会的权力。究其原因,成员国还是从自身的根本利益着手考虑。

欧盟理事会在谈判过程中容易出现重复博弈的现象,即决策过程中的表决方式、决策程序已经被制度化,在一定程度上可以说是循规蹈矩,这就容易模糊国家利益与欧盟利益的清晰界限。超国家机构借此机会对决策过程产生影响。因此,成员国需要不断对原有条约内容作出修改或者拟定新的条约,明确界定国家利益,掌握对决策的控制权。

---

① Doreen K. Allerkamp, Intergovernmentalism, Reloaded: The Transformative Power of Intergovernmental Council Policy-Making, paper presented on the panel Capturing Dichotomy. European Union Studies Association(EUSA) Eleventh Biennial International Conference, Los Angeles, CA, April 23-25, 2009, p. 8.

② Fritz Scharpf, *Governing in Europe: Effective and Democratic?* Oxford: Oxford University press, 1999, p. 167.

③ Jupille, J. and Caporaso J, "Institutionalism and the European Union: Beyond Comparative Politics and International Relations", *International Review of Political Science*, 1999.

④ Thomas J. Doleys, 'Member States and the European Commission: Theoretical Insights from the New Economics of Organization", *Journal of European Public Policy*, Vol. 7, No. 4, 2000, p. 533.

⑤ Ibid. , p. 532.

在欧盟理事会权力变化的第一、四阶段,政治安全是首要考虑的因素,这也是事关国家生存的核心利益。成员国掌握欧盟重大决策的主导权,理事会权力相对较大;而在第二、三阶段,欧洲各国普遍恢复国力,政治安全的威胁下降,经济危机的压力与共同发展经济的动力成为主导力量。由于共同体机制在技术领域的优势以及跨国交易增加的需要,超国家机构的地位上升。以上四个阶段欧盟理事会的权力变化过程正印证了政府间主义的基本论点。政治安全始终都是国家制定政策的最重要目标,国家甚至可以为了维护政治安全而牺牲经济利益(如"空椅子危机"中其他五国在农业问题上对法国的让步)。20 世纪 90年代以来,随着一体化的深入发展,制度愈加完善,无论是自由政府间主义理论还是新制度主义理论都不能忽视制度的作用。自由政府间主义理论达到顶峰的时期正是欧盟理事会权力变化的第三阶段。在这个阶段,政治安全不再是显著威胁,自由政府间主义理论提出,经济利益是国家首要考虑的偏好。与传统现实主义观点相似,自由政府间主义理论认为,国家之间讨价还价谈判的结果由国家的相对实力决定,在国内偏好的形成过程中涉及各国国内利益集团的妥协与斗争,因此不能将国家简单地看作单一行为体。尤其在一些领域,利益集团还突破国内界限形成跨国联盟。如果强大的利益集团同盟之间分歧过大,就会影响欧盟理事会的决策。

欧盟理事会是成员国在欧盟层面损失主权的补偿。① 成员国与超国家机构的关系具体体现为欧盟理事会与欧洲议会、欧盟委员会之间的关系。超国家机构与欧盟理事会争夺权力,造成理事会的权力被削弱。任邵和华莱士指出,理事会的权力变化过程体现了政府间主义者与超国家主义者之间在欧盟建设问题上一直以来存在的紧张关系。②

欧盟委员会的提案权在《马斯特里赫特条约》之后受到来自欧盟理

---

① Wolfgang Wessels and Verena Schafer, The European Council in Theoretical Perspectives; The Principals on a Fusion Pash, paper presented at the 10th Biennial Conference of the European Studies Association, Montreal "Power and Negotiation in the European Council", 17-19th May, 2007, p. 11.

② Ibid. , p. 4.

事会和欧洲议会的制约。理事会和议会可以要求委员会针对某项议题提案。20世纪80年代中期以来,成员国赋予理事会主席更多的优先权,成员国在担任理事会主席期间可以将更详细的提案提交布鲁塞尔讨论。理事会制约委员会的另一方式就是制定"软法",即签署没有法律约束力的共同意见、协议和建议等。委员会发现在政治上很难忽略理事会的详细提案或"软法",即使它们的法律地位模糊。国家机构意在利用欧洲机构实现政策目标,拉拢委员会作同盟。

《马斯特里赫特条约》之前,理事会是唯一的决策机构,如决策产生出乎意料的结果,理事会可以立刻纠正过来。随着欧洲议会被赋予立法权,成员国主导决策进程的权力被削弱。对国家主权最大的打击是QMV的扩展,原来《罗马条约》规定采用全体一致表决的领域(如农业、贸易、竞争政策、交通等)多改为QMV表决。总之,20世纪80年代中期以来,"卢森堡妥协"已经不再是保卫国家主权的有效工具。英国、德国、希腊和法国政府没有从使用或威胁使用否决权的行为中得到好处。《单一欧洲法案》和《马斯特里赫特条约》建立的合作程序与共同决策程序,将立法权从简单的理事会主导改变为理事会、议会和委员会之间的复杂平衡。总之,欧盟理事会是决策过程中的主要行为体,但欧洲议会和欧盟委员会是必不可少的伙伴。委员会的权力是软性的,因为它的影响是潜移默化的而不具有强制约束力。国家与超国家行为体之间的权力分配是模糊的。20世纪60~70年代欧共体政治结构的超国家特性被强势的政府间机构遮住光芒;80年代中期以来,超国家机构才逐渐获得独立影响欧盟政策制定过程的权力,欧盟理事会、欧盟委员会与欧洲议会三边关系开始真正受到关注。

二、两种理论对成员国与超国家机构权力分配的不同认知

新功能主义属于宏观理论,关注欧洲一体化持续前进的动力问题,强调一体化是从功能领域逐渐扩展与深化到政治领域。受新功能主义的启发,新制度主义得以发展,与理性选择理论相关的理性选择制度主义出现。① 新制度主义属于中观理论,其关注的重点是欧盟治理进程中的日常事务,主要体现在超国家、国家以及次国家层面的互动。新功能主义和政府间主义理论都包含了一系列关于欧盟政策过程属性的假设。一体化的重新启动使两种传统理论的局限性凸显出来。② 治理理论的产生是新功能主义与政府间主义争论的结果,是指导欧盟政策制定的理论基础之一,它承认政策网络的存在,强调非正式过程与政策制定关系的重要性。③ 而政策网络的方式强调欧盟行为体非正式决策的影响。

(一)政府间主义理论与超国家主义理论在欧洲一体化实践中的发展

新功能主义认为"滚雪球"现象促进外溢发生,这其中不仅有政治外溢与技术外溢,还包含地理外溢。当法国总统戴高乐否决英国加入共同体(1963 年、1967 年)时,地理外溢的进程就被阻止了。1965 年"空椅子危机"爆发,政治外溢遭遇挫折。1966 年"卢森堡妥协"解决了这一危机,制度安排从偏向委员会转为支持理事会,保证成员国否决欧共体法律提案的权力。1974 年的石油危机和经济衰退致使保护主义盛行。20 世纪 70 年代至 80 年代早期是新功能主义理论的"黑暗时期",这一时期也是欧共体发展的停滞期。④ 欧共体峰会重现的危机、理事会内部陷入僵局的会议以及英国与其他共同体成员国之间的不和谐关系,极大地挑战了新功能主义者的论点。新功能主义虽然曾主导早期的一体化进程,但其预期不能充分解释一体化进程的起起落落。

---

① Helen Wallace,"An Instututional Anatomy and Five Policy Modes", in Helen Wallace, William Wallace and Mark Pollack(eds.), Policy-Making in the European Union, Oxford Oxford University Press, 2005, p. 20.

② Johansen, Lisberth Katja, Staun, Frederik Tue and Dahl, Rasmus, "Institutional Barrieers and the Common Agriculture Policy", *Project at Roskilde Universitities EU-Studies Program*, 2005, p. 9.

③ Heywood, Andrew, *Politics*, London: MacMillan Press Ltd. , 1997, p. 38.

④ Teodor Lucian Moga, "The Contribution of the Neofunctionalist and Integovernmentalist Theories to the Evolution of the European Integration Process", *Journal of Alternative Perspectives in the Social Sciences*, Vol. 1, No. 3, 2009, pp. 799-800.

霍夫曼的理论受到新功能主义者桑德霍兹和依斯曼的批评，他们认为《单一欧洲法案》之所以能够签署，是欧共体委员会发挥关键的领导作用的结果。跨国工业联盟支持建立单一市场，委员会在狄洛斯的领导下说服成员国支持共同市场建设。欧洲议会在斯皮内利的领导下发挥了重要作用，甚至主导了《单一欧洲法案》的谈判过程。从制度范畴看，《单一欧洲法案》的成功反映了 1966 年以后超国家主义的复兴。[①]

英国、法国和德国之间的讨价还价决定了《单一欧洲法案》能否顺利执行，因为三个主要国家有共同的国家利益。成员国保护国家利益而且对任何进一步转让主权的行为都有严格限制。它们试图避免将最高权力给予那些削弱其权威的核心机构，更倾向于通过政府间机构（如理事会）开展工作。成员国一体化的动力不是为了避免欧洲的地缘政治冲突或者追随美国的联邦主义模式，而是为了增加在经济贸易中的收益尤其是增加国家间工业贸易与资本流动的机会。[②] 里斯贝特·胡奇和盖里·马克斯认为超国家机制的存在促进了成员国之间达成协议，"成员国的利益而非超国家行为体塑造了政策结果。"[③]

《单一欧洲法案》执行之后，政府间主义的作用与影响并未减弱。新功能主义在处理更加官僚化的行政决策时坚持其观点："国家行政机构在起草欧盟基本条约和主要立法方面发挥决定性作用，如《单一欧洲法案》和《马斯特里赫特条约》，但它们在与日常政策相关的大部分领域作用很小。"[④] 为了支持政府间主义，国家政府是唯一合法的欧盟条约签署者，"条约能否签署取决于国家领袖之间的谈判"。新功能主义在

① Teodor Lucian Moga, "The Contribution of the Neofunctionalist and Integovernmentalist Theories to the Evolution of the European Integration Process", *Journal of Alternative Perspectives in the Social Sciences*, Vol. 1, No. 3, 2009, p. 801.

② Ibid.

③ Cafruny, A. W., Lankowski, C., (ed.), *Europe's Ambiguous Unity: Conflict and Consensus in the Post-Maastricht Era*, Boulder, London: Rienner, 1997, p. 21.

④ Marks Gary, Hooghe, L. and Blank, K., "European Integration from the 1980s: State-Centric V. Multi-Level Governance", *Journal of Common Market Studies*, Vol. 34, No. 3, 1996, p. 352.

一些专家看来没有过时,欧盟机制通过塑造成员国利益、界定产生政治影响力的途径,超越国家间的讨价还价而产生影响。"一旦国家创造了有独立权力的国际组织,这些机构便有了自主权,不完全在它们的控制之下。"①委员会有执行欧盟规定的自主权,可以叫停破坏欧盟市场不公平竞争的公司合并行为。欧洲法院在执行欧盟法律方面发挥重要作用,当成员国反对委员会的行为或者委员会与成员国争论的时候,超国家机构制定规则的能力加强。政府间主义者认为,成员国维持欧盟机构的存在是为了更好地服务于国家利益。②

基欧汉和霍夫曼指出,欧盟"是共享主权的伟大尝试,而不是权力从国家向超国家机制转移"。对比其他国际机构,欧盟获得了国家分享出来的主权。超国家机构与成员国之间的妥协以及在欧盟层面达成一致的难度体现了政府间主义的观点。"新功能主义或政府间主义等任何一种理论都无法解释一体化的所有现象,一体化的规律只能在一系列理论的多因果框架中得到归纳。"③莫拉夫维克的基本观点是,欧盟可以看作是通过谈判政策来协调管理经济相互依存问题的政府间机制。④ 机制与国家利益之间有联系,共同体决策的讨价还价反映了国家利益,国家利益在成员国入盟后又作出调整。⑤

① Sandholtz W. ,"Membership Matters: Limits of the Functional Approach to European Institutions", *Journal of Common Market Studies* , Vol. 34, No. 3, 1996, p. 408.

② Teodor Lucian Moga, "The Contribution of the Neofunctionalist and Integovernmentalist Theories to the Evolution of the European Integration Process", *Journal of Alternative Perspectives in the Social Sciences* , Vol. 1, No. 3, 2009, p. 804.

③ Moravcsik, A. , *The Choice for Europe: Social Purpose and State Power from Messina to Maastricht* , London: UCL Press; Ithaca, NY: Cornell University Press, 1998, p. 15.

④ Andrew Moravcsik, "Preferences and Power in the European Community: A Liberal Intergovernmentalist Approach", *Journal of Common Market Studies* , Vol. 31, No. 4, 1993.

⑤ W. Sandholtz, "Choosing Union: Monetary Politics and Maastricht", in B. F. Nelsen & A. C-G. Stubb(eds.), *The European Union: Readings on the Theory and Practice of European Integration* , London: MacMillan Press Ltd, 1994, p. 260.

(二)政府间主义理论与超国家主义理论对成员国与超国家机构关系的认识

政府间主义者质疑:为什么国家允许主权被削弱,为什么在欧洲一体化威胁国家政治控制力的情况下,国家能够容忍它?显然,国家势必取得了重大的回报。它们放弃了一些外部控制权,但收获了利益,控制力的损失是表面的。当国家选择转让主权给共同机构的时候,"它们主要的国家利益不仅限于界定和限制转移主权的速度而且还谨慎地塑造欧盟的核心机构,以保持在支持国家自身一体化的框架下维持权力均势。"①

政府间主义者认为,欧洲一体化并未对国家独立造成威胁,成员国通过加入欧盟维持甚至强化国家主权。政府在一体化过程中并非被动,因为成员国间的讨价还价取决于参与成员国的"最低公分母"。超国家行为体的存在是通过提供信息促进成员国达成协议。政策结果反映了成员国行政机构的相对权力和利益。国家是最终决策者,它们为了实现某些特定的政策目标将有限权力让渡给超国家机构。政府间主义者没有坚持政策制定的每个细节都是国家机关决定的,只强调政策制定的总方向与国家偏好一致。政府间主义模式接受现实主义理论对国际关系的认识,关注单一行为体之间的关系。国家行政机构在国内政治背景下建立,它们的谈判立场受到国内政治利益的影响。但是,各国的具体情况不同,国家政策制定者面对政治压力的反应不同。② 超国家主义者认为,欧洲一体化是多层面(超国家、国家和次国家)共享政策制定影响力与权力的过程。成员国政府是欧盟制定政策的参与者,控制力逐渐从它们手中转向超国家机构。简言之,政治控制的轨迹发

---

① Milward, A. and Sorensen, V., "Interdependence or Integration? A National Choice", in Milward, A., Ranieri, R., Romero, F. and Sorensen, V. (eds.), *The Frontier of National Sovereignty: History and Theory*, 1945-1992, New York: Routledge, 1993, p. 19.

② Marks Gary, Hooghe, L. and Blank, K., "European Integration from the 1980s: State-Centric V. Multi-level Governance", *Journal of Common Market Studies*, Vol. 34, No. 3, 1996, p. 345.

生改变。个体成员国的主权由于欧盟集体决策和欧洲议会、欧盟委员会的独立运作而被削弱。[①] 国家不再垄断欧洲层面的政策制定过程。决策能力由不同层面的行为体共享而非国家行政机构垄断,超国家机构对政策制定有独立影响力。

政府领袖希望将决策权转移给超国家机构的原因是,政治收益可能超出失去政治控制力的成本,或者使决策避开国内压力。其中包括:首先再分配权让渡给超国家层面,有助于超国家机构提供信息与其他资源,用以降低制定和执行集体决策的交易成本。其次,政府领袖希望将决策权转移给超国家层面,当国内出现指责声音时,政府可以将责任推卸给布鲁塞尔以避开国内的政治压力。

政府间主义者认为,当国家行政机构通过参与集体决策牺牲部分独立控制权时,它们通过强化预测政策结果的能力得到补偿。莫劳弗奇克指出,集体决策实际上增强了国家行政机构的控制能力,因为国家行政机构希望"政策协调有助于加强对国内政策结果的控制力"。[②] 这是两种不同概念的权力,必须区分开来。在欧盟层面,国家让渡主权给超国家机构;通过贯彻欧盟决策,加强对国内政策结果的控制。

政府间主义者指出,条约修订、新政策提案以及特定敏感领域仍然实行全体一致表决并保留国家否决权。"卢森堡妥协"给予国家在认为有损它们重要国家利益的时候否决任意提案的权力。"卢森堡妥协"赋予的否决权只是在有限条件下使用,且这项权力是防御性的而非进攻性的。[③]

成员国对欧盟超国家机制的控制力受到限制。在《马斯特里赫特条约》之前,被国家行政机构的领袖利用国内政党对批准条约的过程施

---

① Marks Gary, Hooghe, L. and Blank, K., "European Integration from the 1980s: State-Centric V. Multi-level Governance", *Journal of Common Market Studies*, Vol. 34, No. 3, 1996, p. 242.

② Moravcsik, A., "Preferences and Power in the European Community: A Liberal Intergovernmental Approach", *Journal of Common Market Studies*, Vol. 31, 1993, p. 485.

③ Teasdale, A., "The Life and Death of the Luxembourg Compromise", *Journal of Common Market Studies*, Vol. 31, No. 4, 1993.

加影响。它们不仅决定了条约的内容，还要负责说服国内接受。20 世纪 60 年代的戴高乐、80 年代的撒切尔都曾经破坏过决策进程，一再印证了国家主权可能是欧洲一体化的制约因素。《马斯特里赫特条约》之后，条约批准过程超越了国家行政机构的控制转向政党政治竞争、议会讨论以及全民公决。超国家机构并未置身于成员国冲突之外，而是卷入它们的斗争中。为了促使成员国政府尽快批准联盟条约，条约的内容都是较为含糊的，目的是为行为体进行多样化解释提供充足的空间。欧盟基本条约赋予欧盟委员会一些政策领域的提案权，将委员会从"均贫富"的机构转变成为区域经济发展的干预工具。①

　　制度变革产生不可预料的后果。成员国控制超国家机构的阻碍因素在于，它们不能准确预测集体行动的效果。行为体跨国界的复杂性、政策领域互动模式的多变性、欧盟决策的敏感性，构成一体化难以预测的复杂环境。马克·波拉克提出了"委托—代理"方法。一般来说，政策制定方是委托人，政策执行方是代理人。当委托人将权力授予代理人时，要求代理人以中立的立场使用权力。然而，代理人有自己的利益和政策偏好，作为代理人的行政机构或者调节机构获得一定的自主权后，就会成为私人利益集团游说的目标。一旦委托—代理关系建立起来，代理人就致力于在政策执行过程中增加影响力。政府官员都希望自己的部门实现"预算的最大化"，以提高本部门员工的工资，雇佣更多人员，提高自身的声望和地位。不同的行政部门有不同的预算需求，即使在同一个部门内部，高级公务员和普通职员的期望也不相同。高级公务员主要对增强政策影响力、扩大职权和自由执行力感兴趣，而普通员工则只重视待遇及可掌控的资源。代理机构总是期望能够偏离委托人原来的政策设想，按自己的意愿行事。委托人面临的难题是授权行为极易导致"行政权漂移"，即代理人可以利用其政策自主性使政策结

---

　　① Hooghe, L., "Building a Europe with the Regions: The Changing Role of the European Commission", in Hoogle, L. (ed.), *Cohesion Policy and European Integration: Building Multi-Level Governance*, Oxford: Oxford University Press, 1996.

果接近自己的偏好。①

当然,委托人能够防止"行政权漂移"现象的发生。委托人通过多种途径监督代理人的行为。委托人可以收集关于代理人行为的各种信息,迫使代理人向公众公开相关信息,但是收集信息的成本有时超过授权代理人所获得的收益。委托人设计的规范与程序的目标就是最小化代理人偏离其政策设想的可能性。规则明确规定了在决策之前代理人可以做哪些事情、不可以做哪些事情。代理人从委托人那里获得权力的自主度取决于任务的属性、职能运作依据的制度规范以及委托—代理人之间矛盾的程度、委托人获取的关于代理人行为的信息质量与数量等。②

在欧盟治理实践中,委托方是在理事会中行使共同决策权的成员国政府,而代理方则是被成员国政府授权的超国家机构。委托—代理关系不仅存在于经济领域,还存在于政治制度的管理中。首先,通过对复杂的制度间互动的考察可知,特定超国家制度的自主性主要取决于成员国授权的有效性与可靠性。这些都随制度本身、问题领域以及时间的变化而变化。波拉克试图超越政府间主义与超国家主义的争论③,将关注的重点从谁主导一体化进程转向如何协调权力委托方与代理人之间的关系。其次,委托—代理模式抓住了欧盟制度的高度复杂性。向超国家机构授权建立在成员国主体意志的基础上,对政府保持其控制力的能力以及委员会愿意并能够独立行动的能力得出不同结论。自由政府间主义认为,成员国在成本收益分析的基础上决定是否采用有效多数表决机制或者授权给超国家机构,最初六国决策的成本

① 委托-代理方法参考 Simon Hix, *The Political System of the European Union*, Basingstoke: Palgrave Macmillan, 1999, pp. 28-29。

② Simon Hix, The Political System of the European Union, Basingstoke: Palgrave Macmillan, 1999, p. 31.

③ Pollack, M. A, "Delegation, Agency and Agenda Setting in the European Community", *International Organization*, Vol. 55, No. 1, 1997, p. 101.

收益计算在数年后显然已经不再适用。① 成本收益的计算不是静止不变的,因此成员国的授权意愿与行为也是动态的。波拉克认为,超国家机构能否摆脱成员国的控制、独立行动取决于四个因素:成员国与超国家机构的偏好分配;采纳、推翻或改变代理机构意愿的决策规则;委托—代理关系中的信息是否充分与确定;次国家行为体、成员国的利益集团或者私人行为体的跨国功能。② 次国家行为体、成员国利益集团或跨国公司的交往、交易活动增加,才能产生对超国家规则的需求,超国家机构的功能才能显现出来。欧盟委员会的提案为了得到大多数国家的支持,在坚持原则性立场的基础上,尽量偏向大多数成员国都能接受的内容。委员会获得信息的渠道比其他行为体多,因此信息相对充足,它只要拥有议程设置权就能影响成员国的决策。虽然欧盟理事会表决过程中成员国可根据自身利益选择投票支持或否决,但欧盟委员会在政策执行过程中,利用自身的信息优势,潜移默化地加入自己的偏好,偏离既有的政策方案行事,可能采取有利于欧盟宏观利益却损害某些成员国利益的行动。这种委托—代理模式虽然使代理人有了代替委托方行事的权力,但也容易破坏委托方对代理人的信任,长久下去不利于多级治理的开展。若要加强委托方与代理人之间的信任关系,必须建立完善的监督机制,即允许第三方介入,监督代理人是否按照委托方的意愿在欧盟超国家层面、国家层面以及地方层面执行具体政策。如果代理人未能按照委托方的原意履行自己的职责,第三方经委托方授权可对代理人采取惩罚措施。这种体制的优点在于,欧盟理事会授予欧盟委员会执行权有助于欧盟政策在采纳和执行过程中讨价还价;其缺点在于,这种妥协使得执行政策缺乏政治领导力,容易造成执行过程

---

① Hussein Kassim and Anand Menon, "The Principal-Agent Approach and the Study of the European Union: Promise Unfulfilled", *Journal of European Public Policy*, Vol. 10, No. 1, 2003, p. 127.

② Hussein Kassim and Anand Menon, "The Principal-Agent Approach and the Study of the European Union: Promise Unfulfilled", *Journal of European Public Policy*, Vol. 10, No. 1, 2003, pp. 129-130.

中的墨守成规,并产生民主合法性问题。[1]

三、对主要案例的理论解释

本书在理事会权力变化的四个阶段都选取共同农业政策(CAP)作为主要案例进行分析。那么,欧洲一体化主要理论是如何解释这一重要政策变化的呢?

(一)选择共同农业政策作为关键案例的原因

将农业与欧盟其他政策领域对比,CAP决策通过的数量相对较少,很多关于CAP的问题都采用全体一致表决。一方面,正式的规则对农业产生重要影响,但是在其他领域并非如此;另一方面,除农业之外的政策领域,政府通常协调不同偏好之间的差异,一开始就能采纳提案达成一致。也就是说,CAP容易产生分歧且不易妥协,其他政策领域往往不需要进入正式决策过程就可以通过谈判达成一致。因此,CAP启用正式规则最多。[2] 农业领域投票很频繁,其他领域则投票相对较少。共同农业政策与其他政策存在差别的两个重要方面是:首先,委员会为CAP提供最高级的政策咨询专家。20世纪60年代委员会行政机构中主要负责农业问题的是第四总司(农业),拥有大量的农业问题专家与工作人员、充足的财政资源以及占有庞大的财政预算。[3] 它是委员会中最大的政策总司并拥有独立的地位。其次,整个60年代,欧共体在农业领域的决策占决策总数的40%。农业谈判主要采用"一揽子交易"形式,而"一揽子交易"并非决策过程的常态。其他政策领域通常都是以分权为主,成员国政府参与谈判的程度高;而农业领域中,主要是超国家层面集中决策,在巨大的政治压力下,往往要经过长期的马拉松谈判才能通过。从建立至今,成员国在CAP问题上存在巨大分歧,因此它们不愿意将决策权让渡给委员会等超国家机构,所以一

① Simon Hix, *The Political System of the European Union*, Basingstoke: Palgrave Macmillan, pp70-71.

② Mareike Kleine, "All Roads Lead Away From Rome? A Theory of Institutions in (European) Decision Making", Paper for Delivery at the ECPR Joint Sessions in Rennes, 11-15 April 2008, p. 19.

③ Ibid. , p. 20.

般都采用全体一致表决。可以说，CAP 是与欧盟理事会决策过程联系最密切的欧盟政策领域，其谈判与政策制定过程同理事会的权力变化息息相关。对于一些成员国来说，CAP 负担沉重，这些国家政府每年要承担巨大的财政支出；而对于另一些国家而言，CAP 带给它们的是大量援助与经济支持，是其农业发展、农村稳定、农民生活水平提高的保障。因此，CAP 是欧盟资源再分配体现最为突出的领域之一。

决策机制是推动 CAP 改革的主要因素。欧盟委员会垄断提案权，它是热衷于改革的机构，其提案本身就是充满改革色彩的。CAP 改革开始于委员会，结束于农业部长理事会，相对于积极推动超国家农业政策的委员会，农业部长理事会的成员都是来自各成员国的农业部长，他们只负责维护本国的农业利益。早期的 CAP 虽然都采用全体一致表决，但事实上只要法国和德国同意即可。后来，随着新成员国的加入，法、德的垄断地位动摇，每个成员国都希望在 CAP 一揽子交易中寻求最大化利益。①

总之，CAP 决策体现了欧盟最发达的超国家合作方式。政府间主义者只关注重要的历史时刻（如条约修订或欧盟主要危机）而忽视了欧盟政治体系的日常政治生活，CAP 就是欧盟体系日常政治生活中最重要的领域之一。本书将 CAP 作为案例是因为欧盟在农业政策领域的机制被视为多级治理体系，成员国在内部分配不平衡的一体化过程中发挥作用。② 简言之，欧盟小国之所以愿意跟随大国推动一体化过程，归根结底是利益交换的产物。较为贫穷的国家通过 CAP 获得欧盟富国的财政援助，才会"心甘情愿"地在其他领域与大国合作，追随大国的脚步。而大国每年承受如此庞大的经济负担以推广 CAP，也是为了让其他成员国跟随它们，主导欧洲一体化的发展方向，增强自身的国际地位。CAP 原本只是经济一体化的一部分，但由于涉及的财政预算庞

---

① Adrian Kay, "Towards a Theory of the Reform of the Common Agricultural Policy", *European Integration Online Papers* (*EIoP*), Vol. 4, 2000, pp. 7-8.

② Peter Nedergaard, "Market Failures and Government Failures: A Theoretical Model of the Common Agricultural Policy", *Public Choice*, 2006, Vol. 127.

大,政治利益盘根错节,成员国都将其置于重要位置,因此理事会成为
CAP 决策与执行的主要场所。欧盟委员会从自身角度出发,当然希望
推广在农业领域的超国家政策,但成员国组成的理事会只有在需要委
员会这一超国家机构"配合",或者是由于成员国分歧过大而无法达成
一致的时候,才允许委员会出面调节,协助理事会决策。

(二)自由政府间主义对共同农业政策的理论分析

诸多研究国际关系的学者对共同农业政策进行了理论分析。其中
较有影响的有罗伯特·普特南,他强调在谈判过程中关注国内和国际
事务之间的关系,并将此描述为国内与国际层面的互动。唐格曼与考
勒曼发展了他的观点,补充进欧盟层面的互动,讨论了 GATT 国际谈
判如何影响麦克萨里改革的最终结果。帕尔伯格认为乌拉圭回合没有
对 CAP 改革产生影响,事实上谈判只是延缓了决策过程,而延缓导致
的损失比乌拉圭回合的收益还要大。但乌拉圭回合使得执行谈判的诉
求变得更加容易,因为国家领袖可以在国际舞台上摆脱国内反对派的
牵制。[1] 检验 CAP 的另一个方法是公共选择途径。其核心观点是,对
经济收益的理性选择是个人行为的重要动力。[2] CAP 改革难反映了复
杂的利益关系,其中包括农民的利益、农业部门的利益,他们需要争取
乡村投票,官员倾向繁冗的规则,用以增加工作人员数量,扩大其管辖
部门的规模。[3] 委托人—代理人理论和政策网络理论都致力于探究欧
盟坚持推广昂贵且冲突不断的农业政策的原因。[4]

自由政府间主义为当代欧盟实践提供了更好的解释。国际关系的
自由主义范式结合了国家与个人(或者社会)之间的内部联系。国家在

---

① Colemann and Tangermann, "The 1992 CAP Reform, the Uruguay Round and the
Commission: Conceptualizing Linked Policy Games", *Journal of Common Market*, 1999, p.
386.

② Lynggaard, Kennet, *The Common Agricultural Policy and the Dynamics of Insti-
tutional Change*, University Press of Southern Denmark, 2005, p. 21.

③ Daugbjerg, Carsten, "EU and International Institutions in Negotiations on Agricul-
ture: Two Level Games and Two-layer Bargaining", Working Paper, Department of Political
Science, University of Arbus, 1999, p. 10.

④ Ibid., p. 8.

国际政治中的行为是"国内和跨国社会环境"互动的直接结果。观念、利益和社会机制通过塑造其偏好和社会目标影响国家行动。自由政府间主义的主要议题是将一体化进程构想成为国家间讨价还价的结果，其中的主要行为体是获得充足信息的政府。政府的创建、调解和动员活动源于高交易成本的有效谈判。根据自由政府间主义的双重博弈结构框架，成员国国内力量强大的农业利益集团在国内层面讨价还价，形成统一的农业政策偏好；随后成员国政府代表在欧盟层面将国内的农业政策偏好诉求带到 CAP 谈判中，为本国争取最大利益；最终基于成员国的相对权力对比以及利益补偿与平衡，形成妥协的协议，成员国政府将与农业管理相对应的主权转让给超国家机构。成员国国内与成员国之间两个层面博弈的结果，就是形成原则上各国必须遵守的共同政策。成员国之间根据共同政策相互限制与约束，增强彼此之间承诺的可靠性。有学者指出，CAP 决策困难与制度本身尤其是投票机制有密切关系。但追根溯源，制度建立与制度改革都是成员国推动的，因此从根本上说，还是成员国在这一领域的利益分歧过大造成理事会决策效率低下。偏好不同的成员国之间通过谈判建立各项制度，旨在用共同规则保障承诺的可靠性，在实践中成员国不可能在每次谈判中都得到自己希望的结果。在经济政治环境较为稳定且制度相对完善的情况下，某一个领域或时期的损失（在成员国可承受的范围内）将会在其他领域或时期得到补偿。相反，当遇到重大危机或成员国频繁违反制度规定的时候，成员国政府更倾向于追求短期收益。

国内利益与国家—社会关系是成员国支持一体化继续推进的持续动力。[①] 成员国从国内农业利益的角度出发，为了满足国内农业利益集团的利益要求，在 CAP 制定过程中表达自身的立场，为本国争取最大的农业利益。农民占各成员国国内相当大的人口比例，农民是否满意与国内的社会安定密不可分。各成员国执政党从欧盟争取更多有利

① Andrew Moravcsik, "Preferences and Power in the European Community: A Liberal Intergovernmentalist Approach", *Journal of Common Market Studies*, Vol. 31, No. 4, 1993, pp. 484-485.

于本国农民的政策,能够赢得更多本国农村选民的支持。经济的相互依存在欧盟理事会谈判过程中对成员国政府偏好的约束,也是成员国推动一体化进程的动力。欧盟推行 CAP,统筹农业经济发展以及再分配农业资源和收入的方式,与各成员国经济相互依存的关系不可分割。由于欧盟各成员国经济相互依存程度极高,成员国为了获得在农业政策领域某一方面的利益,需要寻找政策同盟,而在建立同盟的互动中其必然在该政策的其他方面作出些让步,或者在其他政策的制定上妥协。因此,成员国的政策偏好受到限制,只能在一定范围内摆动,不会偏离核心议题太远。

自由政府间主义者认为,在成员国谈判并达成协议的过程中,政治经济动机始终是主要的推动力。例如,CAP 导致法国与其他成员国之间矛盾激化,引发"空椅子危机",法国当时主要考虑的就是农业经济利益,而非法国一直宣称的对独立自主的追求。但事实上,其他成员国最终对法国作出妥协,正是牺牲了自己的经济利益,换取法国对欧共体一体化政治目标的支持。自由政府间主义对以全体一致投票为基础的政府间决策最具解释力,典型案例是欧盟理事会对条约改革的谈判与决策。国内经济利益塑造国家偏好,国内经济利益越重要、越确定,则国内经济利益与国家偏好之间的因果关系的不确定性就越小[①],政府间的讨价还价若要成功,必须在交易成本相对较低、信息充分并对称分布的情况下才能实现,而只有当国家政府预计到交易成本高、需要建立超国家机构应对重要信息分布的不对称时,超国家制度才有可能发挥作用,如 CAP 的第二、三阶段。《单一欧洲法案》就是在欧洲跨国公司没能找到共同利益并组织起来采取有效的集体行动,利益集团和各国政府没能将各种提案有效整合进而形成关于国内市场的一揽子方案的情况下,欧盟委员会和欧洲议会等超国家机构乘机发挥作用,寻找共同利益进行一揽子交易的成果。[②]

---

① [英]安特耶·维纳,[德]托马斯·迪兹主编,朱立群等译:《欧洲一体化理论》,北京:世界知识出版社,2008 年,第 106 页。

② 同上,第 107 页。

农业领域相对于欧盟其他政策领域而言,有其特殊性。首先,各成员国国内农民协会组织完善,对政府影响力度很大。[①] 农业问题投票坚持采用全体一致方式,欧盟委员会发挥作用有限。这一制度结果是内生的,完全是由于农业利益强大,几乎所有工业化国家政府都会在必要时对农业提供补贴,所以在欧盟层面的谈判中农业利益享有特殊待遇。[②] 推动 CAP 的主要成员国由于在这一政策上有不同的利益,各国国内存在不同情况,因此对这一政策的态度也各不相同。国家偏好的差异真实反映出权力分布的不对称性,一方是组织完备的农业部门,另一方是规模更大但分散且无组织的纳税人群体和消费者群体,后者被迫负担前者的费用。如上所述,欧盟委员会在农业政策领域影响力欠缺,结果造成这一领域闭塞、高价、管理分散的局面,这与委员会希望建立自由且集中的 CAP 的想法相悖。成员国对彼此偏好的了解程度甚至超过委员会。法国在 CAP 问题上相对利益较大,在一定程度上讲谈判并无优势,但它通过绑定法国利益较少的政策领域的谈判威胁他国,将消除内部关税速度和 CAP 批准日程挂钩。[③] 从各国主张 CAP 采用的决策方式看,成员国都是从自身国家利益出发,为了实现利益不惜违背自己一贯坚持的原则。例如,德国由于担心被迫降低农产品保护水平,反对 CAP 采取有效多数表决;法国反对超国家制度影响力增强,戴高乐领导下的法国坚持对 CAP 进行集中管理,以确保德国遵从制度安排,并在英国成为欧共体成员之前确定了对农业高额补偿的政策。[④]

总之,欧盟层面的决策是成员国国内利益(尤其是经济利益)与欧盟层面行为体讨价还价的谈判共同作用的结果。在 CAP 中,最有影响力的三国是法国、德国和英国,各国经济结构不同,国家偏好也各异。其中法国是农业大国,一直希望依靠推动 CAP 发展自身农业,增加农产品出口,振兴农业经济;德国是工业大国也是贡献国,希望通过在

---

① [英]安特耶·维纳,[德]托马斯·迪兹主编,朱立群等译:《欧洲一体化理论》,北京:世界知识出版社,2008 年。

② 同上。

③ 同上,第 107 页。

④ 同上,第 109 页。

CAP 对法国让步换取法国对共同市场的支持；而英国基本上是 CAP 的纯贡献国，坚持反对 CAP 高度一体化。新加入的成员国大多都是农业国家，需要 CAP 的补贴，因此随着欧盟扩大，这一政策越来越重要，导致贡献国的负担也越来越大。每个成员国都是根据国内的农业经济利益选择支持或者反对 CAP。在欧盟层面，成员国从自身利益出发，利用各自手中的砝码就 CAP 进行谈判，贡献国期望通过在农业领域的让步换取其他国家在其他领域的妥协，而受益国则希望追加补贴份额。因此，成员国"各怀心事"，因时因事而异地主张在欧盟层面坚持政府间决策方式或是由超国家机构发挥主要作用。

（三）共同农业政策与其他案例之间的对比说明了什么

在共同农业政策的制定过程中，不仅体现了欧盟理事会在每个阶段权力变化的大趋势，还表现出理事会与欧盟其他主要机构（如欧盟委员会与欧洲议会）之间关系的变化。在各个阶段选取的其他案例与共同农业政策，在同一阶段相同的环境与背景下，同样作为共同体政策，为何会出现截然不同的效果？

首先，现实主义强调国家在国际合作中更加关注自己的相对收益，除了绝对收益和相对收益的分类之外，还有长期收益和短期收益之分。无论是在竞争激烈的环境中，还是在欧盟机制完善的背景下，国家更倾向于追求短期的利益。CAP 涉及的利益关系非常复杂。对欧洲一体化的主要推动者而言，由于大量财政预算都用于补贴相对弱小的成员国的落后农业经济，短期成本大于收益，而 CAP 的财政支持对弱小成员国的经济命脉至关重要，因此成员国都期望在这一政策领域采用全体一致表决，为自己赢得最大收益。在欧共体建立初期，虽然成员国拥有实现一体化的共同政治目标，但眼前利益得失使成员国矛盾爆发，引发"空椅子危机"。共同渔业政策（CFP）也是成员国追求短期利益的典型案例。大多数成员国一直反对在涉及敏感主权的渔业领域采用共同标准，但随着拥有丰富渔业资源的新成员国的入盟日期临近，法、德等国家改变一贯态度，积极推动 CFP 的制定与执行。通信法令的顺利颁布也充分体现了成员国追求短期收益的事实。在同一时期，成员国在 CAP 问题上争得焦头烂额，而在制定共同通信标准问题上却能达成一致,这正是因为主要成员国都希望扩展通信市场,降低交易成本,增强本国通信产业的竞争力。对于这种立竿见影的"看得见摸得着"的收益,成员国当然乐意获取。

其次,推动欧盟理事会变革的动力大小与政策领域的性质有关,如再分配性政策与调节性政策。委员会对调节性政策领域的影响更大。成员国认为将权力授予委员会可以增强政策的有效性与可靠性。调节性政策的成本因政策变化而产生。将再分配政策的制定权授予超国家机构的成本超过收益,而成员国从授权超国家机构管理调节性政策的过程中受益。[①] 此外,正如新功能主义理论所言,技术领域的政策属于调节性政策,而技术领域的一体化速度往往领先于其他领域。除了技术领域自身容易实现统一的欧洲标准之外,欧盟委员会内部设有专门的技术部门和拥有各种技术专长的专家,在制定各国都容易接受的技术领域政策提案、给予成员国技术指导并监督统一政策的贯彻执行方面,比其他欧盟机构更有优势。例如,通信领域对技术要求较高,只有欧盟委员会的专业技术部门能够提出较为合理的、成员国易于采纳的政策建议,配合大多数成员国发展共同通信标准的意愿,这一领域的超国家化才能顺利发展。环境政策领域也是如此,由于涉及环境监测、污染治理等技术问题,欧盟委员会的作用格外突出,加上欧洲议会是积极推动环保的"绿色组织",因此这一领域的超国家化也较为成功。

(四)共同农业政策的未来发展

欧洲政治家签署《罗马条约》时的政策目标已经无法反映不断变化的社会需求。CAP 的最初目标与现实发展亦产生矛盾。欧盟委员会和欧盟理事会需要重新思考 CAP 的发展方向。CAP 应该通过强调鼓励生产健康、高质量的产品来实现可持续发展的目标。然而,欧盟条约的改革没有涵盖 CAP 目标的重新定位,没能体现出对可持续发展、消

---

① Thomas J. Doley, "Member States and the European Commission: Theoretical Insights From the New Economies of Organization", *Journal of European Public Policy*, Vol. 7, No. 4, 2000, p. 544.

费者保护的重视。① 2005 年关于预算优先性的讨论，CAP 成为政治斗争的。欧洲议会通过条约改革获得了共同决策的新权力，欧盟理事会中的农业利益达到一种平衡状态，但这种新的权力平衡使得欧盟委员会很难掌控 CAP 的改革进程。② 未来世界市场的形势与近期 CAP 改革的背景截然不同。国际关系格局、世贸组织谈判、欧洲社会新的关注点、CAP 与欧盟的其他政策目标之间的联系等因素都需要全面考虑。从长远看，机制与政治背景为 CAP 的进一步重要改革铺平了道路。委员会的委员在 2009 年实现了重新任命。欧盟的条约改革也得到成员国政府首脑的认可，未来欧洲议会在农业立法方面拥有更大权力。这些变化使理事会内部关于农业问题的妥协谈判与联盟行动的传统形式被完全不同的决策过程所取代。欧洲议会的新权力造成委员会控制改革朝明确方向发展的能力降低，农业预算权在短期内成为非常敏感的议题。③ 多年来，随着经济发展对更大变革的需求以及外部压力的有效推动，CAP 的改革从 1992 年开始加快速度。CAP 的外部环境及农业利益的平衡关系受到经济体制发生变化的影响。

英国政府将关于欧盟预算来源的讨论与 CAP 未来发展的讨论紧密联系起来。出于纯受益国的战略利益，以及一些成员国获得返还收益的考虑，将改革欧盟预算贡献比例与降低农业花费分割开来讨论是不可能的。④ 一些成员国部长贪图财政返还的动机破坏了理事会的决策效率。纯贡献国陷入本国国内的政治困境中，它们成为了 CAP 的改革派。当然，固守经济收益的成员国必须付出相应的代价，并且遭受在欧洲层面地位下降的损失。收益的平衡是缓解各方紧张关系，纠正理事会决策过程中存在的重视国家利益多于欧洲社会福利的偏见的良药。⑤ 在 CAP 推行的过程中，成员国中较大的纯贡献国与纯收益国之

① Jean-Christophe BUREAU and Louis-Pascal MAHE, CAP Reform beyond 2013: An Idea for a Longer View, p. 17.
② Ibid., p. 5.
③ Ibid., p. 26.
④ Ibid., p. 39.
⑤ Ibid., p. 52.

间的紧张关系愈加突出。2007～2013 年的财政预算最终协议中,有关于委员会负责监督欧盟预算(包括 CAP)的条款。纯贡献国对于旧的分配政策无法接受,委员会着手创建收支相对公平的纠正机制。但无论如何,CAP 在财政预算□都占有最大份额,是每年欧盟"烧钱"最多的政策,这也是将 CAP 重新国家化的提法受到推崇的原因。提倡这种观点的政治家和学者认为:农业政策的欧洲化除了每年给各成员国带来大额的财政负担外,成员国还必须遵守欧盟共同的技术标准,这有时完全与成员国国内的农业发展状况相悖,反而不利于成员国农业产业的扩大与发展。将农业政策重新国家化,可以因时因地而异,有针对性地制定农业政策,也可以减轻成员国每年高额的财政负担,尤其对纯贡献国是件好事。支持继续发展 CAP 的一方则认为,虽然推广 CAP 存在诸多弊端,但对于增强欧盟整体农业竞争力、提高农民收入和生活水平都颇有裨益。而且,发展农业需要占用较多的地方公共产品,只有欧盟具有如此强有力的调控能力。[①]

①　Jean-Christophe BUREAU and Louis-Pascal MAHE, CAP Reform beyond 2013: An Idea for a Longer View, p. 83.

第七章　从《里斯本条约》的制度变革探析欧盟理事会的权力发展

　　欧盟成员国通过体现超国家主义与政府间主义双重特征的制度框架开展合作。欧盟理事会作为成员国的利益代表,是成员国在欧盟层面讨价还价、协商妥协和利益交换的场所。它是欧盟最重要的决策机构,自建立至今,其权力发生了巨大变化。《里斯本条约》无论在形式还是实质上都尝试改变欧盟既有体制的运作模式,其签署以后,欧盟理事会与欧盟其他主要机构之间、欧盟内部成员国之间的关系都进行了重大调整。然而,《里斯本条约》并未从根本上改变欧盟理事会、欧盟委员会、欧洲议会之间的制度结构,但这一条约致力于改善制度的效率、连贯性与透明度,以更好地满足一体化的发展的新要求。①

　　一、《里斯本条约》的制度变革

　　《里斯本条约》是规划欧盟未来发展的新条约,是欧盟的政治家思考改革欧盟制度结构与欧盟决策机制的新尝试。②《里斯本条约》在原有制度的基础上,对投票规则、决策程序和票数比例分配都进行了相应的改革。有效多数表决机制(QMV)扩展到一贯采用全体一致表决的共同外交与安全政策(CFSP)领域。

---

　　① Cebuc Maria, Petria Licuta, European Institutions' Reform According to Lisbon Treaty, CNCSIS, Vol. 1, 2008, p. 233.

　　② Kristin Archick, "The European Union's Reform Process: The Lisbon Treaty", CRS Report for Congress, 2009, p. 2.

(一)《里斯本条约》制度改革的主要内容

1. 投票规则简单化。欧盟的投票规则过于繁冗,不仅常常引起选民的困惑,还造成资源浪费和决策过程拖沓。在《里斯本条约》中,欧盟领导人简化了现有的有效多数表决机制,规定若 55% 的成员国、代表 65% 的欧盟人口支持一项提案,则该提案获得通过。作为向波兰的让步,新的双重多数表决程序将在 2014 年引入,逐渐执行直到 2017 年全面开展,给予成员国政府适应调整的时间。① 成员国在较为敏感的领域(如税收和大部分外交政策)保留了国家的否决权。改革反映了欧盟的双重合法性,增强了决策的透明度与有效性,缓解了"民主赤字"问题。

2. 任命欧盟的新外交家。《里斯本条约》设置了欧盟外交事务与安全政策高级代表职位,用以提高欧盟整体的国际形象。这一职位将欧盟理事会共同外交与安全政策高级代表与对外关系委员合二为一,其主要职责是监督欧盟委员会的外交活动并管理欧盟各种对外发展项目。高级代表拥有双重身份,他既是欧盟理事会的代理人,同时也是欧盟委员会的副主席。高级代表可以利用其特殊身份协调欧盟理事会与欧盟委员会的关系。此外,欧盟的外事活动由外交事务理事会具体负责。②

3. 欧洲理事会设立新主席。欧洲理事会由成员国政府首脑、理事会主席、委员会主席构成。《里斯本条约》设置新主席一职有助于确保政策制定与执行的持续性、连贯性与稳定性③,有利于协调成员国多样化的议程。新主席将特别关注行政机构的冗员问题并致力于推行减轻财政负担的措施。原来欧洲理事会主席的轮值体系是,每六个月由一个成员国负责主持欧洲理事会的各种会议。《里斯本条约》规定,新的主席由欧盟的所有成员国选举产生,任职

---

① Herve Bribosia, "The Main Institutional Innovations of the Lisbon Treaty", *European Community Studies Association of Austria Publication Series*, Vol. 11, 2008, p. 77.

② Cebuc Maria and Petria Licuta, "European Institutions' Reform According To Lisbon Treaty", CNCSIS, Vol. 1, 2008, p. 234.

③ Ibid., p. 231.

两年半。主席负责准备并推动理事会的工作,在理事会历次会议之后向欧洲议会报告。主席在没有外交事务与安全政策高级代表参与的情况下代表欧盟。

4.改组欧盟委员会并加强欧洲议会的权力。欧盟委员会的委员由成员国居民根据成员国的政治体系选举出来,兼顾地理与人口的多样性。[①] 自2014年开始,欧盟委员会中委员的数量将减少到成员国数量的三分之二,执行委员会人数从27个缩减到18个。小国反对缩小欧盟委员会的规模,担心削弱它们在欧盟决策过程中的影响力,不愿意成为欧盟机构改革的牺牲品。欧洲议会将与欧盟理事会拥有平等预算权,并在司法、内务等领域扩大权力。《里斯本条约》将欧洲议会与欧盟理事会的共同决策权扩展到更多的政策领域中(如农业和内务),同时给予成员国国家议会参与起草欧盟法律的权力。

5.欧盟理事会的权力基本得到维持。理事会遵循条约的条款规定在各种小组中召开会议,总理事会负责准备理事会会议并与欧洲理事会主席和欧盟委员会协调合作。欧盟对外行动由外交事务理事会负责。欧盟理事会轮值主席根据欧洲理事会制定的规则,由成员国代表至少一年轮换一次。欧盟外交事务与安全政策高级代表负责联盟共同外交与安全政策的起草和执行。高级代表主管外交事务理事会,同时还兼任欧盟委员会的副主席,并负责确保联盟外交行动的连贯性。[②] 欧盟理事会的决策过程发生变化。理事会改变了以往全体一致投票的垄断地位,大力推广有效多数表决机制的使用。在实践中,《里斯本条约》一经生效,有效多数投票机制便适用于移民、文化等多种政策领域。[③]

6.承认成员国的退出权。一旦QMV决策损害了某个欧盟成员国的国家利益,则该成员国可以通过威胁退出欧盟以达到减少自身损失、

① Cebuc Maria and Petria Licuta, "European Institutions' Reform According To Lisbon Treaty", CNCSIS, Vol. 1, 2008, p. 235.

② Ibid. , p. 234.

③ Ibid. , p. 235.

换取他国让步、获得收益补偿的目的。由于有了自由退出权,成员国尤其是中小国家在欧盟 QMV 决策过程中重新获得了谈判的资本,然而,这个权力显然不能跟全体一致表决机制的否决权相提并论,因为成员国有很多退出的顾虑,不可能随时随地使用此项权力。①

总之,与《欧盟宪法草案》相比,《里斯本条约》中几乎所有改变之处都代表了支持深化欧盟一体化的成员国与倾向于欧盟政府间合作属性并维护国家主权的成员国之间的妥协,还体现了大国和小国之间的较量。《里斯本条约》的革新使欧盟制度和决策体系更加现代化,为欧盟及其成员国提供了颇有助益的功能框架②,更能适应欧盟的发展现状。在欧盟委员会主席权力"升级"与欧洲议会权力增加的同时,欧洲理事会主席的设置增强了欧盟决策的政府间属性。③

(二)欧盟理事会决策过程中有效多数表决机制的扩展

经过《里斯本条约》的改革,QMV 扩展到 45 个新的政策领域,这是欧盟制度改革的重大突破。使用 QMV 表决不仅保障了决策程序的高效,而且反映了每个成员国在这一程序中拥有的票数比例。④

第一,《里斯本条约》规定欧盟外交事务与安全政策(CFSP)高级代表在外交政策领域拥有动议权,这对于增强 CFSP 的超国家性具有重大意义,为 QMV 在 CFSP 领域的应用奠定了基础。"任何成员国、高级代表或受到欧盟委员会支持的部长都可以向欧盟理事会询问与 CF-

① Susanne Lechner and Renate Ohr, "The Right of Withdrawal in the Treaty of Lisbon: A Game Theoretic Reflection on Different Decision Processes in the EU", CEGE Discussion Papers, No. 77, Oct. 2008, p. 19.

② Cebuc Maria and Petria Liuta, "European Institutions' Reform According To Lisbon Treaty", CNCSIS, Vol. 1, 2008, p. 236.

③ Carlos Closa, "The Convention Method and the Transformation of EU Constitutional Politics", in Erik Oddvar, Fossum and Menedez, Augustin Jose (eds)., Developing a Constitution for Europe, London: Routledge, 2004, pp. 198-202.

④ Herve Bribosia, "The Main Institutional Innovations of the Lisbon Treaty", European Community Studies Association of Austria Publication Series, Vol. 11, 2008, p. 71.

SP 相关的问题,并向其提出动议或建议。"①上述规定使高级代表分享了原本由成员国和欧盟委员会共享的动议权,是欧盟外交政策领域的重大制度革新。② 高级代表的动议权超越了个体成员国利益的局限性,而从欧盟整体的立场出发代表共同体的集体利益。

第二,《里斯本条约》扩大了 CFSP 领域 QMV 的使用范围。该条约第 10B 条(1)款规定,根据欧盟的战略利益与决策目标,欧盟外交事务与安全政策高级代表向欧盟理事会提出建议,欧盟理事会就其建议采用 QMV 表决关于联盟行动或共同立场的提案。③ 然而,《里斯本条约》第 17 条规定,QMV 机制在 CFSP 领域的使用是有限制的:"当欧盟理事会的一位成员宣称由于本国重要的、宣示的原因反对用 QMV 方式通过决议,则表决不得进行。联盟外交与安全政策高级代表应与该国进行密切磋商,寻找其可以接受的解决办法。如果磋商未获成功,欧盟理事会请求欧洲理事会以一致同意的方式决策。"④《里斯本条约》出台后,虽然欧洲理事会对于在何时何地使用 QMV 拥有决定权,但提案如果遭到三分之一以上成员国国内议会的反对,则要返回欧盟委员会重新考虑。这将导致欧盟主要机构与成员国议会之间的矛盾和冲突不断激化。

《里斯本条约》关于欧盟 CFSP 的改革反映了欧盟内部政府间主义和超国家主义力量的竞争。《里斯本条约》是成员国利益妥协的结果,政府间主义力量与超国家主义力量在不同领域各有消长。一方面,它增强了欧盟对外关系中的超国家因素,如高级代表职能的设置、QMV 机制运用范围的扩展等;另一方面,政府间主义因素也得到加强,如欧洲理事会被赋予就欧盟所有对外行动的战略利益与目标作出决议的职

① Kristin Archick and Derek E. Mix, "The European Unions Reform Process: The Lisbon Treaty", CRS Report for Congress, No. 9, 2009, p. 4.

② 金玲:《"里斯本条约"与欧盟共同外交与安全政策》,载《欧洲研究》2008 年第 2 期,第 69 页。

③ 同上,第 72 页。

④ 同上,第 72 页。

责,剥夺了在贸易、发展和援助政策领域原本由欧盟委员会独享的权力。[1]《里斯本条约》扩大了 QMV 在 CFSP 领域的使用范围,然而,该条约本质上并未对 CFSP 领域的决策程序进行根本改革,涉及 CFSP 的重大决策仍主要由欧盟理事会采用全体一致表决。

二、《里斯本条约》制度变革产生的影响及评价

《里斯本条约》生效后,随着欧盟决策程序、表决机制的调整,欧盟主要机构之间、成员国之间的权力关系都发生了很大变化。欧盟在牺牲部分小国利益的基础上增强了大国对决策的影响力,作为欧盟层面重要机构的欧盟委员会的规模却缩小了。事实上,《里斯本条约》旨在加强机制超国家属性的措施,在实践中应用的难度颇大。

(一)大国的影响力增加

欧盟理事会采用新的投票方法,导致欧盟成员国中大国与小国的权力对比发生变化。提案通过成为法律将经历两次投票,第一轮投票必须有 55% 以上的成员国支持,第二轮必须达到 65% 以上的欧盟总人口投赞成票,法案才能得以通过;至少有四个成员国代表 35% 以上的欧盟人口才能组成反对联盟,有权要求撤销一项法案。这意味着欧盟三个最大的成员国在其他任意一个成员国的帮助下,就可以阻止它们反对的所有提案获得通过。根据《里斯本条约》新条款的规定,如果欧盟理事会的成员国代表 75% 以上的人口反对一项提案,则该提案被否决。在这种情况下,欧盟委员会必须在合理时间内竭尽全力提出各方满意的解决方案。到 2017 年,否决提案的门槛降低到欧盟成员国代表 55% 以上的民众反对即可。[2]由此看出,成员国向欧盟转让主权的程度是不均等的,拥有人口的多寡是导致这种不平衡的因素之一。在通常情况下,欧盟委员会的正式提案在提交欧盟立法程序之前,会先在一些成员国之间协商以争取它们的支持,欧盟委员会作为议程的设置者,大

---

① 金玲:《"里斯本条约"与欧盟共同外交与安全政策》,载《欧洲研究》2008 年第 2 期,第 77 页。

② Frantiek Turnovec, "National, Political and Institutional Influence in European Union Decision-making", *AUCO Czech Economic Review* (*AUCO Czech Economic Review*), Issue 2, 2008, p. 18.

国是它们最重要的同盟。

成员国在欧盟理事会占有的票数比重是衡量它们对决策机制影响力的重要依据。成员国投票权力的具体体现是,在政策实践中,特定行为体在某些特殊时刻比它们所占有的票数比重发挥更大的影响力。[①]在支持提案的同盟中,任何成员国的摇摆立场甚至背叛举动都可能导致提案的失败。在双层代表体系中,所有欧盟机构都要尊重公民平等的原则。在国家层面,公民投票给国家议会,产生政府;在欧盟层面,成员国政府通过在欧盟理事会的代表参与决策。成员国个体投票者的投票权跟欧盟层面的投票权不尽相同,民主的政府只能代表大多数而非所有民众的意志。而欧盟理事会的全体一致表决方式保障国家无论大小都享有同等否决权。然而,《里斯本条约》关于欧盟理事会决策方式以及权力分配的重要改革对大国较为有利,中小国家不仅失去了一票否决权,条约也未能成功推动投票权的公平分配。

《里斯本条约》执行后,欧盟成员国之间的权力关系发生巨大变化。小国的数量随着欧盟扩大而逐年增加,它们与老成员国在经济水平、政治制度、文化历史、身份认同等方面差异甚大。在欧盟理事会决策过程中,新老成员国的分歧极易导致决策无法通过,大国在欧盟治理中的地位受到威胁,于是想方设法与小国争夺欧盟决策时的权力。权力向大国的转移以多种方式实现,其中将 QMV 推广到更多的政策领域是最有效的方式之一。只要成员国在决策过程中拥有否决权,则每个国家对决策都有相同的影响力,都有能力制止它反对的提案获得通过。在 QMV 机制中,成员国必须组成反对联盟并达到规定的代表人口比例,才有可能阻止一项提案通过,而号召其他国家形成统一立场、组成反对同盟、对于小国而言是个难题。在欧洲议会,大国拥有的席位比它们在欧盟理事会中的比例还要高。欧洲议会的政党集团被大国的政党主

---

① Kristin Archick and Derek E. Mix, "The European Unions Reform Process: The Lisbon Treaty", CRS Report for Congress, No. 9, 2009, p. 6.

导,小国政党的不同政见很难在政策讨论中受到重视。① 由此可见,虽然欧洲议会是欧盟民众普选产生的机构,却不意味着代表普通民众的普遍利益,这一通过直接选举产生的欧盟机构仍然无法摆脱大国政治的阴影,困扰欧盟已久的"民主赤字"问题也没有彻底消除。

(二)欧盟委员会的权力变化

不仅欧盟理事会的权力发生变化,与之相对应的欧盟超国家机构委员会的权力也充满变数。欧盟委员会与共同体的利益息息相关,不仅可以防止大国在欧盟体系中主导一切,而且对于小国在欧盟体制中的生存至关重要。但欧盟委员会对提案的垄断权仍然局限于传统的共同体政策领域(如内部市场、农业、消费者与环境保护等)。《里斯本条约》对欧盟委员会在欧盟治理的第二、三支柱中权力受限的现状改变甚少,它虽然扩展了委员会在安全与司法等领域的权限,但同时也赋予了成员国"紧急制动"的权力。② 欧盟委员会到 2014 年时要缩小规模,委员的选择要同时反映人口和地理双重因素。改革措施提高了欧盟委员会主席的地位,但远不及政府首脑的作用。总的来说,对欧盟委员会的新安排有利于集体管理和办调。③ 欧盟委员会虽然仍是欧盟决策的核心机构,但其政治地位自 2004 年起已有衰落的迹象,欧盟委员会的权力下降是由其他欧洲机构尤其是欧盟理事会的权力扩张导致的,也与牺牲小国利益、换取较大成员国支持的行为有关。欧盟委员会预期主要国家的政策立场,并在提案的准备阶段将其考虑在内,以促使提案通过为目的而不再追求更高标准的"共同体利益"。欧盟委员会越来越偏离其中立机构的初始定位,逐渐向主要大国的偏好靠拢。

《里斯本条约》设立了欧洲理事会主席的职位却限制了欧盟委员会的发展。作为欧盟超国家机构的委员会与政府间机构欧盟理事会之间

---

① Kristin Archick and Derek E. Mix, "The European Unions Reform Process: The Lisbon Treaty", CRS Report for Congress, No. 9, 2009, p. 9.

② Frantiek Turnovec, "National, Political and Institutional Influence in European Union Decision-making", *AUCO Czech Economic Review* (*AUCO Czech Economic Review*), Issue2, 2008, p. 11.

③ Ibid.

的权力平衡为欧盟制度与政治稳定提供了保证。新的权力分配体现了政府间主义力量与超国家主义力量之间的关系,以及大国与小国之间关于欧洲一体化是什么以及如何实现等问题的期望差别①,反映了欧盟传统中对一体化的深化、"民主赤字"以及成员国利益保护的关注。②高级代表同时作为欧盟委员会和欧盟理事会的成员具有"双重性质",是欧盟政府间主义力量与超国家主义力量之间的重要调节者。高级代表主持欧盟理事会的外交事务部长理事会,参加欧洲理事会会议并且推动政府间谈判与磋商,欧盟理事会则试图渗透到欧盟委员会的职权范围内,尤其是对外贸易和发展政策领域。③《里斯本条约》的设计预示了欧盟委员会和欧盟理事会将展开激烈的"地盘战"。高级代表有可能成为欧盟理事会向欧盟委员会延伸权力的工具。

欧盟委员会虽然被批评为缺乏民主,但《里斯本条约》没有涉及民主改革的内容。除了提案权之外,欧盟委员会还参与敲定法律细节的工作。在一些国家,政治精英和各领域的专家在欧洲一体化过程中仍然将欧盟委员会视为合法与高效的机构,甚至是"条约的捍卫者"。④新加入欧盟的成员国的国内民众对欧盟委员会的信任与支持程度甚至超过了本国政府,如捷克、波兰、拉脱维亚等,这些国家的共同特点是国内政治都处于过渡的转型期。

(三)对《里斯本条约》制度改革的评价

虽然欧盟决策机制在某些领域呈现出超国家色彩,但它仍然保留了政府间属性。《里斯本条约》规定,欧盟委员会主席由欧洲理事会在兼顾欧洲议会选举结果的情况下提名,并经欧洲议会的多数投票机制

---

① Ben Rosamond, *Theories of European Integration*, NY: Palgrave, 2002, pp. 1-17.

② Johan P. Olsen, "Unity, Diversity and Democratic Institutions", ARENA Working Papers 04/13, 2004.

③ Frantiek Turnovec, "National, Political and Institutional Influence in European Union Decision-making", *AUCO Czech Economic Review* (*AUCO Czech Economic Review*), Issue2, 2008, p. 14.

④ Piotr Maciej Kaczynski, "The European Commission 2004-09: A Politically Weakened Institution? Views From The National Capitals", EPIN Working Paper No. 23/May 2009, p. 3.

选举产生。这一规定无疑提升了欧洲议会的地位,加深了民众对欧洲议会选举重要性的认识。但也有学者指出,欧洲议会的权力仍受到限制,它只能批准或否决欧洲理事会推荐的候选人,不能独立提名候选人。①

　　欧盟理事会 QMV 的扩展陷入僵局。例如,德国希望在移民政策领域保留全体一致表决机制;西班牙反对在事关向弱势国家和地区提供补贴的政策领域取消否决权;英国拒绝在财政政策一体化的问题上放弃否决权;法国则希望保留在文化政策上的一致同意。虽然经过调整,但票数比例仍然不能恰当反映成员国的国家规模,小国面临的形势比大国有利。② 从表面看,《里斯本条约》在决策机制上扩大了 QMV 的使用范围,但在政策实践过程中,这一投票方式的运用条件颇为苛刻。当提高欧盟机构的决策效率与成员国维护主权的举动在投票问题上存在矛盾时,QMV 表决产生的结果比其他投票方式更模糊,模糊的政策结果既能淡化成员国对于进一步让渡主权的抵触情绪并便于成员国政府向国内民众交代,又能通过减少分歧而加快决策的制定速度。虽然 QMV 适用的政策领域较之前有所扩展,但欧盟理事会依然掌握最终决定权,且政策在各成员国的执行效率仍有待商榷。欧盟的集体行动经常受到各国政府的制约,这在自上而下的政策实践过程中表现得尤为突出。③《里斯本条约》的决策机制加强了政府间色彩,在此框架下 CFSP 决策程序提高效率的尝试鲜有突破。④ 此外,《里斯本条约》出台后,政府间机构欧洲理事会与欧盟理事会支配了 CFSP 的决策过程,欧洲法院完全不能在这一政策领域行使司法管辖权。

　　成员国政府对不同领域的政策持有不同立场,它们期望在政策协

---

　　① 郑春荣:《"里斯本条约"解析》,载《国际论坛》2008 年第 3 期,第 8～9 页。

　　② Almut Metz,"Strengthening Capacities for the Reform-Perspectives of Institution Building in the European Union", EU-China European Studies Centres Programme, CAP Working Paper, Dec. 2006, p. 6.

　　③ 金玲:《"里斯本条约"与欧盟共同外交与安全政策》,载《欧洲研究》2008 年第 2 期,第 69 页。

　　④ 郑春荣:《"里斯本条约"解析》,载《国际论坛》2008 年第 3 期,第 8～9 页。

调的过程中获得比单边行动更多的收益。当未来充满不确定性、通过与其他伙伴协商可获益更多、授权的成本可以承受时①，成员国可能同意授权给欧盟机构。《里斯本条约》对欧盟机制的诸多方面进行了改革，但仍然存在许多问题。例如，《里斯本条约》生效后，欧盟决策体系建立在人口规模的基础上，然而罗马尼亚有400万人在欧盟其他国家生活与工作，这些人是按照出生地还是居住国划分归属国籍？在欧盟至今还有数百万公民拥有双重国籍，这又如何计算？②

  《里斯本条约》极大地改变了欧盟成员国的现有权力关系。决策获得通过的人口比例从72%降到65%，这说明了欧盟的决策可能只代表65%而非全部民众的利益③，"民主赤字"问题有加剧的风险。大国由于掌握较高比例的票数且利益与偏好相近，它们组成反对联盟或者政策同盟的可能性提高，且欧盟委员会在准备提案的过程中经常与较大的成员国进行协商。小国失去了一票否决权，拥有的票数也远不及大国，是条约改革的牺牲者。新体系的双重多数机制赋予大国在制定欧盟法律过程中更强的讨价还价能力。权力不仅从所有成员国投票者手中转移，还从小国和中等规模国家向大国转移。《里斯本条约》的机制改革强调政府间属性，欧盟理事会决策的赞同票比例放宽了，决策通过的数量相应增加，理事会的权力与影响力也增强了。与此同时，欧盟委员会的规模缩小，委员会在欧盟决策过程中的话语权也减少了。虽然欧盟尝试在 CFSP 领域采用 QMV 表决机制，但由于涉及各国的核心利益，CFSP 超国家化的步伐缓慢、阻力巨大。这种在政府间力量主导

  ① Piotr Tosiek, "The European Union after the Treaty of Lisbon-Still an Intergovernmental System", ECPR, Fourth Pan-European Conference on EU Politics 25 to 27 September 2008, University of Latvia, Riga, Latvia, p. 3.

  ② Jens-Peter Bonde, "From EU Constitution to Lisbon Treaty", CNCSIS, Vol. 1, 2008, p. 55.

  ③ Bela Plechanovova, "The Lisbon Treaty and the Decision-Making in the EU Council: Winning Coalitions and the Policy Shift?", Presented at international conference "The Lisbon Reform Treaty: Internal and External Implications", Hebrew University, Jerusalem, 13-14 July 2008, p. 7.

下的适度"布鲁塞尔化"将是未来欧盟制度发展的主要趋势。[①]

三、《里斯本条约》后欧盟理事会权力的未来发展

《里斯本条约》中对欧盟理事会决策规则的改变是制度变革过程中最突出的内容。欧盟理事会作为欧盟最重要的决策机构,其立法权力在遭遇挑战和巩固强化之间徘徊。欧盟理事会内部改革与调整坚持的原则是,保持欧盟政府间主义力量与超国家主义力量的平衡,协调大国与小国的利益,并兼顾决策机制的效率与公平。[②]

(一)《里斯本条约》生效后欧盟理事会权力变化的表现

《里斯本条约》生效后欧盟理事会的权力发生较大变化,主要表现在以下几个方面:首先,投票规则与决策程序的调整维护了大国的主导地位,由于它们的投票权力增加,在谈判中的政治地位相应提高了。其次,在采用 QMV 决策的过程中,拥有相似偏好的成员国政府试图控制政策结果,它们组成政策联盟(既包括大国也吸纳小国)试图引导决策朝着与自身偏好接近的方向发展。成员是否拥有相似的认同并达到多数规定的票数是提案能否通过的关键。再次,欧盟理事会的大多数政策不必提交理事会会议进行正式表决,它们通过非正式的谈判过程得以协调进而达成一致。[③]《里斯本条约》签署后,一些制度变化明显削弱了成员国对决策的影响力并减少了成员国集体发挥作用的机会,缩小了成员国政府的管辖范围。[④]

---

① 徐贝宁:《从"里斯本条约"看欧盟共同外交与安全政策的机制对政策运作效力的影响》,载《国际论坛》2009 年第 3 期,第 24 页。

② Bela Plechanovova, "The Lisbon Treaty and the Decision-Making in the EU Council: Winning Coalitions and the Policy Shift?", Presented at international conference "The Lisbon Reform Treaty: Internal and External Implications", Hebrew University, Jerusalem, 13-14 July 2008, p. 3.

③ Sara Hagemann and Julia De Clerck-Sachsse, "Old Rules, New Game: Decision-Making in the Council of Ministers after 2004 Enlargement", Special Report, 2007, p. 8.

④ Luis Silva Morais, "How to Reform the European Union: Is the Treaty of Lisbon Part of the Solution or Part of the Problem?", in Joaquin Roy and Roberto Dominguez (eds.), *Lisbon Fado: The European Union under Reform*, Thomson-Shore Inc, 2009, p. 42.

欧盟理事会的改革不仅通过扩大之后重新分配票数保障公平,还通过改革投票程序和优化决策过程提高效率。改革在具体实施的过程中需要综合考虑形势的动态性、政策的稳定性与发展的可持续性。[①]扩大不是一蹴而成的,欧盟为扩大作准备而进行的机制改革经历了将近十年的过渡期。候选国在自愿的基础上为了达到入盟的"哥本哈根标准"而不断调整国内制度。扩大完成后,新成员参与欧盟理事会的工作是按阶段进行的。在它们逐步参与到欧盟机构各个部门的具体工作之后,欧盟理事会便着手进行旨在使欧盟决策相对公平的改革,内容包括改革决策与立法的基本规则与程序、扩展 QMV 的使用范围等,这些变化都是以条约形式实现的。还有一些制度调整是以保证体系的持续稳定为前提,通过内部提案的方式进行的。在充分考虑各成员国人口及对欧盟发展贡献的基础上,重新分配各成员国的票数比重,尽量保持新老、大小成员国利益的平衡并兼顾地理因素。在欧盟理事会决策的实践中,欧盟扩大后共同农业政策的表决时间缩短、语言种类增加导致欧盟委员会提交提案的速度放慢,但决策过程却没有因此而延长。究其原因,主要是农业部长日常开会的频率提高,每次会议都能达成部分一致。扩大后循序渐进的决策方式增加了欧盟理事会中负责日常事务的部门(如主席与秘书处)的权力。[②]

(二)《里斯本条约》的制度变革推动欧盟理事会与其他主要机构的权力关系更趋平衡

从实践层面考察,欧盟超国家机构宏观调控的构想与成员国政府"上有政策下有对策"的执行不力、成员国让渡部分主权给欧盟与双方配合不默契造成各自权力的不完整、欧盟长远目标与成员国追求短期

---

① Frantiek Turnovec, "National, Political and Institutional Influence in European Union Decision-making", *AUCO Czech Economic Review* (*AUCO Czech Economic Review*), Issue 2, 2008, p. 35.

② Edward Best and Pierpaolo Settembri, "Surviving Enlargement: How Has the Council Managed?", in Edward Best, Thomas Christiansen and Pierpaolo Settembri, *The Institutions of the Enlarged European Union: Continuity and Change*, London: Edward Elgar Publishing Limited, 2008.

利益等矛盾,导致近期欧盟应对主权债务危机、刺激区域内经济恢复的行动力不从心。《里斯本条约》的制度变革未能解决上述问题,虽然欧盟政治家致力于提高欧盟决策的效率、效力并加强合法性,但仅靠条约完善各项规则是远远不够的,欧盟理事会应该充分利用自身优势与特性,努力协调欧盟主要机构与成员国政府之间的权力关系。只有这样,欧盟才能更有效地应对区域性或全球性的挑战。

无论如何,《里斯本条约》是欧盟机制改革的最新举措。它的通过一扫之前欧盟"宪法"被法国与荷兰全民公决否定的阴霾,为欧盟的未来发展带来了希望。《里斯本条约》对欧洲理事会、欧盟理事会、欧盟委员会和欧洲议会等欧盟主要机构都进行了改革。首先,欧盟理事会决策过程中 QMV 的使用范围扩展到 CFSP 领域,但仍有苛刻的限制要求,可以说,QMV 还没有具备完全适用于 CFSP 决策的条件,成员国仍然牢牢控制 CFSP 的决策过程。其次,欧洲理事会主席的职能有所增加,对决策的影响力加强。但由于首脑会议的高层次性以及开会次数有限,欧洲理事会主席的未来影响力还有待检验。再次,欧盟委员会不能跳脱《里斯本条约》的基本框架①,成为此次条约改革中损失最大的机构,它的规模将会缩小,并且逐渐丧失垄断提案权的优势地位。最后,作为超国家力量被削弱的补偿以及解决"民主赤字"问题的策略,欧洲议会的权力随着共同决策程序的扩展而得到巩固。由《里斯本条约》可以看出,机制改革最主要的目的是提高决策效率以及保持制度平衡,但从长远看,欧盟理事会继续掌握欧盟重要决策的主导权,政府间属性仍然是欧盟决策的主要特征。

欧盟理事会的决策机制从全体一致的垄断到 QMV 的扩展,成员国在欧盟理事会决策过程中的动力从追求阻止决策通过的"一票否决权"转向寻找构成多数"政策同盟"的可能性。② 这种转变的意义在于,

---

① Michael Dougan, "The Treaty of Lisbon 2007: Winning Minds, Not Hearts", *Common Market Law Review*, Vol. 45, 2008, p. 693.

② Sebastian Kurpas, Ben Crum and Philippe de Schoutheete, "The Treaty of Lisbon: Implementing the Institutional Innovations", Joint Study CEPS, EGMONT and EPC, 2007, p. 71.

原来的决策机制中成员国有否决权在手,在遇到自己不满意的提案时,可以任意使用否决票而不必关心其他国家的想法。QMV 决策使得成员国需要谨慎选择自己的立场,在维护自身利益的同时不断寻找同盟国支持自己。跟从前相比,欧盟决策更加注重国家之间的协调合作与讨价还价,这更有利于欧盟一体化的未来发展。但各成员国政府坚持不肯让渡安全领域的主权,全体一致仍然是其主要投票方式,成员国在这个领域很难作出更大的妥协和让步。一体化能够不断前进的艺术在于,在政府间主义力量与超国家主义力量之间寻找平衡点,超国家主义力量的发展不能超越成员国能够接受的底线,而政府间属性的加强也要兼顾超国家因素,政府间主义力量与超国家主义力量在持续竞争与合作的过程中推动欧盟一体化向前发展。

四、主权债务危机背景下的欧盟治理机制

20 世纪 50 年代,欧共体建立欧洲防务共同体和欧洲政治共同体的努力失败了;70~80 年代爆发的石油危机暴露出欧共体严重的金融问题;丹麦于 1992 年对《马斯特里赫特条约》说不,使欧盟陷入持续的改革困境;爱尔兰于 2001 年否决了《尼斯条约》草案,没能使一体化发展更进一步;2005 年法国、荷兰否决了欧盟宪法草案;2008 年爱尔兰否决了《里斯本条约》草案。[①] 历经了一系列经济、政治改革的挫折,欧盟推动有效改革的能力受到质疑,成员国政治精英与普通民众对进一步让渡主权给欧盟超国家机构产生抵触情绪。在全球化的新形势下,美国遭遇金融危机,进而演变为全球性经济危机;新兴经济体的挑战使国际经济权力的平衡发生改变。欧盟在这种严峻的国际形势下,加上自身经济制度由来已久的问题,爆发了严重的主权债务危机且有愈演愈烈的趋势,动摇了欧盟一体化的基础。民众对欧盟经济治理机制应对危机的反应甚是不满,成员国政府倾向于依靠自己国内的力量渡过危机。欧盟的未来再次面临两难的选择。欧盟领导人要么将危机转化为契机,推动经济治理,重振一体化发展;要么欧元区解体,一体化停滞。

---

① Janis A. Emmanouilidis, Josef Janning, "Stronger after the Crisis: Strategic Choices for Europe's Way ahead", Strategy Paper on the "State of the Union", June. 2011, p. 8.

（一）完善现有的欧盟机制，弥补因债务危机暴露出的缺陷

自《里斯本条约》签署以来，欧盟层面的权力和影响力更多地转移到欧洲理事会，即成员国政府的领导者共同决定欧盟的战略方向。频繁召开会议和详尽的提案内容使得欧洲理事会成为欧盟决策的前沿阵地，欧洲理事会职能的增加受到国家层面政治力量的推动。欧盟的政策制定日益呈现出"总统化"特征，具体体现为成员国国内政府首脑的决策力加强。[①] 2011 年 3 月，范龙佩宣布，理事会决定推行"旨在加强欧盟经济治理并确保欧元区持久稳定"的经济措施。[②] 理事会作为欧盟最重要的决策机构，公开表示支持强化欧盟经济治理的措施，体现了欧盟机构与大多数成员国政府的共同意愿。欧盟扩大阻碍了欧盟委员会作为"利益经纪人"、"妥协探求者"的作用，欧盟呈现出更加异质和复杂的特性。欧盟委员会主席的力量较弱，缺乏像狄洛斯有那样强有力的领袖。[③] 欧盟逐渐从"技术性合作"发展为"政治性合作"，委员会缺乏民主合法性，不利于欧盟进一步深化。总之，欧盟委员会的权力地位下降，布鲁塞尔的其他行政机构尤其是欧洲议会越来越淡化与欧盟委员会的"超国家伙伴关系"，而是更加强调"非竞争对抗的制度关系"。[④]《欧盟财政条约草案》构想将欧元高峰会议制度化，即高峰会议由欧元区成员国国家元首或政府首脑以及欧盟理事会主席参加，理事会主席选举时，欧元高峰会议也选举一名主席，理事会主席同时担任欧元高峰会议主席的可能性增加。[⑤] 应欧洲议会要求，高峰会议主席应告知议会有关高峰会议活动的内容，议会经济与货币事务委员会将来可能扮

---

① Janis A. Emmanouilidis, Josef Janning, "Stronger after the Crisis: Strategic Choices for Europe's Way ahead", Strategy Paper on the "State of the Union", June. 2011, p. 18.

② European Council, EUCO 10/11, CO EUR 6 CONCL 3, Brussels, 25 Mar. 2011.

③ Palazzo Mundell, Santa Colomba, "Mne Mechanisms of Policy-Making for the European Union", Luxembourg Institute for European and International Studies, July 2010, p. 11.

④ Janis A. Emmanouilidis, Josef Janning, "Stronger after the Crisis: Strategic Choices for Europe's Way ahead, Strategy Paper on the "State of the Union", June. 2011, p. 18.

⑤ 李贵英：《搭建欧盟里斯本条约时代财政改革之桥梁：欧盟财政条约草案之评析》，www. eutw. org. tw/file/13305865373. pdf，第 8 页。

演较为有力的监督角色。[①]

　　作为欧盟治理第一支柱的经货联盟,其设计本身就存在诸多弊端,如欧盟统一的经济与货币政策对成员国经济过于保护导致其日渐失去竞争力,欧盟扩大速度过快致使成员国经济极度不平衡,僵化的共同体政策使成员国丧失了应对经济问题的灵活性。2012年6月欧盟峰会的主题是讨论报告《走向一个真正的经济与货币联盟》,报告的主要内容是未来十年以一体化的金融框架、一体化的预算框架与经济政策框架以及决策过程中的民主合法性与责任原则为基础,构建更强大的经货联盟。[②] 峰会的正式声明表示,欧盟委员会提议建立统一的银行监管机构、建立共同偿债基金和单一的银行存款保险机制,从银行联盟再到财政联盟,将更多的财政和金融权力从国家转移到欧盟治理机制中。[③]

　　《稳定与增长公约》的条款明确规定了成员国的赤字水平,而一体化的主要推动国法国和德国却不时带头违反这一本应具有强制约束力的条约,使其效力大打折扣。金融市场监管的主体仍然是成员国,因此,经货联盟不能插手成员国国内银行的风险评估,金融风险难以在欧盟层面被发现并预防。[④] 为了应对愈演愈烈的主权债务危机,政治精英在欧盟层面修订原有的《稳定与增长公约》,进一步加强对金融与经济政策的协调,引入了具有永久约束力的财政规则,成员国采用欧盟统一标准进行统计及预期,使成员国政府财政更加趋于稳定,这是解决主权债务危机和创建稳定联盟的重要步骤。[⑤] 赤字与债务能否减少取决于逐步审批的新程序,这就意味着由欧盟委员会提出的解决危机的建

---

① 李贵英:《搭建欧盟里斯本条约时代财政改革之桥梁:欧盟财政条约草案之评析》,www. eutw. org. tw/file/13305865373. pdf,第8页。

② 杨可瞻、张雨:《德国有条件"妥协"欧债危机走向拐点》,《每日经济新闻》,2012年6月30日。

③ 同上。

④ Klaus Regling, "Europe's Response to the European Sovereign Debt Crisis", Anders Chydenius Free Trade Seminar, Kokkola, 8 Jun. 2012, pp. 1-2.

⑤ Ibid. , p. 3.

228

议即使遭到大多数欧元区成员反对也可能最终被采纳。① 成员国与委员会官员之间不可避免地产生政治上的讨价还价,欧盟层面通过的决策都要在成员国议会获得通过,成员国议会带有明显的主权标签。如何增强委员会和理事会对成员国决策的影响并使成员国政治家或成员国议会议员与欧盟机制的想法更接近是关键所在,这个问题处理不好,"民主赤字"就会上升,引起新的摩擦。②

"反向多数规则"被引入现有决策程序中,使得委员会向成员国提出处罚建议后,只有理事会以有效多数票反对才能推翻处罚决定。宏观经济过度不平衡的存在,直接影响了成员国的公共财政并使它们在面对消极打击时越来越脆弱,因此旨在监测并避免宏观经济过度不平衡状况的"过度赤字程序"出现了。成员国如负债比例超过 60%,即使财政赤字占 GDP 比例降到 3% 以下,也要连续 3 年每年降低超标负债的 1/20③,否则成员国就要进入"过度赤字程序"。在存在财政状况过度不平衡的地方,一再违反委员会的建议将会受到制裁;但也要考虑到私人部门负债、养老金改革成本等一系列隐性负债因素,这个补充程序主要关注那些竞争力较弱且债务水平过高的成员国。④ 除捷克和英国外,欧盟成员国都签署了"财政契约",以期加强预算平衡,收紧过度赤字处理程序。欧洲法院有权对结构性赤字超过 GDP 的 0.5% 的国家进行处罚。这些措施有利于欧盟优化财政治理机制,弥补货币联盟的内在缺陷。⑤

(二)创建新的超国家机制加强金融监管与协调

---

① Klaus Regling, "Europe's Response to the European Sovereign Debt Crisis", Anders Chydenius Free Trade Seminar, Kokkola, 8 Jun. 2012, pp. 1-2.

② Daniel Daianu,"EU Economic Governance Reform: Are We At A Turning Point?", *Romanian Journal of European Affairs*, Vol. 11, No. 1, 2011, p. 14.

③ 驻比利时卢森堡经商参处:《欧盟财长会议就加强成员国经济治理达成一致》,2011 年 3 月 18 日。

④ Klaus Regling, Europe's Response to the European Sovereign Debt Crisis, Anders Chydenius Free Trade Seminar, Kokkola, 8 Jun. 2012, p. 4.

⑤ 《欧盟应以财政同盟匹配货币同盟重归平衡发展》,《中国证券报》,2012 年 5 月 21 日。

欧债危机爆发后,欧洲领导人制定了两项确保财政稳定的提案措施:一是建立欧洲金融稳定工具(European Financial Stability Facility);二是设立负责监管税收政策和协调欧盟成员国政府支出的单一权威,即欧洲财政部(European Treasury)。稳定工具得到欧盟和 IMF 的财政支撑,欧洲议会、欧洲理事会尤其是欧盟委员会对欧洲财政部提供支持。然而,加强欧盟委员会监督税收和预算政策贯彻执行的做法被视为违反欧元区成员国主权的做法,遭到法国和西班牙的反对,直接威胁到欧洲财政部的建立。① 谈到民主合法性的问题,就不得不提到欧洲议会。欧洲议会的权力加强,国家议会参与欧盟事务的机会亦相应增加,但这却不足以减少欧盟机制与民众之间的沟通障碍。加强欧盟的"输入合法性"与政治化水平是必要的,欧盟的"输出合法性"也不容忽视。

欧洲中央银行要求在现有的以规则为基础的制度框架基础上创建欧元区危机管理基金。成员国政府首脑同意根据成员国需求建立永久危机机制以维护欧元区财政稳定。布鲁塞尔智库 Bruegel 建议,欧元区应建立欧洲危机解决机制(ECRM),包含法律、经济和财政部门;法律部门可以由欧洲法院组织,经济部门由欧盟委员会或欧洲央行组织,财务部门由欧洲金融稳定机构组织;因债务难以支撑下去的欧元区成员国政府可以向此机制的法律部门提出开启债务重整程序的申请,由该机制的经济部门评估申请国的请求,判断其债务水平是否真的如其所言难以支撑下去。② 经济部门还将评估是否需要降低债务规模,组织重整债务的谈判,找出债权人与债务重整政府都能接受的解决方案。③ 但有些债权人不愿意参与到有序的债务重整中,且这种机制极易引发"搭便车"行为。

---

① "Rearching Stustainability and Empowerment through Education", Council of the European Union, Milan International Model United Nations, 2011, p. 12.

② 《欧盟智库详提解决欧元区危机构想,细分法律经济财政权责》,路透布鲁塞尔,2010年 11 月 9 日。

③ Francois Gianviti, "A European Mechanism for Sovereign Debt Crisis Resolution: A Proposal", 9th Nov. 2010.

所有与金融危机相关的措施都在欧洲议会和欧盟理事会顺利通过并采纳,体现出这些主要机构在遇到紧急事件时反应的一致性。涵盖所有金融部门的新规则便于欧盟委员会工作的开展。为了应对债务危机,欧盟创建了欧洲金融监管体系(ESFS),为欧盟超国家机制增添了新的职能,如禁止或限制特定的金融产品或活动,在紧急时刻阐明指令的涵义或增强其效力①,在债务危机之前独立于欧盟委员会的机构,诸如欧洲银行监管委员会、欧洲保险与养老金监管委员会以及欧洲安全调节委员会等,虽然保留了调控权和监管权,但它们的权力局限于欧盟委员会在《欧盟条约》授权下行使权力的范围,旨在使内部市场运转更为有效。当然,欧盟的监管机构能否高效运作,取决于欧盟权威的管理以及它们与国家监管机构的合作。欧盟监管机构在执行过程中必须依照统一的技术标准,这些标准是纯粹技术性的,符合技术标准的行为都被视为合法。技术标准被委员会采纳,通过特定程序呈现在规则中,而且执行标准的权力可以随时被欧盟理事会或欧洲议会收回,在实践中,调节和执行技术标准的过程完全掌握在欧盟主要机构手中。② 新权威的监管权力可分为直接权力和间接权力。间接权力与改善欧盟财政监管状况有关,由国家权威和它们向上向下授权协调而成;直接权力指的是在紧急情况下的个别案例中或遇到特别监管任务时的决策权。③ 欧盟的特定执行机构在成员国政府违背欧盟法律时作处罚决定,但任何决策不可以侵犯成员国的财政权。④

　　欧盟峰会批准了旨在为那些本身无力扶植市场准入的成员国提供财政支持的欧盟永久稳定机制(ESM),它于 2013 年取代临时性的欧盟金融稳定机制(EFSF),可动用资金量增至 5000 亿欧元。ESM 将在严格经济政策的制约下以及对公共债务持续性进行细致分析的基础上发挥作用。《欧元附加条约》在当前欧盟条约基础上额外附加规范成员

---

　　①　Karel Lannoo, "The EU's Response to the Financial Crisis: A Midterm Review", CEPS Policy Brief, No. 241, Apr. 2011, p. 1.

　　②　Ibid.

　　③　Ibid., p. 2.

　　④　Ibid.

国经济行为的条款,欧元区成员必须遵守,目标是提升欧元区甚至欧盟的经济协调工作的质量。签署这一条约的成员国应随即将有关财政规则转变为国内立法,在国内普遍执行。

欧盟委员会想方设法争取成员国政府首脑或部长们对"金融市场行动计划"的支持。[①] 新制度结构和新规则的使用带来了欧盟金融市场的剧变,一系列的改革措施促使欧洲单一金融市场计划步入正轨并进一步推动欧洲金融一体化的深化。规则容易建立起来,但日常执行是否顺利还未可知。欧盟主权债务危机加强了欧盟解决问题的决心与能力,建立永久性危机解决机制的尝试短期内完善了欧元金融体系的连贯性,但无法解决长期的脆弱性问题。随着一些欧盟层面的新监管机制的建立与运行,欧洲金融市场新的治理结构变得更加复杂。[②] 欧债危机加速了欧洲治理机制的革新步伐,超国家机制的权力增强,职权范围扩大。欧盟委员会在欧洲法院的管辖权之下进行制裁,要求成员国降低公共支出或者调整它们的税收政策,成员国被迫将更多的主权转移给欧盟。[③]

(三)"以法德为轴心"转向"德国主导欧盟"

欧盟现有 28 个成员国,理论上它们在欧盟治理机制中可以有多种联盟选择,但在现实中却并非如此。旧联盟消失或失去了原有的合作基础,新的联盟难以建立起来。在欧元区国家深受债务危机困扰时,只有德国拥有稳固的经济基础,其经济相对于重灾国而言,可以说是"有惊无险",反而获得因经济不景气而增加了廉价劳动力、欧元贬值有利于出口增加等收益。自 20 世纪 90 年代中期尤其是债务危机以来,德国在欧盟中的地位发生重大转变。在危机中,相对于其他成员国而言,其经济实力是强势的,欧盟的权力平衡被打破,法国的重要性相对下降。债务危机能否顺利渡过在一定程度上取决于德国是否愿意救助希

---

① Karel Lannoo, "The EU's Response to the Financial Crisis: A midterm Review", CEPS Policy Brief, No. 241, Apr. 2011, p. 4.

② Ibid., p. 9.

③ Dionysios K. Solomos, Dimitrios N. Koumparoulis, "The Recent Reform of European Governance: A Critical Review", Intereconomics, No. 5, 2012, p. 300.

腊等国,德国的影响力和自信上升,被称为欧元区的"保险库"和"提款机"。[1] 德国逐渐失去了作为欧盟大小成员国之间关系调节者的传统角色,亦不再担当欧盟利益尤其是小国利益的守护者。[2] 受债务危机影响的欧元区国家寻求德国的经济支持与援助,德国正在成为欧洲大陆的经济和政治中心,见习其作为欧盟领导的新角色,其他成员国也正在进行各种调整以适应德国的新地位。债务危机以来,德国的主导作用日益明显,其关于如何应对危机、推进经济治理的提案受到欧盟超国家机构的重视,德国在欧盟理事会决策过程中的话语权与影响力增强,它的态度是危机中各国能否脱险、欧元区能否存续甚至一体化进程成败的关键。

德国自欧共体建立以来一直都是联邦主义的倡导者,是欧洲一体化的坚定推动者,主张强化欧洲治理的超国家性质。欧债危机爆发以后,德国政府强调救助必须同改革挂钩,坚持救助重灾国的条件是推行紧缩的经济政策,要求成员国让渡更多经济领域的主权给欧盟机制,积极推动财政乃至政治一体化进程。欧元的存续关乎德国的重要国家利益,作为欧洲大陆经济实力最强的国家,德国既有能力也有意愿维持欧元区的经济稳定、协调欧元区成员国的经济政策并组织成员国共度危机。欧债危机爆发以来欧元区的救助措施在很大程度上体现了德国对加强欧元区经济治理机制权力的设计。德国主张通过增强《稳定与增长公约》的方式改善欧元区治理,设计新的预防宏观经济不平衡的程序,在新的"经济和货币同盟稳定、合作和治理公约"中载入"欧元附加条约"和"财政条约",同意让临时性救助基金 EFSF 和永久性救助基金 ESM 同时运行。[3] 德国的观点是,解决欧债危机的关键是欧元区成员能否最终真正形成具有实质意义的财政同盟,各成员让渡财政主权,服

① 谷瑞生:《德国在修改里斯本条约中的立场与策略:欧元区的保险库和提款机》,www.eutw.org.tw/file/13365865373.pdf,第 26 页。

② "Rearching Stustainability and Empowerment through Education", Council of the European Union, MiLan International Model United Nations, 2011, p. 12. , p. 17.

③ 《欧元区援助基金上限提至 5000 亿欧元》,新浪新闻,2012 年 4 月 1 日。

从欧元区这一财政主体。[①]

(四)后主权债务危机时代欧洲治理机制的未来

欧洲治理机制是成员国基于防止分裂、促进经济繁荣、维持其在国际社会的地位和作用的意图创建的。近年来,全球权力转移,欧盟的邻国正在经历复杂的转型期,内外环境的变化为欧盟带来了机遇和风险。债务危机要求行为体和治理机制作出改革还是维持现状的重大抉择。由债务危机引发的经济和政治压力为欧盟带来新的前进动力。欧盟对危机的回应是推动经货联盟的改革,完善经济治理机制,希冀成员国让渡更多财政权力给欧盟超国家机构。货币统一而财政政策"各自为政"的状况使欧盟及其成员国在面对危机时都束手无策。然而,成员国政府不愿意进一步交出领导权,欧盟制度的职能受到诸多限制,不能发挥最大作用。此外,成员国政策的制定者将欧盟作为政策失败的替罪羊,这种现象在债务危机期间表现得尤为突出。为了摆脱成员国部分政治精英及公众对欧盟治理能力的质疑,以德国为代表的欧元区主要成员国竭力推进欧盟治理机制的超国家化,即建立超国家的银行监管系统、欧盟统一的财政政策和金融管理政策等,并修订《稳定与增长公约》,建立一系列新机制。欧盟主要机构的权力也进行了相应的调整与变革,力图通过相匹配的货币政策与财政政策、高度统一的金融监管系统以及灵活多样的调控机制,从源头上根治主权债务危机。

---

① 《欧盟应以财政同盟匹配货币同盟重归平衡发展》,《中国证券报》,2012 年 5 月 21 日。

结　论

　　欧盟理事会权力的变迁体现了政府间主义与超国家主义之间的博弈。国际关系理论在欧洲一体化研究中分为政府间主义与超国家主义两个派别。在一体化初期,两个派别的争论体现为现实主义与新功能主义的论战。随着理论的不断完善与演进,两个阵营内部又各自分化出新的分支,如自由政府间主义与新制度主义等。两个理论阵营的根本区别体现在对一体化进程中主要行为体的认定、对欧盟超国家制度的看法以及对一体化推动力的判断等方面。首先,对一体化的主要行为体是成员国还是超国家机构的认定,区分了政府间主义理论与超国家主义理论。政府间主义理论的根本主张是,成员国是决定一体化方向和速度的主要行为体,代表成员国利益的欧盟理事会是主要决策机构,超国家机构发挥次要作用;而超国家主义理论认为,超国家机构(主要是欧盟委员会与欧洲议会)是参与一体化的主要行为体,一体化的重大决策主要由超国家机构作出。其次,政府间主义理论视欧盟制度结构为因变量,是条约谈判讨价还价的产物。制度是由民族国家政府为了维护自己的国家利益而创建的,因此制度反映了创建者尤其是强有力的大国的意图。欧共体自建立以来的制度变革都是成员国精心设计、有意为之,目的都是为其自身利益服务。超国家主义者将欧盟制度看作行为体,而非因变量:欧盟委员会、欧洲法院和欧洲议会都承担着影响欧洲一体化方向的责任。制度是由国家创立的,但是它会逐渐摆脱国家的控制,不断自我强化;制度还可以制约行为体,并产生"不能预料的后果"。由于社会过程的复杂性,行为体没有能力预测长期后果,即使发现制度发展偏离了原来的设计初衷,也只能从边缘进行纠正。

成员国当然希望代表自身利益的欧盟理事会一直是欧盟最主要的决策机构，抑制超国家机构欧盟委员会权力的扩张。但是在单一市场建立以及应对全球经济危机的背景下，采用全体一致表决机制的欧盟理事会陷入决策僵局，只得通过制度改革全面推广有效多数表决机制（QMV），委员会的权力借此机会得以巩固和扩大，这些都是成员国不希望看到的。再次，在推动欧洲一体化不断前进的动力方面，政府间主义与超国家主义的看法也不相同。政府间主义者从来不认为民族国家会随着欧盟超国家机制的加强而被削弱，他们认为民族国家让渡部分主权给超国家机构，是为了增强自身的竞争力和获得不断再生的能力，归根结底都是国家利益驱使的。欧盟超国家机构能够为政府提供制度和信息支持，有助于政府削弱国内议会的控制并应对国内强势利益集团的压力。在超国家主义者看来，权威从民族国家到欧盟的转移过程是功能性的。他们认为，成员国在一些政策领域将部分权力让渡给超国家机构而非交由采用全体一致在理事会进行决策，其根本目的是利用超国家机构的优势，且共同政策的推行从长远看也必定是收益大于成本。超国家主义者强调随着跨国活动的扩展，超国家机构将会完全取代成员国政府的功能，理事会的决策权最终也将被委员会和欧洲议会等超国家机构所取得。

根据重大历史事件或条约改革的历史发展，欧盟理事会权力的变迁可以分为四个阶段：第一阶段权力确立并发展；第二阶段权力受到挑战；第三阶段权力遭遇前所未有的挫折；第四阶段借欧盟扩大时机收回部分权力。在每个阶段，可以用政治、经济主要动力以及个人、个别国家、机制结构等因素综合考量权力的变化。本书在每个阶段都通过案例研究说明了理事会权力的变化，并以共同农业政策作为关键案例保证案例研究的连贯性。选取农业政策作为关键案例的原因在于，它是欧盟最重要的共同政策之一，涉及各个成员国的核心经济利益，对于每个国家都至关重要。从这项政策制定以来，理事会就一直发挥着举足轻重的作用，后来委员会也加入到共同农业政策的制定过程中，从农业政策的发展中也能够看出欧盟主要机构之间的关系变化。

第一阶段是欧共体发展的初始阶段，各项政策或重大事件都反映出一体化的不成熟。共同农业政策与"空椅子危机"体现了欧共体创始国尤其是法、德两国的主导作用。它们对欧共体的态度不仅决定了欧共体的发展方向,还决定了共同体机制的设置与权力分配。在这一阶段,由于法国坚持欧共体的政府间属性,全体一致表决机制成为理事会的主要投票方式,委员会只是理事会的"附属机构"。第二阶段里理事会决策出现僵持局面,由于"卢森堡妥协"全体一致决策方式的垄断,导致理事会内部决策效率低下。这一阶段的两个案例——共同农业政策与共同渔业政策的背景相似,但决策方式完全不同。共同农业政策在欧共体理事会内部采用全体一致表决,各成员国只关注短期收益,虽然仍由理事会主导决策,但决策效率低下;而共同渔业政策则因为使用有效多数表决机制,决策效率相对较高。在两项政策中,欧共体委员会在共同渔业政策方面的作用表现得更为突出。背景相似且联系密切的两项政策,决策过程差异巨大。欧盟扩大和经济利益的驱使是共同渔业政策发展的推动力。虽然共同农业政策与共同渔业政策都具有法律约束力,但委员会在执行过程中遭遇成员国不予配合的问题。第三阶段,在全球经济危机和发展共同市场的背景下,《单一欧洲法案》确立了有效多数表决机制的法律地位,提高了理事会的决策能力;《马斯特里赫特条约》颁布了共同决策程序,赋予了欧洲议会立法权;《阿姆斯特丹条约》对前两个条约进行了巩固与扩展。欧洲议会的立法权与委员会的提案权相配合,超国家机构的权力达到顶峰。在这一阶段的两个案例——共同农业政策和通信法令的决策,委员会都发挥了举足轻重的作用,但前者是成员国被动失去相关决策权力,后者则是成员国主动授权。最后一个阶段是欧盟扩大与深化并行的时期,东扩是条约改革和机构关系变化的强动力。由于新入盟国家与老成员国差距巨大且欧盟深化渗透到国家关注的核心领域,成员国倾向政府间管理方式,有意收回原来赋予超国家机构的部分权力,增强欧盟的政府间属性。共同农业政策和环境政策都是受欧盟东扩影响较大的领域。共同农业政策与这一阶段的大趋势相符,退回到全体一致决策的机制;而环境政策正好相反,不仅采用有效多数表决机制决策,而且超国家机构的影响较大。

在理事会权力变化的第一、四阶段,政治安全是首要考虑因素,这也是事关国家生存的核心利益。成员国掌握欧盟（欧共体）重大决策的主导权。而在第二、三阶段，欧洲各国普遍恢复国力，政治安全的威胁不再突出，经济危机的压力与建立单一市场共同发展经济的动力成为重点。由于欧共体机制在技术领域的优势以及跨国交易增加的需要，超国家机构的地位上升。但政治安全始终都是国家制定政策的首要出发点，国家甚至可以为了维护政治安全而牺牲经济利益（如"空椅子危机"其他五国在农业问题上对法国的让步）。20 世纪 90 年代以来，随着一体化逐渐发展，制度愈加完善，其作用不可回避。无论是自由政府间主义理论还是新制度主义理论都不会忽视制度的作用。自由政府间主义理论达到顶峰的时期正是理事会权力变化的第三阶段。这一理论提出，经济利益是国家首要考虑的偏好；与传统现实主义观点相似，自由政府间主义理论也认为国家之间讨价还价谈判的结果由国家的相对实力决定。在国内偏好的形成过程中涉及各国国内利益集团的妥协与斗争，因此不能将国家简单地看作单一行为体。尤其是在一些领域，利益集团还突破国内界限形成跨国联盟，联盟之间存在分歧，影响共同体决策。地缘政治是欧盟东扩的重要考虑，也是自由政府间主义理论不可回避的因素。东扩发生之后出现的经济、社会等一系列衍生问题如不能得到满意解决，欧盟的扩大与深化就有前功尽弃的风险。成员国尤其是老成员国中的大国愈加关注东扩后共同政策的制定与执行。

　　超国家制度的影响力随着一体化的发展逐渐增加。在欧共体建立初期，成员国设立超国家制度的目的就是为自身利益服务，以及以超国家制度为桥梁推动国家之间的合作。新功能主义理论家的最初设想是美好的。但在实践中，超国家制度的影响力与成员国的实力相比差距甚远。随着成员国签署各项条约与颁布法令，政策制定与执行日益"有法可依"，超国家机构逐步摆脱原来的附属地位，成员国不能"肆无忌惮"按照自己的想法行事。在通常情况下，成员国的行为都要遵循制度的规定。只有这样，一体化进程才能获得动力，不断前进。但不可否认的是，超国家制度在一定程度上讲也是成员国之间讨价还价的产物，成员国可以通过颁布新制度或者修改原有制度的方式，在一体化偏离自身设想太远的情况下逐渐予以纠正。近年来，新制度主义理论将关注的重点从谁主导一体化转向欧盟日常决策及欧盟超国家、国家、次国家层面的互动与分工,避开了谁是一体化主要行为体的争论,着力探讨欧盟如何决策更有效。

总之,代表不同利益的欧盟机构通过决策机制联系起来进行讨价还价与妥协,最终实现制定和执行欧盟共同政策的目的,共同推动一体化的发展。但由于各机构代表不同利益,在决策过程中矛盾与竞争必然不可避免。欧盟理事会、欧盟委员会与欧洲议会是竞争与合作并存的关系,在不同时期、不同政策领域,三个机构之间关系的表现形式各不相同。在欧洲一体化发展的不同阶段,政府间主义与超国家主义力量强弱不同。在经历了《欧盟宪法条约》的挫折之后,《里斯本条约》终于获得各成员国的认可,成为指导欧盟未来发展的新方针。《里斯本条约》以保持政府间主义与超国家主义力量平衡、兼顾效率与公平为原则,仍然是成员国与欧盟超国家机构进行权力划分的产物。从该条约的内容看,欧盟设置了代表超国家形象的"主席",但事实上主要的超国家机构欧盟委员会的权力被削弱了,欧洲议会虽然具有与欧盟理事会同等的立法权,但欧盟立法与决策越来越侧重于反映几个大国的意志。

参考文献

中文部分

1. ［英］安特耶·维纳（Antje Wiener）、［德］托马斯·迪兹（Thomas Diez）主编，朱立群等译：《欧洲一体化》，北京：世界知识出版社，2009 年。

2. 陈玉刚：《国家与超国家》，上海：上海人民出版社，2001 年。

3. 郭华榕、徐天新主编：《欧洲的分与合》，北京：京华出版社，1999 年。

4. 胡瑾等：《欧洲早期一体化思想与实践研究》，济南：山东人民出版社，2000 年。

5. 金安：《欧洲一体化的政治分析》，上海：学林出版社，2004 年。

6. 李慎明、王逸舟主编：《2003 年：全球政治与安全报告》，北京：社会科学文献出版社，2003 年。

7. 李巍、王学玉主编：《欧洲一体化理论与历史文献选读》，济南：山东人民出版社，2001 年。

8. ［英］罗德里克·马丁著，丰子仪、张宁译：《权力社会学》，上海：三联书店，1992 年。

9. 吴志成：《治理创新：欧洲治理的历史、理论与实践》，天津：天津人民出版社，2003 年。

10. 张海冰：《欧洲一体化的制度研究》，上海：上海社会科学院出版社，2005 年。

11. 房乐宪：《新功能主义与欧洲一体化》，载《欧洲》，2001 年第 1 期。

12.房乐宪:《政府间主义与欧洲一体化》,载《欧洲》,2002 年第 1 期。

13.郭秋永:《对峙的权力观:行为与结构》,载《政治科学论丛》,第 20 期。

14.黄正柏:《战后欧洲联合中的"政府间主义"及其影响——兼及欧洲一体化与国家主权的关系》,载《华中师范大学学报》(人文社会科学版),2000 年第 6 期。

15.金玲:《"里斯本条约"与欧盟共同外交与安全政策》,载《欧洲研究》,2008 年第 2 期。

16.刘文秀:《欧洲联盟:政策过程与政体性质比较分析》,中国欧盟研究会第九届欧盟研讨会会议论文,2003 年 10 月。

17.刘险得:《欧洲一体化理论:新旧功能主义评析》,载《华中师范大学研究生学报》,2006 年第 4 期。

18.盛夏:《简评一体化理论的发展》,载《欧洲一体化研究》,2000 年第 3 期。

19.汪波、吴仪:《新-新功能主义:对功能主义理论的重新审视》,载《武汉大学学报》(哲学社会科学版),2004 年第 3 期。

20.王学东:《新制度主义的欧洲一体化理论述评》,载《欧洲研究》,2003 年第 5 期。

21.王学玉:《欧洲一体化:一个进程,多种理论》,载《欧洲》,2001 年第 2 期。

22.王展鹏:《理性选择还是社会建构——欧洲一体化理论范式之争评析》,载《世界经济与政治论坛》,2009 年第 2 期。

23.吴江:《〈里斯本条约〉的出台:解析和展望》,载《欧洲研究》,2008 年第 1 期。

24.伍贻康:《新颖的体制 独特的结构——评欧共体的机构和法律》,载《国际问题研究》,1985 年第 1 期。

25.徐贝宁:《从〈里斯本条约〉看欧盟共同外交与安全政策的机制对政策运作效力的影响》,载《国际论坛》,2009 年第 3 期。

26.张茂明:《欧洲一体化理论中的政府间主义》,载《欧洲》,2001

年第 6 期。

27. 曾令良:《战后时代的国家主权》,载《中国法学》,1998 年第 1 期。

28. 赵晨:《自由政府间主义的生命力——评莫劳夫奇克的〈欧洲的选择〉》,载《欧洲研究》,2008 年第 2 期。

29. 郑春荣:《〈里斯本条约〉解析》,载《国际论坛》,2008 年第 3 期。

30. 朱立群:《欧洲一体化理论:研究问题、路径与特点》,载《国际政治研究》,2008 年第 4 期。

英文部分

1. Bachrach, Peter and Baratz, Morton S. , *Power and Poverty*: *Theory and Practice*, Oxford: Oxford University Press, 1970.

2. Beach, Derek, *The Dynamics of European Integration*: *Why and When EU Institutions Matter*, Basingstoke: Palgrave Macmillan, 2005.

3. Bemstein, Jason, *The European Union's Common Agricultural Policy*: *Pressures for Change Situation and Outlook Series*, U. S. Department of Agriculture, 1999.

4. Best, Edward, Thomas Christiansen and Pierpaolo Settembri, *The Institutions of the Enlarged European Union*: *Continuity and Change*, London: Edward Elgar Publishing Limited, 2008.

5. Bonde, Jens-Peter, *From EU Constitution to Lisbon Treaty*, Forlaget Notat, 2008.

6. Cafruny, A. W. , Lankowski, C. , (ed.), *Europe's Ambiguous Unity*: *Conflict and Consensus in the Post-Maastricht Era*, Boulder, London: Rienner, 1997.

7. Church, Clive H. , *European Integration Theory in the 1990s*, University of North London, 1996.

8. Cini, Michelle, *European Union Politics*, Oxford: Oxford University Press, 2007.

9. Cini, Michelle & Bourne, Angela K. , *Advances in European Union Studies*, Basingstoke Palgrave, 2006.

10. Crisen, S. and Carmin, J. (eds.), *EU Enlargement and Environmental Quality: Central and Eastern Europe&Beyond*, conference proceedings , Woodrow Wilson International Center for Scholars, Aug. 2002.

11. Dedman, Martin J. , *The Origins and Development of the European Union* (1945-95): *A History of European Integration*, London and New York: Routledge, 1996.

12. Dinan, D. , *Ever Closer Union*, 2nd ed. , Basingstoke: Macmillan, 1999.

13. Edwards, Geoffrey and Wallace, Helen, *The Council of Ministers of the European Community and the President-in-Office*, London: Federal Trust for Education and Research, 1977.

14. Erik, Oddvar Fossum and Menedez, Augustin Jose (eds.), *Developing a Constitution for Europe*, London: Routledge, 2004.

15. Fossum, John Erik and Philip Schlesinger (eds.), *The European Union and the Public Sphere: A Communicative Space in the Making?* London: Routledge, 2007.

16. Harrop, Jeffrey, *The Political Economy of Integration in the European Union*, London: Edward Elgar Publishing, 1999.

17. Harryvan, A. J. and Harst, J. Van der, *Documents on European Union*, London: Macmillan Press Ltd. , 1997.

18. Hayes-Renshaw, Fiona and Wallace, Helen S. , *The Council of Ministers*, NY: St. Martin's Press, 1997.

19. Heywood, Andrew, *Politics*, London: MacMillan Press Ltd. , 1997.

20. Hix, Simon, *The Political System of the European Union*, NY: St. Martin's Press, 1999.

21. Hofmann, Herwig C. H. and Turk, Alexander H. , *EU Ad-*

ministrative Governance, London: Edward Elgar,2007.

22. Kesselman, Mark, Krieger, Joel, Allen, Christopher S., Hellman, Stephen, Ost, David and Ross, George, *European Politics in Transition*, Boston and New York: Houghton Mifflin Company, 2006.

23. Kirchgässner, G., Moser, P. and Schneider, G. (eds.), *Decision Rules in the European Union. A Rational Choice Perspective*, Basingstoke: Macmillan, 2000.

24. Kirchner, Emil Joseph, *Decision-Making in the European Community: The Council Presidency and European Integration*, NY: St. Martin's Press, 1992.

25. Kraus,Peter A., *A Union of Diversity: Language, Identity and Polity-Building in Europe*, Canbridge: Cambridge University Press,2008.

26. Lindberg, Leon, "Integration as a Source of Stress on the European Community System", in Joseph Nye (eds.), *International Regionalism*, Readings, Boston: Little & Brown, 1968.

27. Lukes, Steven, *Power: A Radical View*, 2nd edition, Houndmills, Basingstoke and New York: Palgrave, 2005.

28. Lynggaard, Kennet, *The Common Agricultural Policy and the Dynamics of Institutional Change*, University Press of Southern Denmark, 2005.

29. Marjolin, Robert, *Architect of European Unity*, *Memoirs 1911-86*, London: Weidenfield & Nicholson, 1989.

30. Meunier, Sophie and Mcnamara,Kathleen R., *Making History: European Integration and Institutional Change at Fifty*, The State of the European Union, 2007.

31. Michelmann, Hans J. and Soldatos, Panayotis (eds.), *European Integration: Theories and Approaches*, University Press of America, Inc., 1994.

244

32. Moyer, H. W. and Josling, T. E. , *Agricultural Policy Reform : Politics and Processes in the EC and the USA* , London: Harcester Wheatsheaf, 1990.

33. O' Nuallain, Colm and Hoscheit, Jean-Marc (eds.), *The Presidency of the European Council of Ministers : Impacts and Implications for National Governments* , N. H. : Croom Helm, 1985.

34. Richardson, Jeremy (eds.), *European Union : Power and Policy-Making* , New York: Routledge, 1996.

35. Rhodes, Carolyn and Mazey, Sonia (eds.), *The State of the European Union* , Vol. 3, *Building a European Polity?* Boulder: Lynne Rienner Publishers. 1995.

36. Qilkinson, S. , C. Monkhouse and D. Baldock, *The Future of EU Environment Policy : Challenge & Opportunities. A Special Report for the All-party Parliamentary Environment Group.* London: Institute European Environmental Policy, 2004.

37. Palayret, Jean-Marie, Wallace, Helen and Winand, Pascaline (eds.), *Visions , Votes and Vetoes : The Empty Chair Crisis and the Luxembourg Compromise Forty Years on* , Brussels: P. I. E. Peter Lang, 2006.

38. Peters, B. Guy and Hunold, Christian, *European Politics Reconsidered* , New York and London: Holmes & Meier, 1999.

39. Peterson, John and Shackleton, Michael (eds.), *The Institutions of the European Union* , Oxford: Oxford University Press, 2002.

40. Richardson, Jeremy, *European Union : Power and Policy-making* , London: Routledge, 2006.

41. Rosamond, Ben, *Theories of European Integration* , NY: Palgrave, 2000.

42. Roy, Joaquin and Roberto Dominguez (eds.), *Lisbon Fado : The European Union under Reform* , Dexter, Michigan: Thomson-

Shore Inc, 2009.

43. Sherrington, Philippa, *The Council of Ministers: Political Authority in the European Union*, NY: Pinter, 2000.

44. Swann, Dennis (ed.), *The Single European Market and Beyond: A Study of the Wider Implications of the Single European Act*, London: Routledge, 1992.

45. Swinbank, A. and Tranter, R. (eds.), *A Bond Scheme for Common Agricultural Policy Reform*, Wallingford: CABI Publishing, 2004.

46. Tsebelis, George, *Veto Players: How Political Institutions Work*, Princeton and New York: Princeton University Press and Russell Sage Foundation, 2002.

47. Wallace, Helen, Wallace, William and Pollack, Mark, *Policy Making in the European Union*, Oxford: Oxford University Press, 2005.

48. Wallace, Helen, "An Instututional Anatomy and Five Policy Modes", in Wallace, Wallace and Pollack, *Policy Making in the European Union*, Oxford: Oxford University Press, 2005.

49. Westlake, Martin, *The Council of the European Union*, Landon: Cartermill International, 1995.

50. Wurzel, R. *Environmental Policy-making in Britain, Germany and the European Union*, Manchester: Manchester University Press, 2006.

51. Amato, Giuliano, Hervé Bribosia &. Bruno de Witte (eds.), "Génèse et Destinée de la Constitution européenne – Genesis and Destiny of the European Constitution", *European Constitutional Law Review*, Vol. 4, 2008.

52. Archick, Kristin and Mix, Derek E., "The European Unions Reform Process: The Lisbon Treaty", CRS Report for Congress, No. 9, 2009.

53. Awesti, Anil, "Intergovernmentalist Theory and Eurosclerosis: A Critique", PAIS Graduate Working Papers, 02/06, 2006.

54. Bindseil, Ulrich and Cordula Hantke, "The Power Distribution in Decision Making among EU Member States", *European Journal of Political Economy*, Vol. 13, 1997.

55. Blavoukos, Spyros, Bourantonis, Dimitris and Pagoulatos, George, "A President for the European Union: A New Actor in Town?", *Journal of Common Market Studies*, Vol. 45, No. 2, 1997.

56. Branch, Ann P. and Ohrgaard, Jakob C., "Trapped in the Supranational-Intergovernmental Dichotomy: A Response to Stone Sweet and Sandholtz", *Journal of European Public Policy*, Vol. 6, No. 1, 1999.

57. Best, Edward and Settembri, Pierpaolo, "Surviving Enlargement: How has the Council Managed?", paper presented to the EUSA Tenth Biennial Internatitonal Conference, Montreal, 17-19 May 2007.

58. Bribosia, Herve, "The Main Institutional Innovations of the Lisbon Treaty", *European Community Studies Association of Austria Publication Series*, Vol. 11, 2008.

59. Christiansen, T., Falkner, Gerda and Jorgensen, Knud Erik, "Theorizing EU Treaty Reform: Beyond Diplomacy and Bargaining", *Journal of European Public Policy*, 2002.

60. Cram, Laura, "Introduction to Special Issue on the Institutional Balance and the Future of EU Governance: The Future of the Union and the Trap of the 'Nirvana Fallacy'", *Governance: An International Journal of Policy, Administration, and Institutions*, Vol. 15, No. 3, July 2002.

61. Colemann and Tangermann, "The 1992 CAP Reform, the Uruguay Round and the Commission: Conceptualizing Linked Policy Games", *Journal of Common Market*, 1999.

62. Daugbjerg, Carsten, "EU and International Institutions in Negotiations on Agriculture: Two Level Games and Two-layer Bargaining", Working Paper, Department of Political Science, University of Arbus, 1999.

63. Daugbjerg, Carsten and Swinbank, Alan, "The Politics of CAP Reform: Trade Negotiations, Institutional Settings and Blame Avoidance", *Journal of Common Market Studies*, Vol. 45, No. 1 2007.

64. Dougan, Michael, "The Treaty of Lisbon 2007: Winning Minds, Not Hearts", *Common Market Law Review*, Vol. 45, 2008.

65. Fedeli, Silvia and Forte, Francesco, "Voting Powers and the Efficiency of the Decision-Making Process in the European Council of Ministers", *European Journal of Law and Economics*, Vol. 12, No. 1, 2001.

66. Felsenthal, Dan S. and Machover, Moshe, "The Weighted Voting Rule in the EU's Council of Ministers, 1958-95: Intentions and Outcomes", *Electoral Studies*, Vol. 16, No. 1, 1997.

67. Field, Heather, "EU Politics, Eastwards Enlargement and CAP Reform", *Contemporary European Studies*, 2006.

68. Field, H. and Fulton, M., "Germany and the CAP: A Bargaining Model of EC Agricultural Policy Formation", *American Journal of Agricultural Economics*, Vol. 76, 1994.

69. Frantiek Turnovec, "National, Political and Institutional Influence in European Union Decision-making", *AUCO Czech Economic Review*, Issue 2, 2008.

70. Graham, Avery, Anne Faber and Anne Schmidt, "Enlarging the European Union: Effects on the New Member States and the EU", *Trans European Policy Studies Association*, 2009. Garrett,

71. Geoffrey, "From the Luxembourg Compromise to Codecision: Decision Making in the European Union", *Electoral Studies*,

Vol. 14, No. 3, 1995.

72. Grieco, J. M. , "The Maastricht Treaty, Economic and Monetary Union and the Neo-Realist Research Programme", *Review of International Studies*, 21(1), 1995.

73. Hagemann, Sara and Clerck-Sachsse, Julia De, "Decision-Making in the Enlarged Council of Ministers: Evaluating the Facts", Center for European Policy Studies, No. 119, Jan. 2007.

74. Hayes-Renshaw, Fiona, Aken, Wan, Wim and Wallace, Helen, "When and Why the EU Council of Ministers Votes Explicitly", *Journal of Common Market Studies*, Vol. 44, No. 1, 2006.

75. Herve, Bribosia, "The Main Institutional Innovations of the Lisbon Treaty", *European Community Studies Association of Austria Publication Series*, Vol. 11, 2008.

76. Homeyer, I. , "Differential Effects of Enlargement on EU Environmental Governance, in Special Issue: EU Enlargement and Environment: Institutional Change and Environmental Policy in Central and Eastern Europe", *Environmental Politics*, Vol. 13, No. 1, 2004.

77. Hosli, Madeleine O. , "Coalitions and Power: Effects of Qualified Majority Voting in the Council of the European Union", *Journal of Common Market Studies*, Vol. 34, No. 2, 1996.

78. J. B. D. Simonis "European Integration and the Erosion of the Nation-State", *International Journal of Social Economics*, Vol. 22, No. 7, 1995.

79. Jens-Peter Bonde, "From EU Constitution to Lisbon Treaty", *CNCSIS*, Vol. 1, 2008.

80. Johansen, Lisberth Katja, Staun, Frederik Tue and Dahl, Rasmus, "Institutional Barrieers and the Common Agriculture Policy", Project at Roskilde Universitities EU-Studies Program, 2005.

81. Johnston, R. J. , "The Conflict over Qualified Majority Vot-

ing in the European Union Council of Ministers: An Analysis of the UK Negotiating Stance Using Power Indices", *British Journal of Political Science*, Vol. 25, No. 2, 1995.

82. Jon Birger Skjarseth and Jorgen Wettestad, "EU Enlargement and Environmental Policy: The Bright Side", The Fridtjof Nansen Institute, FNI Report 14/2006.

83. Jones, Rebecca R., "Institutions and Enlargement under the Treaty of Nice", prepared for presentation at the European Union Studies Association Biannual Conference, 2003.

84. Jordan, A. J., "The Implementation of EC Environmental Policy: A Policy Problem without a Political Solution?", *Environment and Planning C: Government and Policy*, Vol. 17, No. 1, 1999.

85. Kandogan, Yener, "Power Analysis of the Nice Treaty On the Future of European Integration", *Applied Economics*, Vol. 37, Issue 10, 2005.

86. Kay, Adrian, "Towards a Theory of the Reform of the Common Agricultural Policy", European Integration online Papers (EIoP), Vol. 4, 2000.

87. Kiessling, Thomas and Blondeel, Y., "The EU Regulatory Framework in Telecommunications: A Critical Analysis", *Telecommunications Policy*, Vol. 22, 1998.

88. Kleine, Mareike, "All Roads Lead away from Rome? A Theory of Institutions in (European) Decision Making", Paper for delivery at the ECPR Joint Sessions in Rennes, 11-15 April, 2008.

89. Kristin, Archick and Derek E. Mix, "The European Unions Reform Process: The Lisbon Treaty", CRS Report for Congress, No. 9, 2009.

90. Lechner, Susanne and Ohr, Renate, "The Right of Withdrawal in the Treaty of Lisbon: A Game Theoretic Reflection on Dif-

ferent Decision Processes in the EU", CEGE Discussion Papers, No. 77, Oct. 2008.

91. Leech, Dennis, "Fair Reweighting of The Votes in the EU Council of Ministers and the Choice of Majority Requirement For Qualified Majority Voting During Successive Enlargements", Warwick Economic Research Paper 587, Apr. 2001.

92. Lempp, Jakob and Altenschmidt, Janko, "Suprantionalization through Socialization in the Council of the European Union", European Union Studies Association (EUSA), Biennial Conference, 2007 (10th), May 17-19. 2007, pages 20, Montreal, Canada.

93. Ludlow, N. Piers, "Challenging French Leadership in Europe: Germany, Italy, the Netherlands and the Outbreak of the Empty Chair Crisis of 1965-66", *Contemporary European History*, Vol. 8, No. 2, 1999.

94. Ludlow, N. Piers, "The Making of the CAP: Towards a Historical Analysis of the EU's First Major Policy", *Contemporary European History*, Vol. 14, No. 3, 2005.

95. Marcus Horeth and Jared Sonnicksen, "Making and Breaking Promises: The European Union under the Treaty of Lisbon", ZEI Discussion Paper, C131, 2008.

96. Maria, Cebuc and Licuta, Petria, "European Institutions' Reform According To Lisbon Treaty", CNCSIS, Vol. 1, 2008.

97. Mattila, Mikko, "Why so Much Unanimity Voting in the Council of Ministers", paper presented at the 4th biannual workshop of WG-7 Mariehamn, Aland, August 5-9, 1998.

98. Meester, Gerrit and Van Der Zee, Frans A., "EC Decision-Making, Institutions and the Common Agricultural Policy", *European Review of Agricultural Economics*, Issue. 20, 1993.

99. Michael Dougan, "The Treaty of Lisbon 2007: Winning Minds, Not Hearts", *Common Market Law Review*, Vol. 45, 2008.

100. Moravcsik, Andrew, "European Community: A Liberal Intergovernmentalist Approach", *Journal of Common Market Studies*, Vol. 31, No. 4, 1993.

101. Moravcsik, Andrew, "Prefernces and Power in the European Community: A Liberal Intergovernmentalist Approach", *Journal of Common Market Studies*, Vol. 31, No. 4, 1993.

102. Moravcsik, Andrew and Vachudova, Milada Anna, "National Interests, State Power, and EU Enlargement", *East European Politics and Societies*, Vol. 17, No. 1, 2003.

103. Niemi, Jyrki and Kola, Jukka, "Renationalization of the Common Agricultural Policy: Mission Impossible?", *International Food and Agribusiness Management Review*, Vol. 8, Issue 4, 2005.

104. Nedergaard, Peter, "Market Failures and Government Failures: A Theoretical Model of the Common Agricultural Policy", *Public Choice*, 2006.

105. Nurmi, Hannu and Hosli, Madeleine O., "Which Decision Rule for the Future Council", *European Union Politics*, Vol. 4, No. 1, 2003.

106. Olsen, Johan P., "Unity, Diversity and Democratic Institutions", ARENA Working Papers 04/13, 2004.

107. P. A. Hall, R. Taylor, "Political Science and the Three New Institutionalisms", *Political Studies*, Vol. 44, No. 5, 1996.

108. Peter, Nedergaard, "Market Failures and Government Failures: A Theoretical Model of the Com mon Agricultural Policy", *Public Choice*, 2006.

109. Peter, T., "Voting Power after the Enlargement and Options for Decision Making in the European Union", *Aussenwirtschaft*, Vol. 51, 1996.

110. Pierson, Paul, "The Path to European Integration: A Historical Institutionalist Analysis", *Comparative Political Studies*,

111. Piotr Maciej Kaczynski, "The European Commission 2004-09:A Politically Weakened Institution? Views from the National Capitals", EPIN Working Paper No. 23,May 2009.

112. Plechanovova, Bela, "The Lisbon Treaty and the Decision-Making in the EU Council: Winning Coalitions and the Policy Shift?", presented at international conference "The Lisbon Reform Treaty: Internal and External Implications", Hebrew University, Jerusalem, 13-14 July 2008.

113. Pokrivcak, Jan, "Institutions and EU Decisions-Making: The 'Power' of the European Commission", paper prepared for presentation at the Xth EAAE Congress "Exploring Diveristy in the European Agri-Food System", Zaragoza, Spain, 28-31 August 2002.

114. Polsby, Nelson W., "How to Study Community Power: The Pluralist Alternative", *Journal of Politics*, Vol. 22, 1960.

115. Raunio, Tapio and Wiberg, Matti, "Winners and Losers in the Council: Voting Power Consequences of EU Enlargements", *Journal of Common Market Studies*, Vol. 36, No. 4, 1998.

116. Rodden, Jonathan, "Strength in Numbers? Representation and Redistricution in the European Union", *European Union Politics*, Vol. 3, No. 2, 2002.

117. Ronald L. Jeperson, "The Development and Application of Sociological Neoinstitutionalism", EUI working paper, Robert Schuman Centre, European University Institute, Florence, Italy, 2001/5.

118. Raunio, Tapio and Wiberg, Matti, "Winners and Losers in the Council: Voting Power Consequences of EU Enlargements", *Journal of Common Market Studies*, Vol. 36, No. 4, 1998.

119. Runge, Carlisle Ford and Witzke, Harald Von, "Institutional Change in the Common Agricultural Policy of the European Community", *American Journal of Agricultural Economics*, Vol.

69, No. 2, 1987.

120. Sandholtz, Wayne and Sweet, Alec Stone, "European Integration and Supranational Governance Revisited: Rejoinder to Branch and Ohrgaard", *Journal of European Public Policy*, Vol. 6, No. 1, 1999.

121. Sara, Hagemann and Julia De Clerck-Sachsse, "Old Rules, New Game: Decision-Making in the Council of Ministers after 2004 Enlargement", CEPS Special Reports, Mar. 2007.

122. Scharpf, F. W. , "The Joint Decision Trap: Lessons from Gernan Federalism and European Integration", *Public Administration*, Vol. 66, No. 3, 1988.

123. Schmidt, S. K, Sterile Debates and Dubious Generalisations, " European Integration Theory Tested by Telecommunications and Electricity", *Journal of Public Policy*, Vol. 16, No. 3, 1997.

124. Schneider, Gerald, "The Limits of Self-Reform: Institution-Building in the European Union", *European Journal of International Relations*, Vol. 1, No. 59, 1995.

125. Schreurs, M. , "Environmental Protection in an Expanding European Community: Lessons from Past Accessions", in Special Issue: EU Enlargement and the Environment: Institutional Change and Environmental Policy in Central and Eastern Europe, *Environmental Politics*, Vol. 13, No. 1.

126. Sebastian Kurpas and Ben Crum and Philippe de Schoutheete, "The Treaty of Lisbon: Implementing the Institutional Innovations", Joint Study CEPS, EGMONT and EPC, 2007.

127. Settembri, Pierpaolo, "The Surgery Succeeded. Has the Patient Died? The Impact of Enlargement on the European Union", Jean Monnet Working Paper, 04/07.

128. Skjarseth, Jon Birger and Wettestad, Jorgen, "EU Enlargement and Environmental Policy: The Bright Side", The Fridtjof Nan-

sen Institute, FNI Report 14/2006

129. Stahl, Titus, "Institutional Power, Collective Acceptance and Recognition", Conference Paper, June 2008.

130. Steunenberg, Bernard, "Enlargement and Institutional Reform in the European Union: Separate or Connected Issues?", *Constitutional Political Economy*, Vol. 12, 2001.

131. Stone Sweet, Alec and Sandholtz, Wayne, "European Integration and Supranational Governance", *Journal of European Public Policy*, Vol. 4, No. 3, 1997.

132. Susanne Lechner and Renate Ohr, "The Right of Withdrawal in the Treaty of Lisbon: A Game Theoretic Reflection on Different Decision Processes in the EU", CEGE Discussion Papers, No. 77, Oct. 2008.

133. Swinbank, Alan, "The Common Agricultural Policy and the Politics of European Decision Making", *Journal of Common Market Studies*, Vol. XXVII, No. 4, 1989.

134. Teodor Lucian Moga, "The Contribution of the Neofunctionalist and Integovernmentalist Theories to the Evolution of the European Integration Process", *Journal of Alternative Perspectives in the Social Sciences*, Vol. 1 No. 3, 2009.

135. Thomas Konig and Thomas Brauninger, "Decisiveness and Inclusiveness: Two Aspects of the Intergovernmental Choice of Europen Voting Rules", *Homo Oeconomicus XVII*, Vol. 1, No. 2, 2000.

136. Tsebelis, George and Garrett, Geoffrey, "The Institutional Foundations of Intergovernmentalism and Supranationalism in the European Union", *International Organization*, Vol. 55, No. 2, 2001.

137. Tosiek, Piotr, "The European Union after the Treaty of Lisbon-Still an Intergovernmental System", ECPR, Fourth Pan-European Conference on EU Politics, University of Latvia, Riga, Lat-

via, 25-27 September 2008.

138. Tallberg, J. , "Paths to Compliance: Enforcement, Management, and the European Union", *International Organization*, Vol. 56, No. 3, 2002.

139. Tranholm-Mikkelsen, Jeppe, "Neo-Functionalism: Obstinate or Obsolete? A Reappraisal in the Light of the New Dynamism of the EC. Millennium", *Journal of International Studies*, Vol. 20, No. 1, 1991.

140. Thomson, Robert, Hosli, Madeleine, "Who Has Power in the EU? The Commission, Council and Parliament in the Legislative Decision-making", *Journal of Market Studies*, Vol. 44, No. 2, 2006.

141. Wallace, Helen, "The Council: An Institutional Chameleon", *Governance: An International Journal of Policy, Administration, and Institutions*, Vol. 15, No. 3, July 2002.

142. Winkler, G. Michael, "Coalition-Sensitive Voting Power in the Council of Ministers: The Case of Eastern Enlargement", *Journal of Common Market Studies*, Vol. 36, No. 3, 1998.

143. De Witte, Bruno, "Anticipating the Institutional Consequences of Expanded Membership of the European Union", *Internaitonal Political Science Review*, Vol. 23, No. 3, 2002.

附录一 欧盟理事会组织结构图

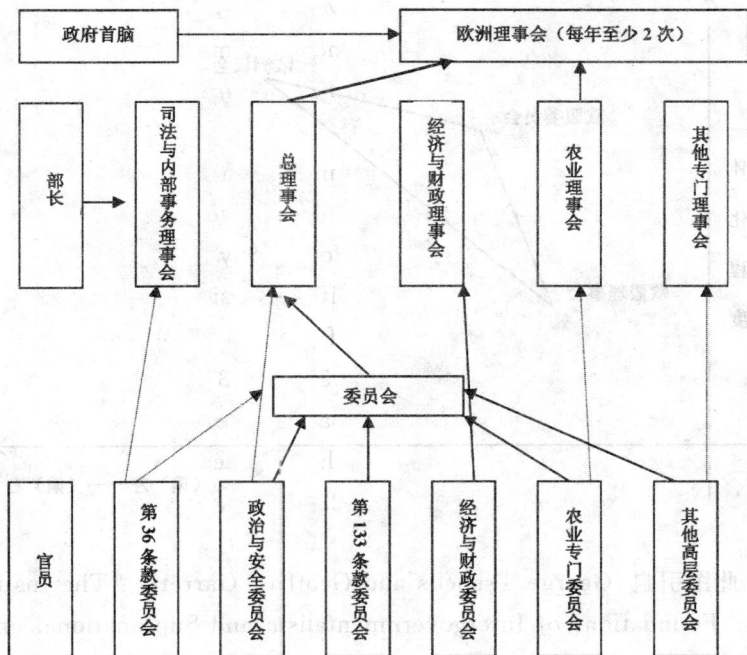

注：第36条款委员会负责司法与内部事务；政治与安全委员会负责共同的外交与安全政策；经济与财政委员会负责经济货币联盟。

此图转引自吴志成：《治理创新——欧洲治理的历史、理论与实践》，天津：天津人民出版社，2003年，第201页。

附录二 欧洲治理主要机制的两种维度

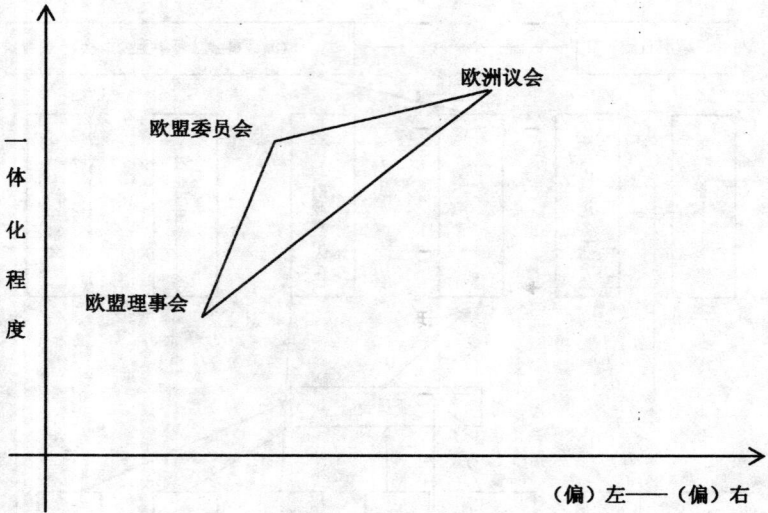

此图引自:George Tsebelis and Geoffrey Garrett,"The Institutional Foundations of Intergovernmentalism and Supranationalism in the European Union", *International Organization* 55(2),Spring 2001,p. 377.

附录三　欧洲联盟机构设置概观

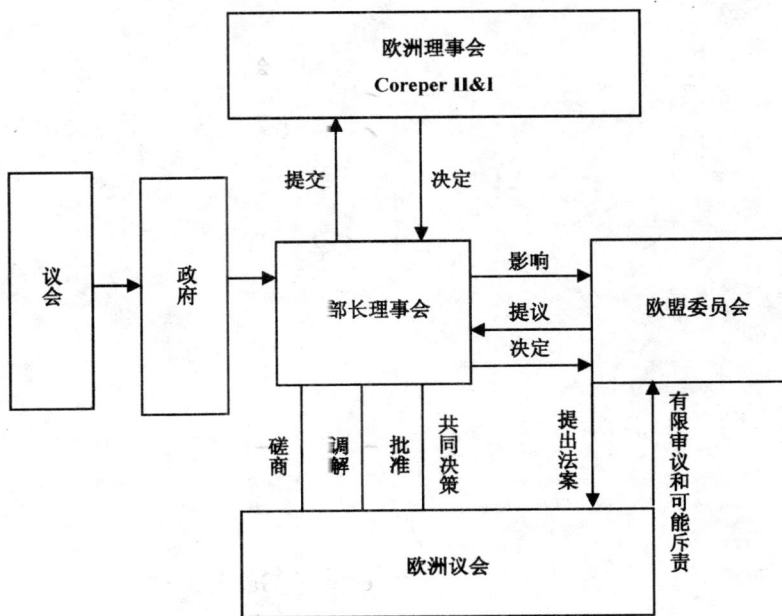

此图引自吴志成:《治理创新——欧洲治理的历史、理论与实践》,天津:天津人民出版社,2003年,第252页。

南开大学出版社网址：http://www.nkup.com.cn

投稿电话及邮箱： 022-23504636　　QQ：1760493289
　　　　　　　　　　　　　　　　　QQ：2046170045(对外合作)
邮购部：　　　　　022-23507092
发行部：　　　　　022-23508339　　Fax：022-23508542

南开教育云：http://www.nkcloud.org

App：南开书店 app

　　　南开教育云由南开大学出版社、国家数字出版基地、天津市多媒体教育技术研究会共同开发，主要包括数字出版、数字书店、数字图书馆、数字课堂及数字虚拟校园等内容平台。数字书店提供图书、电子音像产品的在线销售；虚拟校园提供 360 校园实景；数字课堂提供网络多媒体课程及课件、远程双向互动教室和网络会议系统。在线购书可免费使用学习平台，视频教室等扩展功能。